LEGAL SECURITY OF

AIRPORT

ECONOMIC DEVELOPMENT

临空经济发展的法治保障

李国庆 翟 帅 李 华 张 峣／著

图书在版编目（CIP）数据

临空经济发展的法治保障／李国庆等著．--北京：中国经济出版社，2020.8

ISBN 978－7－5136－6185－0

Ⅰ.①临… Ⅱ.①李… Ⅲ.①航空运输－运输经济－经济法－研究－中国 Ⅳ.①D922.296.4

中国版本图书馆 CIP 数据核字（2020）第 094226 号

责任编辑 伏建全 王西琨
责任印制 马小宾
封面设计 华子设计

出版发行 中国经济出版社
印 刷 者 北京建宏印刷有限公司
经 销 者 各地新华书店
开　　本 710mm×1000mm 1/16
印　　张 19
字　　数 253 千字
版　　次 2020 年 8 月第 1 版
印　　次 2020 年 8 月第 1 次
定　　价 78.00 元
广告经营许可证 京西工商广字第 8179 号

中国经济出版社 **网址** www.economyph.com **社址** 北京市东城区安定门外大街 58 号 **邮编** 100011

本版图书如存在印装质量问题，请与本社销售中心联系调换（联系电话：010－57512564）

序言

物竞天择，大浪淘沙，在人类与自然环境亦斗争亦适应的漫长历史征程中，世界经济的大潮风云变幻，曲折跌宕。陆地经济、海洋经济都是人类为了求生存、图发展而主动探索的依托不可改变的生存环境而形成的经济发展模式，都曾经或正在为人类社会带来物质的繁荣和文明的兴盛。然而，伴随着“全球化”“地球村”等概念的提出和逐渐深入人心，人们已不满足于传统的经济发展模式下的价值创造，尤其对速度和效率提出了前所未有的要求。在速度经济时代，呼啸而过、穿行于云端的民用航空器满足了人们对速度和效率的渴求与遐想，与之相伴而生的是机场已经成为连接全球范围内生产、分配、交换和消费活动的重要桥梁和枢纽，也成为带动地区经济发展的新引擎。它不断地吸引着与航空业相关的众多行业聚集到其周围。临空经济正是由机场运输的经济优势转化而成的一种局部空间显性化的表现形式，它已经成为驱动各国相关区域经济迅速且高质量发展的新经济模式。

“海不辞水，故能成其大。”习近平总书记将中国经济比喻成一片汪洋大海，“经历了无数次狂风骤雨，大海依旧在那儿!”毋庸置疑，目前我国已经设立的数十个各具特色、肩负区域经济核心增长极等重任的临空经济区就是中国经济海洋中腾起的耀眼的浪花。在全球化时代，经济的新形态对法治有着强烈的依赖。临空经济发展模式作为中国经济领域的新生事物，必然呼唤全面的法治保障，而这正是目前我国大多数临空经济区在发展过程中所匮乏的。法学界关于临空经济的法治保障的高水平研究成果也是凤毛麟角。所以，客观评析我国临空经济发展的法治保障现状和诉求并构建可复制、可推广的法治保障体系，具有强烈的社会需求和鲜活的实践基础，也是本书撰写的意义和要旨所在。

弗里德曼曾说："法典背后有强大的思想运动。"这句话精辟地道出了思想对于法律制度的产生、创制及实现的巨大价值和功能，而成熟的思想必然植根于善思笃行的人的头脑与行动。我与本书的几位作者熟识。李国庆老师带领的学术团队长期致力于航空经济政策和法律的研究，勤学善思，笔耕不辍。近年来，他们多次受邀参与航空港经济法治的研究项目，并多次受邀前往河南省郑州航空港区、上海虹桥临空经济示范区等临空经济区进行调研学习，为本书的写作积累了宝贵的理论基础和实证材料。本书的研究成果形成了一批可复制、可推广的临空经济的法治保障对策，具有如下三个鲜明特色：

第一，将临空经济的法治保障命题置于全面依法治国与全面改革开放的"双轮驱动"的新时代背景下进行研究。法治与改革开放的契合是我国临空经济区进行各项制度探索与实验的动力与时代背景，是学者、实务工作者思考问题的出发点与解决问题的落脚点，如果失之偏颇，将背离改革目标。"双轮驱动"不仅为临空经济发展的法治保障提供了宏观鲜活的时代背景，也为本命题提供了全新的研究视角。本书用法学的研究方法，从区域法、产业法、企业法多个维度，对临空经济发展的法治保障进行多角度融合性建构。几位作者将多年的研究积累总结升华，为当前我国临空经济区建设提供了操作性强且契合时代要求的法治保障对策。

第二，客观评析当前我国临空经济区法治建设现状并结合实际分析今后我国临空经济区法治建设的重点。毋庸置疑，法治是良法之治，是善法之治。临空经济发展的法治研究能够为临空经济区的依法行政提供行为指引，能够通过规划和设计把控临空经济发展的战略和进度，能够通过定分止争的救济机制来化解临空经济区日益复杂的经济矛盾和社会矛盾。临空经济区的发展仅仅依靠政策性规范会严重影响发展的持续性和稳定性，也会影响政府依法行政的效能。因此，全面实施"党政主导、立法推进"的法治政府建设是临空经济区发展的当务之急。本书以政府与市场的视角对临空经济发展中的法治问题进行研究，抓住了该问题研究的重心。

第三，将学术研究与经济社会发展实践紧密联系起来。实践是理论之源。如何充分利用临空经济区的政策叠加红利，在构建国内临空经济发展高地的同时，形成可复制、可推广的中国临空经济法治保障经验？如何发挥临空经济的速度和资源优势，凸显“便捷”“高效”“开放”的特色，营造公平公正、透明高效、互利共赢的发展环境？回答这些问题，都需要在立足实践的基础上进行创新性研究。本书以临空经济的发展实践为主线，从法学视角全面剖析了临空经济的发展与法学研究相结合的时代命题，贡献了临空经济发展的法治保障对策建议，为临空经济的协调、创新和共享发展提供了一种法学研究的新思路，是经济法学研究中的一种创新性尝试。

是为序。

王玉辉

郑州大学法学院教授、博士生导师

2020年6月

前言

无论是实现国内高质量发展，还是培育国际竞争新优势，都离不开高水平的对外开放。近年来，面对贸易保护主义、单边主义愈演愈烈，国内外风险挑战明显上升的复杂局面，我国以更宽广的视野、更高的目标要求、更有力的举措，加快推动形成全面开放新格局。在速度经济时代，机场已经成为全球生产和商业活动的重要节点，也是带动地区经济发展的引擎，它不断地吸引着众多与航空业相关的行业和产业聚集，成为畅通全球经贸合作的“经脉”。临空经济是在经济发展的区域性和开放性的大背景下出现的，其旨在通过航空、数字化、全球化等因素的融入，逐步实现以临空经济区建设为中心贯通全球经济和区域经济连接，通过内外联的大循环，寻求在更大的空间去实现资源的优化配置。临空经济是经济进入高度开放性阶段而形成的一种新的经济形态，是经济增长的新发动机和增长点，优化了城市空间和功能布局，助推了经济的全球一体化和区域一体化，而区域性或国际性航空都市的形成，是以航空港为核心在特定地理区域上形成的一种经济集聚的明显表现。2013 年 3 月至 2019 年 5 月，我国政府从不同层次共批复了 14 个国家临空经济区的设立，全国也有多个空港城市都将临空经济作为地区经济发展的引擎，提出了建设临空经济区的规划。临空经济区的建设和发展绘就了中国与世界“开放合作、命运与共”的互利共赢新篇章，开创了跨境自由贸易的“空中丝绸之路”。

新制度经济学认为，制度与市场要素一样，是经济增长的根源。临空经济所独有的区域性、外向性、速度性、创新性等特点，与城市区域经济的耦合度不断增强，依赖航空客货运输发展起来的航空物流、电子信息、生物医药、空港会展、临空旅游、总部经济等产业涌现，呈现集聚式发展。这都迫切需要法律规范的调整，以解决临空经济发展过程中地理要素、市场要素、制度要素、营商环境等发展要素的整合问题。临空经济这种新型经济形态，迫切需要制度调整来激发生产要素的活力，以制度变迁来助推区域经济发展。

法治，作为治国方略和系统化的制度体系，能够通过赋权和确权为临空经济的发展提供行为指引，能够通过规划和设计增加临空经济发展的确定性和可预测性，能够通过定分止争的机制来化解临空经济区日益复杂的经济矛盾和社会矛盾，为临空经济的跳跃式发展提供统一、公平、透明的社会环境。但是，从我国临空经济的发展现实来看，掣肘于特殊经济区域立法资源的贫乏、航空港法治综合性研究缺失等因素，法治规范体系的薄弱已然成为制约临空经济发展的“瓶颈”。临空经济区的法律规范目前更多体现的是政策性特点，后续发展中经济性政策的不稳定性、易变性会严重损害临空经济的一体化推进。因此，加强临空经济发展的法治保障研究，有着迫切的社会需求和重要的实践指导意义。

本书以临空经济的发展为主线，以临空经济区建设为基本点，从法学视角全面论述了临空经济发展的法治保障这个区域经济发展与法学研究相结合的命题。本书在阐述临空经济发展法学观的基础上，从行政体制、物流保障、临空产业政策、贸易便利化、知识产权创新、金融创新、营商环境、区域立法8个维度，多层次、多视角地分析了临空经济发展与法治保障之间的关系，旨在为临空经济的协调发展提供一种规范性研究和创新性研究的新思路。

临空经济在本质上是法治经济。从法学研究的视角来看，法学对临空经济发展的研究应主要纳入经济法的“中观”研究层次，体现其“区域性”和“产业性”相结合的特点。我国经济法学长期聚焦于宏观调控和微观市场规制的研究，而忽视了“中观”层次的研究。本书以临空经济区和临空产业为研究的基点，是典型的经济法学“中观”层次的研究，统筹考虑了各种临空经济发展要素的整合，具有学术上的创新性。同时，临空经济的发展是临空经济区域发展、临空经济产业发展、临空经济企业发展“三位一体”的统筹协调，本书以法学的研究方法，结合区域、产业、企业的三方视角，对临空经济发展的法治保障问题进行多角度融合性的论述。

本书作者均为郑州航空工业管理学院“航空经济发展的政策与法治保障”研究团队的成员，长期致力于航空经济政策和法律的研究。全书第一章、第四章、第九章由李国庆撰写；第二章、第五章由翟帅撰写；第六章、第七章由张晓撰写；第三章、第八章由李华撰写。全书由李国庆负责统稿。

鉴于笔者研究能力以及调研样本的局限性，本书难免会有很多不足之处，敬请各位读者批评指正。

本书作者

2019 年 12 月 20 日

目录
CONTENTS

第一章
临空经济的发展与法治

第一节　我国临空经济发展概论

一、"临空经济"概念之辨

经济发展的区域性特征是由经济发展的内在规律决定的。在经历了均衡发展战略、非均衡发展战略的发展阶段后，在经济新常态的背景下，我国现阶段经济发展的区域性特征越发明显。与此同时，随着对外开放的深化，尤其是不断提升的"一带一路"倡议，秉承共商、共享、共建的理念，中国经济在实现全球化再平衡和开创地区新型合作中发挥的作用越发显著。中国经济也更加开放，通过内外联的大循环，寻求在更大的空间去实现资源的优化配置。临空经济作为一种全新的经济形态，正是在经济发展的区域性和开放性的大背景下出现的，其旨在通过航空、数字化、全球化等因素的融入，逐步以航空港建设为中心贯通全球经济和区域经济之间的连接。

从经济学理论上看，临空经济还存在"航空经济""空港经济"等不同的概念表述。从定义上看，临空经济是指依托机场设施资源，通过航空运输行为或航空制造活动，利用机场的产业集聚效应，促使相关资本、信息、技术、人口等生产要素向机场周边集中的一种新的经济形态①。它的优势主要体现在物流成本低、通关效率高，非常适合周边建有保税物流和海关特殊监管区域的机场。在临空经济发展过程中，学界还出现了“航空经济”的概念。从定义上看，航空经济是以航空枢纽为依托，以现代综合交通运输体系为支撑，以提供高时效、高质量、高附加值产品和服务并参与国际市场分工为特征，吸引航空运输业、高端制造业和现代服务业集聚发展而形成的一种新的经济形态②。“航空经济”概念的出现，是对“临空经济”概念的丰富与深化，更加体现了由航空运输引致的新型经济形态的经济结构变化和功能性特征。“临空经济”和“航空经济”是目前使用频率最高的词汇，在不太官方的表述中，偶尔也会使用“空港经济”这一表述。应当说，这 3 个概念的本质内涵是一致的，均是对以航空运输业为平台，以航空港建设为中心，以航空产业链为纽带的一种新型经济形态的归纳和提炼。

本书使用“临空经济”这一概念的主要原因在于：其一，“临空经济”的概念更能体现该新型经济类型的区域性特征，主要指向临空经济空间布局，与本书着重研究的区域经济视角更加贴近和契合；其二，从研究角度来看，“临空经济”更多体现的是一种中观视角，其立足于以航空港发展为中心的区域协调研究，不同于“航空经济”的宏观视角和“空港经济”的微观视角；其三，“临空经济”的概念已在政府的规范性文件中被普遍使用，全国设立的以航空港为依托的经济区，多以“临空经济示范区”的表述存在，本书采用“临空经济”的概念，也能与政策法规的内容相一致。当然，由于三个概念之间具有密切的关联性和高度的相似性，本书在使用“航空经济”或者“空港经济”概念时，如不加以强调和区分，均指的是“临空经济”。

与“临空经济”对应，还存在“临空经济区”的概念。一般来说，临

① 曹允春．临空经济：速度经济时代的增长空间[M]．北京：经济科学出版社，2009：10.

② 耿明斋，张大卫．航空经济概论[M]．北京：人民出版社，2015：12.

空经济区是指临空经济赖以存在与发展的地理空间，它是以机场为中心，沿着交通线向外扩展，形成的一定的地理区域①。临空经济区是以临空产业为载体的多功能经济区域。本书在行文过程中，有时也会不加区分地交叉使用“临空经济区”“航空港经济区”“空港经济区”等概念。

二、临空经济的特征分析

（一）临空经济是以航空港为依托的区域经济形态

在速度经济时代，机场已经成为全球生产和商业活动的重要节点，也是带动地区经济发展的引擎，它不断地吸引着众多与航空业相关的行业在其周围聚集。临空经济正是由机场运输的经济优势转化而形成的一种局部空间显性化的必然表现形式，航空吞吐量的增长和航线网络的建设成为推动以机场为核心的临空产业集聚的源生性动力。区域性或者国际性航空都市的形成，是以航空港为核心，在特定地理区域上形成的一种经济集聚。

（二）临空经济是以航空运输业为引领的新型经济形态

临空经济的发展现实表明，临空经济的发展首先从核心的航空运输产业开始，随后高度依赖航空运输的产业在机场周边集聚，然后逐步向周边区域和相关产业进行扩散，带动周边航空引导性产业、高新科技产业、物流业、金融业、会展业等的发展，进而促进一定区域的经济结构升级，提升区域和产业的国内、国际竞争力。

（三）临空经济是外向性、开放性和高效性经济形态

从显性特征来看，虽然临空经济表现为区域经济形态，但其本质是高度开放和全球性的。航空经济适应了信息技术主导下的全球分工形式，适应了全球开放性的市场安排，适应了现代经济活动效率优先的需求，因此，在人流、物流、信息流方面实现了高效的流动和便捷。

① 王留章，郝爱民，杨波，等．航空经济理论与实践[M]．北京：经济科学出版社，2013：24.

三、我国临空经济的发展

2010 年以后，我国临空经济进入发展的快车道。在国家层面，2012 年，国务院发布了《国务院关于促进民航业发展的若干意见》，2015 年国家发展改革委与民航局联合发布了《关于临空经济示范区建设发展的指导意见》，助推临空经济发展。

2013 年 3 月至 2019 年 5 月，我国政府共批复设立了 14 个不同层次的国家航空港区，其中国务院批复有 1 个——郑州航空港经济综合实验区；余下 13 个均为临空经济示范区，由国家发展改革委员会及民航局批复，形成了“1 +13”的临空经济区格局。这 13 个临空经济区有位于华东地区的青岛胶东临空经济示范区、上海虹桥临空经济示范区、杭州临空经济示范区、宁波临空经济示范区、南京临空经济示范区；位于西南地区的重庆临空经济示范区、成都临空经济示范区和贵阳临空经济示范区；位于华北地区的北京新机场临空经济示范区、首都机场临空经济示范区；位于西北地区的西安临空经济示范区；以及位于华南地区的广州临空经济示范区、长沙临空经济示范区。从批复的名称来看，除郑州使用了“航空港经济综合实验区”的表述外，其他均使用了“临空经济示范区”的概念表述。除国家层面批复成立的航空港区外，天津、沈阳、大连、石家庄、唐山、徐州、常州、济南、福州、厦门、深圳、珠海、哈尔滨、武汉、合肥、南昌、昆明、南宁等地均设立了以“空港经济区”或者“临空经济区”命名的航空港区，全国设立的各级别的航空港区数目已经超过 100 个。这些航空港区均依托于机场，各自提出了集合区域发展特色的发展模式和思路。

国家层面批复设立的 14 个航空港区大都承载了区域创新发展的功能。但是在区域发展的过程中，其功能定位结合各自区位优势，又有所不同。

（1）郑州航空港经济综合实验区：以航空货运为重点突破口，大力发展航空运输业，逐步发展为全国重要的国际航空物流中心、内陆地区对外开放重要门户、现代航空都市、中原经济区的核心增长极。

（2）青岛胶东临空经济示范区：从航空保税、货运网络和青岛特色优势这三个维度出发，探索以临空经济促进沿海城市发展方式转变的新模式，打造区域性航空枢纽、高端临空产业基地、对外开放引领区、现代化生态智慧空港区。

（3）重庆临空经济示范区：作为传统长江流域港口城市的重庆，借力空港、水港、公路港的联运优势，形成内陆开放空中门户、低碳人文国际临空都市区、临空高端制造业集聚区、临空国际贸易中心以及创新驱动引领区。

（4）北京新机场临空经济示范区：作为京津冀先行先试平台，服从京津冀协同发展战略要求，坚持疏解北京非首都功能，承接产业转移，探索京津冀转变经济发展方式的新路径，形成京津冀协同发展示范区、首都经济圈发展新的战略增长极。

（5）广州临空经济示范区：坚持港城一体化，推进空港与城市功能相互融合，形成功能互补、协同发展的世界级空港大都市，形成全球航空枢纽、临空高端产业集聚区、生态智慧现代空港区。

（6）上海虹桥临空经济示范区：上海虹桥商务区以其独一无二的优势，推动着上海航空经济区总部经济的发展，形成国际航空枢纽、全球航空企业总部基地、高端服务业集聚区、全国公务机运营基地和低碳绿色发展区。

（7）成都临空经济示范区：建设国际航空枢纽、临空经济创新高地、临空高端产业体系、内陆开放先行区、新型生态智慧空港区。

（8）长沙临空经济示范区：建设长江经济带动空铁联运枢纽、创新发展内陆开放型高地、高端临空产业集聚发展区、绿色生态宜居智慧航空城。

（9）贵阳临空经济示范区：西部内陆地区对外开放重要门户，西南航空客货运枢纽、特色高端临空产业基地、智慧型生态化临空示范区。

（10）杭州临空经济示范区：区域性航空枢纽、全国高端临空产业集聚区、跨境电商发展先行区、生态智慧航空城的全国临空经济发展先行区。

（11）首都机场临空经济示范区：大型国际航空枢纽，亚太地区的重要复合枢纽，服务于首都核心功能。国家临空经济转型升级示范区、国家对外开放重要门户区、国际交往中心功能核心区和首都生态宜居国际化先导区。

（12）南京临空经济示范区：面向全国、连接世界的航空枢纽，打造国际性、现代化、生态化、智慧型临空经济示范区。

（13）宁波临空经济示范区：提升全球资源配置和服务能力；着力培育发展新动能；着力促成港产城融合发展；着力加快构建以临空经济指向性产业为核心，以航空贸易物流、临空智能制造为主导的现代临空产业体系；着力推动经济发展质量变革、效率变革、动力变革。

（14）西安临空经济示范区：推进体制机制创新，探索临空经济发展新路径、新模式；推进绿色发展，培育壮大临空特色产业体系；推进军民融合，深化示范区与周边地区的合作互动和协同发展。

综上所述，我国的临空经济区已经呈现出多点开花的局面，在国家政策和地方政策的支持下，各地的临空经济区结合自身优势，形成了区域特征鲜明的发展格局。相较而言，目前国家明确定位的国际级航空枢纽有郑州、上海、北京、成都和广州，区域性航空枢纽包括青岛、杭州以及长沙等，内陆开放门户有重庆和贵阳。

第二节　临空经济发展的经济学释义

一、临空经济发展的理论基础

（一）空间经济学理论

一般认为，空间经济学是从经济学角度研究区域经济发展与区域关系协调，研究生产要素的空间布局和经济活动的空间区位，也称区域经济学。空间经济学是根据时间、层次、传统三维空间相互转化原理研究经济发展规律、预测经济发展趋向、布局经济空间、调整产业空间结构、取得经济规模效益、实现经济可持续发展的经济学。空间经济学是在区位论的基础上发展起来的。从历史发展来看，空间经济学经历了从德国的古典区位理论到新古典区位理论、新经济地理和空间经济学的发展过程。古典区位理论的研究者运用比较成本学说和地租理论，提出了农业区位论（冯·屠能）、工业区位论（韦伯）的分析路径。在古典区位理论的基础上，沃尔特·克里斯塔勒提出了中心地区理论，奥古斯特·勒施建立和发展了工业区位理论、经济区理论和市场区位理论，对空间经济学进行了发展。到了 20 世纪 90 年代，美国耶鲁大学经济学教授克鲁格曼提出“经济地理”的概念，引导了经济地理和空间经济学的复兴。

空间经济学理论在宏观层次上解释了现实中存在的各种经济活动的空间集中现象，认为经济系统内生的循环累积因果关系决定了经济活动的空间差异，当空间贸易成本下降到某一临界值时，聚集力超过分散力，市场的接近性优势超过了市场拥挤劣势，均衡分布被打破，现代部门向某一区域集中，初始均衡分布结构随之演变为非均衡分布结构。空间经济学还有一个突出的特征是区位的黏性，即“路径依赖”。当选择了某种产业分布模式或发展路径后，在较长的历史发展过程中，各种经济活动已经适应了这种模式或路径，紧紧地“黏上”了这种模式或路径，那么要改变这种模式或路径就要支付很大的成本。

空间经济学理论，从经济地理的角度能够很好地解释临空经济“机场、产业、空间”三要素的关系和发展的基本逻辑。空间枢纽航空港建立，以综合化的交通运输体系为基础条件，航空运输能够很好地承接相关产业的转移，经济活动在航空港周边集聚，形成市场合力和临空产业集聚。

（二）区域发展理论

区域发展理论是在 20 世纪 70 年代经济学家科鲁默、海特等人的不平衡发展理论的基础上发展而来的。与临空经济密切关联的是中心辐射理论和经济增长极理论。

中心辐射理论认为，经济发展水平和现代化程度较高的地区会将资本、人才、技术、市场信息等要素向发展水平和现代化程度较低的地区传递。航空产业集聚后，临空经济能够对周边的腹地经济进行辐射，资本、劳动、知识、技术等要素会在航空经济区与周边区域内进行流动，促进腹地经济区域内的产业升级转换，带动经济的协调发展。中心辐射理论认为，经济辐射的方式可以有点辐射、线辐射和面辐射。

经济增长极理论认为，生产要素间质的对应性、量的比例性、空间的聚集性和时间上的顺序性四个要件形成的区位，才能缔造出区域的“增长极”，在一段时间内达到一定的临界水平和规模，形成经济的增长中心。航空物流业是航空经济区内的核心产业，其具备推动其他产业发展的原动力：产业需求收入弹性系数高、市场扩展和生产发展迅速、产业关联性强，能够有力地促进区域经济产业链的形成。航空经济区作为增长极可以通过其强大的产业关联，包括前向联系、后向联系、旁侧联系，产生扩散效应，带动相关航空产业发展，并通过扩散效应和乘数效应推动区域经济的增长①。

（三）航空经济发展理论

美国北卡罗来纳大学的约翰·卡萨达教授在其著作《航空大都市：我们未来的生活方式》中描述了世界各地发展临空经济、建设航空大都市的背景、历程和现状，以全球20多个著名国际机场建设的实例，揭示航空大都市的发展模式，创新地提出速度经济理论，解释了航空经济以及航空驱动型经济发展的强劲动力，这就是“第五波理论”。

卡萨达认为，航空运输是继海运、天然运河、铁路和公路运输之后对区域经济发展的第五个冲击波。这个冲击波最显著的表现是：大型的机场与现代经济快速发展相适应，突破了单一运输功能，通过与多种相关产业的结合，形成具有强大辐射力的“航空经济区”，成为地区经济增长的

---

① 王留章，郝爱民，杨波，等．航空经济理论与实践[M]．北京：经济科学出版社，2013：37.

"发动机"①。航空运输业的投入产出比是 1∶8，对经济的拉动作用非常明显。

二、临空经济发展的模式

根据经济学学者的研究，临空经济的发展大体可以分为四种类型，即综合枢纽导向型、航空产业驱动型、区域资源环境导向型和航空城②。

（一）综合枢纽导向型临空经济发展模式

这也是传统意义上的一种临空经济发展模式。该模式是利用大型枢纽机场的空运区位优势，形成强大的航空旅客和航空货物中转优势，在航空经济区内进行大规模集散，从而形成生产性和服务性企业入驻的一种发展模式。在该模式中，以机场为中心形成了多种运输方式的立体集合，其中机场是连通区域或者国际间的复合型航空枢纽，机场周边形成了功能齐全的多产业综合体，服务业集聚效应明显。该模式典型的代表就是韩国仁川国际机场、德国法兰克福机场等。

（二）航空产业驱动型临空经济发展模式

航空产业驱动型经济发展模式，主要利用航空运输带来的通达性吸引航空运输业及其上下游相关产业在航空经济区附近集聚，形成产业集聚效应，进而推动区域经济的发展。其主要表现就是以航空运输的指向性产业为主导产业，形成区域性的产业集群。这种发展模式的形成，除机场形成的航空运输网络外，还需要劳动力、土地等市场要素供给的充足，成熟的金融市场提供资金的融通，配套地面设施的完备等一系列条件。这种模式的典型代表就是美国的西雅图机场，其以波音公司的两个飞机总装厂为依托，形成了与飞机制造相关的研发、制造、服务及旅游、展会等航空制造产业链。

---

① 卡萨达，林赛．航空大都市：我们未来的生活方式［M］．曹允春，沈丹阳，译．郑州：河南科学技术出版社，2013：21.

② 曹允春，席艳荣．临空经济发展的国际经验及我国的借鉴［J］．商场现代化，2009（3）.

（三）区域资源环境导向型模式

环境经济模式一般适用于区域自然资源丰富，特别是旅游资源丰富、旅游业发达的地区机场。这些地区利用自己得天独厚的区域条件，通过优化航空经济区内的环境条件和服务标准，提供优惠措施，发展休闲旅游、购物、会展等服务，并带动相关服务业的发展。该模式的典型代表是爱尔兰的香农机场和日本的中部机场等。其中，爱尔兰的香农机场利用自身坐落于欧洲大陆最西岸的区位优势，创立了世界上第一个工业自由贸易区，将航空旅游作为重点，通过税收优惠、高效的服务、优良的产业配套措施，在高科技制造业、航空维修业、航线网络、租赁、飞行员培训等方面形成了航空业的集聚区，成为全球航空经济区的典范。

（四）航空城模式

从城市发展的角度来看，临空经济发展的最终目标是构建一个生态宜居的航空大都市。临空经济发展的演进，实际上也是一个机场、产业、城市“三位一体”的发展进程。研究表明，临空经济与区域经济两个系统之间整体呈“U”形耦合结构①，两者相互融合结成一体。“航空大都市发展模式的核心是通过降低区域乃至全球的空间和时间摩擦来产生速度经济。”② 因此，临空经济发展的成熟阶段或者高级阶段，应当是机场、产业、城市的一体化发展。临空经济的一体化就是要在航空经济区域内实现资源要素的整合和重组，为临空产业的发展提供优质的环境和条件，为航空城居民的生活提供宜居环境。“我国临空经济的发展目标即形成港—产—城一体化的联动发展体系，并使其成为区域可持续发展的重要途径。”③

三、临空经济发展的基本要素分析

要素禀赋是临空经济赖以发展的基本条件。对临空经济发展的基本要

---

① 高友才，汤凯．临空经济与区域经济阶段性耦合发展研究[J]．经济体制改革，2017(11)．

② 卡萨达，阿波德．规划有竞争力的航空大都市[J]．区域经济评论，2014(3)．

③ 赵冰，曹允春，沈丹阳．港—产—城视角下临空经济的新模式[J]．开放导报，2016(4)．

素进行归纳，有助于总结临空经济发展的基本规律，为临空经济的发展提供最科学、最合理化的路径。

（一）地理环境

临空经济发展的地理环境主要包括地理位置、机场和交通等。从目前国家批复的航空经济区来看，其地理位置均是国内或者国际航线网络的区域中心位置。从世界范围来看，航空经济发达的国家和地区都具有国际地缘优势。天然的区位优势是临空经济发展的先决条件，适航条件好、绕航系数低，可以发挥航空运输快速通达的特点。机场是航空经济发展的基础，机场的大小和辐射范围决定了临空经济的影响范围，机场的客运和货运量会影响临空经济的总量与增长，机场的跑道、航站楼、维修设施等硬件和航空运输网络、服务质量等软件条件都会成为制约临空经济发展的重要条件。临空经济发展的交通条件对临空产业货物的集疏具有重要意义，其严重影响临空产业布局的形成和结构调整，如果没有公路、铁路、水运等多式联运的存在，就不能形成物流枢纽的运输格局，单纯依靠机场自身是无法完成临空经济的辐射功能的。

（二）市场要素

布鲁维尔认为，经济空间“是经济变量在地理空间之中或之上的运用”①。在临空经济的发展过程中，市场要素中的土地、劳动力、资本、科学技术等也会起到关键性作用。临空产业的集聚，需要土地资源和劳动力资源充分持续的供给与流动；而科学技术决定了经济要素之间不同的组合方式，能够促进临空产业的调整和企业的区位选择。临空经济在跨过区位驱动和开放市场驱动的初级阶段之后，必然会迈向生产力驱动和资本驱动。在高新技术制造中心、信息服务创新中心、商务服务中心等建立之后，临空经济的内生性需求必然催生在航空经济区内建立国际金融中心，实现资本在区域内外和境内外的自由流动，与其他市场要素之间完成新的组合。

---

① 曾坤生．佩鲁增长极理论及其发展研究[J]．广西社会科学,1994(2).

（三）制度要素

新制度经济学认为，制度与市场要素一样，是经济增长的根源。在中国经济的转型期内，临空经济这种新型的经济形态也迫切需要通过政府的政策调整来激发生产要素的活力，以制度变迁来助推区域经济发展。从政府的角度出发，临空经济发展的制度要素主要包括临空经济的区域发展政策、临空经济的产业发展政策、临空经济的企业发展政策。政府作为临空经济发展的推动者和参与者，一方面要从政策层面上为临空经济的发展提供顶层设计，另一方面要在协同创新发展模式中起到领导者和组织者的核心作用，实现临空经济发展需要的内部和外部资源的整合与优化。

（四）营商环境

法治是营商环境的底线，营商环境的本质是法治环境，临空经济的发展亟须解决法治化营商环境整体性优化的问题，为临空经济的跳跃式发展提供统一、公平、透明的社会环境。营商环境的要素主要包括依法行政的政府，统一便捷的政务服务，对标国际投资贸易通行规则的国际经贸法制规范，区域共建、多元共治、全民共享的社会治理模式，等等。

第三节　我国临空经济发展的法治保障

一、临空经济发展的法学观

（一）临空经济的本质是法治经济

临空经济是经济进入高度开放性阶段而形成的一种新的经济形态，它有利于产业机构的升级调整，是经济增长的新发动机和增长点，优化了城市空间和功能布局，拉动了落后区域的发展，促进了区域协调，助推了经济的全球一体化和区域一体化。临空经济所独有的区域性、外向性、速度性、集聚性、创新性等特点，迫切需要法律规范的调整，以解决临空经济发展过程中地理要素、市场要素、制度要素、营商环境等发展要素的整合问题。临空经济的发展，从根本上来说，必须遵循规范发展和有序发展的道路。而法治作为治国方略和系统化的价值体系，能够通过赋权和确权为临空经济的发展提供行为指引，能够通过规划和设计增加临空经济发展的确定性和可预测性，能够通过定分止争的机制来化解航空经济区日益复杂的经济矛盾和社会矛盾。因此，临空经济的本质应当是法治经济。

从宏观层面来看，临空经济的发展，其核心是一种区域的协调发展。这种协调发展需要经济与法律之间的良性互动。法律体系内在的规范性和程序性能够保证法律具有正当性基础。“在区域协调发展的实现过程中，法律的规范性、权威性、稳定性和最高性决定了区域协调发展必须依赖法律制度。[①]”临空经济协调发展的属性决定了它无法脱离法律而独立存在。法律制度，尤其是经济法律制度在区域协调发展中的保障性作用，是临空经济可以稳定发展的基石。具体而言，法律所秉承的实质正义观是临空经济发展的理论基础，社会利益本位是临空经济发展所必须遵循的原则，而法律制度为临空经济提供的内容框架是临空经济发展所必须依赖的。

（二）临空经济发展的法学视角

从法学研究的视角来看，临空经济的发展主要解决的是政府（尤其是地方政府）与航空经济区市场发展的问题。因此，其分析思路完全可以纳入经济法的既有框架中。临空经济政策和法律的制定与执行，体现的是国家对航空经济区域市场的一种干预和介入，经济法学的基础理论为这种干预提供了正当性的解释。此外，政府对于市场的介入也必然要加以规范和约束，上升到法律的层面加以确定。只有如此，才能将临空经济的发展统一至国家的整体法律架构之中，保障临空经济的发展不会偏离法律的航道。

临空经济的研究，从经济法视角来观察，是一种中观层面的研究。其

---

① 项波，孟春阳．区域经济协调发展的经济法保障研究[M]．北京：知识产权出版社，2019：67.

既研究特定临空经济区发展中的“区域性”经济法律问题，又研究临空产业政策的规划、临空产业的培育、临空产业的组织政策等“产业性”法律问题，是典型的“中观经济法”的范畴。从部门法的结构上看，临空经济区发展的促进、协调、支持、利益引导措施可以归入“宏观调控法”的框架，临空经济区发展的准入许可、投资负面清单等限制性措施内容完全可以纳入“市场规制法”的框架。当然，经济法学的研究无法完全解决临空经济发展中的所有法律问题，临空经济发展的综合性、多维度性也需要多个法律部门之间的配合与协调。

从临空经济近几年的发展来看，法治研究的孱弱已然成为制约临空经济进一步发展的“瓶颈”。从国内临空经济法治发展的进程来看，掣肘于特殊经济区域立法资源的贫乏、航空港法治综合性研究缺失等因素，鲜有对航空港法治建设的综合化和专业化研究。目前国内关于临空经济法制建设的系统性、应用性研究凤毛麟角，且研究视野相对狭窄、方法单一，未能反映协调与创新的主流价值理念，无法为临空经济在引领三化协调、促进地区开放性发展方面提供有效的政策支持和制度保障。临空经济的法治保障，在研究的内容上，是包括行政法、经济法、国际法、民商法等多个法律部门内容在区域立法上的投射，应充分协调不同法律部门的研究思路和研究方法。未来临空经济法治保障的研究，应立足国际视野和临空经济区的发展特色，借鉴行为科学和系统科学研究方法，充分整合既有特定经济区域发展中积累的法治资源，以国家促进临空经济发展的相关政策作为指引，建构符合临空经济特色的法制体系的基本框架，凸显临空经济法制规范的重点，以破解临空经济立法、执法与司法困境为路径，为临空经济区、临空产业和临空企业发展提供法治保驾护航策略，夯实临空经济改革与发展的法律基础。

二、临空经济法治保障的现状

临空经济作为一种新型的经济形态，从本质上来说是法治经济，根据航空经济特殊区域“先行先试”的要求，从法治研究的深层次角度来说，临空经济的发展过程也是机制体制创新、法制规范创新的过程。

（一）临空经济发展的立法保障

经过长期的发展，我国逐步健全了民用航空的相关法律法规，以《中华人民共和国民用航空法》为基本法，已经颁布并施行了包括《民用机场管理条例》《中华人民共和国民用航空器适航管理条例》《中华人民共和国飞行基本规则》《中华人民共和国民用航空安全保卫条例》《外国民用航空器飞行管理规则》等一大批行政法规，中国民用航空局也制定了一系列行政部门规章来规范民用航空的发展。

2012 年国务院发布了《国务院关于促进民航业发展的若干意见》（国发〔2012〕24 号），提出了“初步形成安全、便捷、高效、绿色的现代化民用航空体系”的目标，选择部分地区开展航空经济示范区试点的要求。随着近些年全国范围内的临空经济示范区和航空经济区密集获批，为了进一步促进临空经济示范区的建设，2015 年国家发展改革委员会与民航局联合发布了《关于临空经济示范区建设发展的指导意见》（发改地区〔2015〕1473 号），从国家层面为航空经济区的建设提出了纲领性的指引。在国家目前批复设立的“1 + 13”模式的临空经济区中，除批复设立的指导性文件和发展规划外，各个航空港区的主管机关大都已经制定了相应的发展规划或者总体方案，对航空港区的发展进行统筹安排，比如《北京大兴国际机场临空经济区总体规划（2019—2035 年）》《郑州航空港经济综合实验区总体规划（2014—2040）》《郑州航空港经济综合实验区“十三五”发展规划》《成都天府国际机场航空经济区规划纲要》《青岛胶东临空经济示范区总体方案》《重庆临空经济示范区建设总体方案》等。广州市政府还颁布了我国航空港区的第一个地方性行政规章——《广州空港经济区管理试行办法》，通过法律授权的方式赋予了广州空港经济区管理委员会行使市一级管理权限。另外，各地航空经济区还在管理体制、贸易便利化、服务便利化、土地、金融、税收、财政等方面针对航空港区的建设制定了数量繁多的规范性文件。

（二）中国临空经济发展的执法保障

由于临空经济区大多并非一级行政区划，因此始终面临着行政执法的合法化问题。在实践中，临空经济区的执法问题多通过委托执法的方式加以实现。例如，2013 年 11 月，河南省政府发布《河南省人民政府办公厅关于郑州航空港经济综合实验区与省直部门建立直通车制度的实施意见》（豫政办〔2013〕92 号），对郑州航空港经济综合实验区的行政管理体制进行了简化；2014 年 7 月，郑州市政府通过了《郑州市人民政府关于委托郑州航空港经济综合实验区行使行政执法权的若干规定》（郑州市人民政府令第 210 号），市、县两级人民政府及其部门的行政执法权委托航空港实验区管委会及其依法设立的符合条件的组织行使，通过全面委托执法的方式破解了行政执法难题。

为了加强执法监管，提高执法效率，很多航空港区都积极探索综合执法改革新模式。例如，成都临空经济示范区通过建立综合行政执法清单和综合执法机构，陆续制定了综合行政执法的实施办法，加强综合执法配套制度，使联合会商、专题会商以及案件通报成为常态，实现了“权”与“责”对等，“违”与“罚”对应。

（三）临空经济发展的司法保障

在临空经济区的司法保障方面，2015 年 7 月最高人民法院公布实施了《最高人民法院关于人民法院为“一带一路”建设提供司法服务和保障的若干意见》（法发〔2015〕9 号），要求充分发挥人民法院审判职能作用，有效服务和保障“一带一路”建设的顺利实施，为临空经济的法治保障提供了一定的法律依据。郑州航空港经济综合实验区率先在全国的航空港设立了法院和检察院。2014 年 1 月 15 日，郑州市第十三届人民代表大会通过了《关于设立郑州航空港经济综合实验区人民法院的决定》和《关于设立郑州航空港经济综合实验区人民检察院的决定》。郑州航空港经济综合实验区人民法院和检察院先后于 2014 年年底和 2015 年年初挂牌成立，并已经开始办理各类司法案件。郑州航空港经济综合实验区人民法院和检察院在机构设置上采纳司法改革的先进理念，推行法官和检察官责任制。实验区法院还设立了专门的审判团队，来保障实验区审判工作的高效率实施。

从目前各地临空经济区的实践来看，在结合各自港区特点的基础上，不少临空经济区的司法机关在跨区域司法协助、知识产权纠纷、国际贸易纠纷等方面都做了很多有益的探索和尝试。

三、临空经济发展法治保障中的问题

（一）立法位阶偏低，缺乏统一立法

目前各个临空经济区的法律规范性文件都缺乏足够的立法层级，呈现出分散状和碎片状，无法形成一个统一的合力。除广州制定了地方性行政规章性质的《广州空港经济区管理试行办法》外，大多数临空经济区都没有统一的立法来规范本地航空港的发展。临空经济区的统一立法一方面是对实验区发展既有政策性措施的法律确认，另一方面也是对“先行先试权”的具体化形式的法律固定，尤其是要解决航空经济区行政主体缺位的问题；一方面是对实验区既有问题的修正和回应，另一方面也是对经济区未来发展远景的规划；一方面是对区域性经济立法一般性制度内容的整体性安排，另一方面也是对地域性航空经济特色内容的凝练。由于统一立法的缺失，临空经济区发展中的诸多法律障碍无法通过上层设计的方式来解决。

（二）政策文件先导，法治创新滞后

从规范性文件的性质来看，临空经济区的多数文件均以“通知”“方案”“决定”的形式出现，体现出了明显的政策性特点。以计划手段来实施的“规划”制定等方式，是区域经济法和产业经济法常用的调整手段，也带有明显的政策属性。虽然政策性是经济法律，尤其是先期经济法律的表现特征之一，但是在实际操作过程中，以政策性文件来取代法律对临空经济区的发展进行调整，在后续发展过程中已经显现出明显的不适应性。

经济性政策的不稳定性和易变性会严重损害临空经济的一体化实施。从另外一个层面来说，政策性的法律规范也无法完全解决航空港亟须解决的法治创新问题，比如临空经济区发展过程中必然要面对大量的国际贸易、知识产权类的国际纠纷，需要国际跨区域的司法协助机制加以辅助，这都是单纯依靠政策性文件无法完成的任务。

（三）先行先试权的内涵欠缺统一认识

国家发展改革委和民航局联合发布的《关于临空经济示范区建设发展的指导意见》（发改地区〔2015〕1473号）中明确表示："改革创新、先行先试。遵循市场经济规律，推进重点领域和关键环节改革，在管理体制和运行机制等方面先行先试，着力提高对外开放水平，发挥示范带动作用。"先行先试权，一方面给予了临空经济区极大的自主权和选择权，另一方面也带来了一系列法律协调、法律执行的难题。临空经济区在哪些方面、哪些层级具有先行先试的权力？法律政策之间的冲突应该通过什么机制和机构加以解决？先行先试权是否意味着临空经济区具有一般意义上的可复制、可推广的经验？这些基础性的理论问题若不加以解决，将会极大地阻碍临空经济区的经济发展和法治进程。

四、临空经济发展法治保障的未来

（一）临空经济的发展应贯彻法治思维

作为一种全新的经济形态，临空经济从内生的发展需求来说，迫切地需要法治的保障。临空经济的法治保障，是临空经济制度化、规范化发展的根本要求，也是临空经济向更高层次发展的必经阶段。破解目前我国临空经济法治保障中的既有难题，需要以法治的思维进行审视，需要"对症下药"地稳步推进。整体而言，临空经济的法治建设应秉承如下法治思维。

1. 一般性与特殊性相结合的思维

临空经济的法治保障，应从法的一般性规范与特殊性规范的结合入手，一方面体现临空经济区域立法的一般性内容，加以推广和复制；另一方面则要立足特定区域内的临空经济产业发展、区位优势特点等因素，突出不同航空港法治的地域特色。临空经济区各项法律规范的制定必须立足于航空港区自身的自然、社会、经济、文化等实际情况，既要有共性，也要有特性，才能使制定的法律法规有生存的活力与动力，法治的作用才能得到发挥。在立法层面应重点对航空产业、航空物流、航空服务等带有本地区区域性特点的内容进行规制，突出对行政管理体制、贸易便利化、知识产权、市场监管等方面内容的体制机制创新。

2. 资源整合与制度创新相结合的思维

在临空经济的发展过程中，需要对域外和域内的法治资源进行充分整合，对不同领域的不同法律规范进行整合。在不与上位法相冲突的基础上，应以不同临空经济区的发展规划、总体方案为基本依据，对临空经济发展过程中可能涉及的国家相关法律法规、政策和地方性法规、政策，包括土地管理法规、交通枢纽建设法规、民航法规、物流法规、产业规划法规、电子商务法规、知识产权法规、金融财政政策法规等内容进行充分整合，利用先行先试的赋权，对相关体制机制进行制度性创新。

3. 协调发展的思维

临空经济的法治保障，带有明显的区域经济法治的内容。在法治保障的过程中，要充分考虑各方利益的协调与平衡。“我国区域协调发展是基于把社会作为有机整体及认为构成社会的诸多要素是功能互补的、和谐的思考的结果，即其基本社会哲学观是整体和谐主义。①”临空经济的建设，是对外开放和对内改革的深层谋划与推进，对于优化我国航空货运布局，推动临空经济发展，促进区域协调发展、扩大开放具有重要意义。因此，在法治保障的进程中，应平衡各方利益，减少利益冲突带来的矛盾，营造公平竞争的环境，建立统一大市场，互利互惠，实现各方共赢。

---

① 刘水林，雷兴虎．区域协调发展立法的观念转换与制度创新[J]．法商研究，2005(4)．

（二）临空经济法治保障的基本架构

临空经济是带有明显区域性特征的一种经济形态，从体系上看，其法治保障应围绕临空经济的发展，大体包括以下几个方面的内容。

1. 行政管理体制规范

可以说，行政管理体制问题是临空经济在发展过程中面临的一个突出问题，航空港的行政执法权虽然可以通过行政委托方式获得，但是通过行政委托方式获得的行政执法权，由于行政权力并没有发生实质性转移，航空港区的管理主体未取得行政主体资格。这一问题的存在致使航空港区及其下属机构在实践中无法有效地行使行政管理权限，严重影响了行政管理效能的发挥。对航空港区管理主体进行法律上明确的行政授权，建立事权划分科学、管理高效统一、运行公开透明的行政管理体制，是未来临空经济法治保障的基础。

2. 贸易便利化规范

临空经济的特点之一在于创新贸易发展方式，完善贸易服务机制，推进商贸物流综合配套创新和电子商务创新，构建“买全球、卖全球”的贸易发展新模式。因此，贸易便利化措施应是航空港区未来法治规范的重点内容。其规制的核心内容应包括：完善对外贸易服务平台，建设国际贸易机构集聚平台，形成贸易中心枢纽功能；培育新型贸易业态，建立健全资源优化配置机制，推动贸易专业细分，发展市场采购贸易、跨境贸易电子商务、保税贸易、服务贸易等新型贸易方式；建立电子商务服务、云计算和大数据、智能物流服务、网络信用体系等多领域、多形式融合机制，推动新型贸易业态集聚发展；建立跨境金融结算支撑体系，探索离岸金融业务新模式；推进进出口检验检疫创新，简化进出境备案清单、国际中转、集拼和分拨等业务进出境手续；深化通关模式改革，促进口岸管理部门信息互换、监管互认、执法互助。

3. 临空主导产业规范

临空主导产业规范是临空经济法治保障中的核心一环。强大的交通体系、国际化的物流运送网络和通关系统，是临空经济发展的主要推动力。航空物流的规范化和制度化运行，是临空经济法治保障的题中应有之义。未来临空主导产业的法律规范，应围绕加快推进大型航空枢纽建设，构建设施先进、网络完善、支撑有力、运行高效的航空货运技术系统，打造适应经济结构调整和产业转型升级需求的现代物流服务平台为核心展开，以产业为基，以贸兴市、产流互动，通过财政税收优惠措施、产业规划和计划措施、金融扶持政策、信用信息公示系统等服务创新来引导临空主导产业的发展。

4. 市场规制法律规范

临空经济发展的核心是要处理好政府与市场的关系，“法制化了的区域政策正是国家运用公权力对市场失灵和政府失灵进行干预的有效法律手段”。[①] 其本质就是通过市场监管的法治化设计为航空港区创建国际化、法治化的营商环境，建立统一、开放、竞争、有序的市场机制。因此，在临空经济发展的法治框架中，应规范市场主体的准入与退出，禁止和限制不正当竞争行为和垄断行为，创新知识产权纠纷、国际贸易纠纷、劳动用工纠纷等的处理机制，强化统一监管和市场执法，为临空经济的发展提供公平竞争的市场要素。

5. 制度创新的法律规范

加快临空经济区体制机制创新，有利于建立与国际化、法治化要求相适应的行政管理、经济、司法体系和营商环境，为实现以开放促改革、以改革促发展提供示范样本；有利于统筹国际、国内两个市场，利用两种资源，促进生产要素高效集聚，构建与世界通行贸易规则接轨的高水平开放型经济体系，进一步提升临空经济区的综合竞争力；有利于引进世界超前规划理念和城市建设管理先进经验，建立灵活有效的生态治理机制，促进社会人文环境与国际接轨，加快现代绿色智慧航空大都市建设。因此，在

① 殷洁．区域经济法论纲[M]．北京：北京大学出版社，2009：19.

临空经济发展的法治保障中，应着重突出其制度创新的内容，在完善海关监管区域和口岸建设、建立跨境金融支持体系和新型金融工具应用规范、建构多元化投融资体系、构建临空经济区企业知识产权保护制度和运用战略、探索跨境司法协助制度等方面进行积极的尝试和创新，使临空经济区真正成为投资便利化、金融便利化、监管便利化的示范区。

第二章
航空港经济区行政管理体制优化研究

毋庸置疑，航空器的发明与普及使人类社会通勤能力得到了质的跨越，民航“缩短了”出发地与目的地之间的距离，赋予了国际交往无可比拟的便捷性。随着航空运输技术的更迭，经济全球化、区域一体化的趋势不断被强化，人力、物资、资本等生产要素在全球范围内快速流动，经济开放程度愈发提升。世界范围内，航空运输业长期保持增长态势，旅客、邮件、货物运输规模跨越式增加，成为经济发展的新驱动。Aviation Safety（航空安全）网站数据显示，2018 年全球民航总共执行了将近4500万个航班，运输了超过45 亿人次，创下了历史最高纪录。这一过程中各个国家和地区纷纷搭建以机场为核心的航空枢纽，丰富航线网络，扩充机场规模，划设经济片区，完善配套设施，将航空枢纽打造成航线网络重要节点和航空运输业发展主要平台的临空经济区，显著提升了城市综合竞争力，以此带动地方区域经济发展。在我国，航空港经济区发展模式成为临空经济建设的典型模式，开放广度和制度创新深度全方位升级，不仅是经济发展与国际接轨的重要路径，而且承担着创新推进我国政府职能转变的历史重任。经济发展离不开政府治理方式的引导，其中行政管理体制又直接影响经济发展的成效。为了提高航空港经济区发展的有序性和规范性，必然需要对既有行政管理体制要素进行充分整合与优化，以法治政府和服务型政府为理念，规范政府行政行为，营造良好的营商环境。

第一节　航空港经济区及其治理模式

一、航空港经济区的设置

我国目前有50多个航空口岸，100多个空港。如前文所述，除国家层面的14个临空经济示范区外，各个空港城市都相继提出了发展航空经济、建设临空经济区的规划。各地这些航空港经济区均依托机场，根据各自区域发展特色提出战略目标，集约、高效、创新的特征逐渐凸显，成为我国经济社会发展的主要驱动力量。

典型的航空港经济区如表2－1所示。

表2－1　典型的航空港经济区

名称	定位与发展目标	区间布局
南宁空港经济区	我国西南地区土地集约程度较高、现代制造业集中、产业集聚效应突出的外向型工业区，多功能综合性产业区	一港两区，即南宁空港、吴圩空港经济区、扶绥空港经济区，总面积为180平方千米
郑州航空港经济综合实验区	国际航空物流中心、以航空经济为引领的现代产业基地、内陆地区对外开放重要门户、现代航空都市、中原经济区核心增长极	规划范围约为415平方千米，其中郑州市范围约为350平方千米，开封市尉氏县约为65平方千米
南昌临空经济区	中部地区重要航空枢纽和对外开放门户、长江中游高端产业集聚区和绿色智慧空港、鄱阳湖生态经济区先导区和改革创新示范区、昌九一体化发展的战略支点和强力引擎	以昌北国际机场及周边服务区为核心，包括桑海经开区，新建区樵舍镇、乐化镇、金桥乡的部分区域和南昌经开区的白水湖管理处、冠山管理处，总面积约为223平方千米
北京新机场临空经济区	国际交往中心功能承载区、国家航空科技创新引领区、京津冀协同发展示范区	航空经济区总面积约为150平方千米（其中北京部分约为50平方千米、河北部分约为100平方千米），包括服务保障区、航空物流区和科技创新区共3个功能片区
广州花都空港经济区	具有国际竞争力的国际航空产业城、世界枢纽港	与广州花都区实行两区融合、区区合一

从对典型航空港经济区的列举来看，其名称各有不同，常见的为“临空经济区”“空港经济区”“航空港经济（综合实验）区”。同时，这些航空港经济区的范围大多超过一个区县的辖区，规划范围跨区县。事实上，这些区域的性质就是“工业区”“产业区”或者“功能区”，其职能简单来说就是发展经济，也可以将其概括为“经济区”。因此，本章将这些区域称为航空港经济区、临空经济区或航空港（因本章部分内容以郑州航空港经济综合实验区为例，为避免语言表述上的不一致，本章主要使用“航空港经济区”的概念）。但是，这些区域除发展经济外，土地征用、房屋拆迁、产业布局等经济发展与社会管理之间的矛盾冲突必然会产生一系列的行政和社会管理问题，单一以服务经济发展为职能的管理机构开始显得捉襟见肘、力不从心，基本都朝着不断增加自己的职能，类似一级政府的方向发展。因此，这些区域也存在大量的行政管理和服务，在行政管理、办事服务、改革实验和招商引资等领域形成了一套比较完整的运行机制，亦像是一个“行政管理区”，甚至是“行政区”。实践中，也有很多地方政府索性将区域范围内的部分行政区以托管的方式“移交”给这些区域管理机构。这直接产生了一个具有争议的问题：虽然航空港经济区在体制创新、经济结构调整、区域经济增长和产业结构协调等方面发挥了重要的辐射、示范、带动作用，已经成为我国经济增长的引擎，但也不能掩盖这些区域内的管理机构性质不明确的问题，以及管理机构定位“含糊”带来的行政管理上的合法性质疑。

二、航空港经济区行政管理体制概况

“将大量彼此不同、极度复杂的生活事件，以明了的方式予以归类，用清晰易辨的要素加以描述，并赋予其中法律意义上“相同”者同样的法律效果，正是法律的任务所在。”① 从现实情况来看，航空港经济区的治理模式大致可以总结为三种基本类型：一是管委会治理模式，即设置准政府的管委会，作为政府的派出组织，其主要职能是经济开发和规划管理。二

① 拉伦茨．法学方法论[M]．陈爱娥，译．北京：商务印书馆，2004：319.

是公司化治理模式，即成立独立的法人机构，采取企业化经营模式来规划、开发、管理，其治理主体并非行政派出机构。三是“管委会+公司”混合模式，既设立管委会作为地方政府的派出机构，行使政府的行政职权；也设有独立的经济法人，发挥其专业化优势进行开发与服务。

（一）管委会治理模式

管委会治理模式是航空港经济区治理模式的常态。某些航空港经济区的治理机构可能存在其他名称，如事务局、管理局、工作委员会，但其本质亦属于管委会治理模式。管委会作为航空港经济区主导的治理主体，承担着航空港经济区经济开发与社会治理的职能，既处理区域内行政事务，承担各项行政管理职能；又是经济管理主体，负责区域内的招商引资、土地开发经营并为区域内企业提供服务。管委会是区域唯一的治理主体，也是区域内资源支配权的拥有者，通过对区域资源配置的干预，实现区域的稳定发展。在机构设置上，管委会可根据区域发展的需要，自行设置职能部门，受地方政府各主管部门领导；机构人员由地方政府任命，具有行政编制与身份，资金来自财政拨款。

管委会治理模式的优势在于航空港管委会具有较高的管理权威性，能够充分调动大量资源进行区域开发与建设，在建设初期对区域的发展有较强的推动作用。但管委会治理模式不适应市场经济和区域“简政放权”的发展要求，存在以下问题：第一，区域管委会没有宪法上的地位和行政主体资格，我国众多的航空港经济区治理机构的设置和职能定位等事项主要由省（区、市）级地方性法规规定，法律权威性不足，易造成管理混乱；第二，为实现与上级有关部门对口与衔接，管委会职能机构膨胀而趋同于一级政府，这与区域转变政府职能、“简政放权”的精神不符；第三，区域管委会不仅负责宏观决策，还负责具体的经营活动管理，权力的过分集中降低了管理效率和资源配置效率，导致区域后续发展能力不强，投资环境自由度较低，难以满足区域企业的多样化服务需求。

（二）公司化治理模式

公司化治理模式是指由独立的开发运营企业作为区域的治理机构进行

管理，主要负责区域内的开发建设、经营管理等，同时代表政府行使行政职权，承担区域内部分行政管理职能。企业具有法人资格，其经营模式采取企业化经营：业务独立，具有很强的自主权，政府只通过法律法规、政策与框架文件等方式间接控制并依法监督，对区域事务没有直接控制权。开发运营公司可自主决定其机构设置和用人情况，也可通过土地利用及公共服务产品市场化运营等获得收入。同时，开发运营公司也可以再成立子公司，具体从事土地开发、基础设施建设等业务。

公司化治理模式由于几乎不受地方政府的干预限制，能够较好地发挥自身优势，充分实现市场资源配置的效率，有力地促进航空港经济区的发展，主要表现在三个方面：一是通过市场化运作，摆脱原有体制中行政僵化和经济低效的束缚，提高对市场信息的敏感度，实现区域管理高效灵活和较高的资源配置效率；二是通过特定渠道筹集经济建设经费，并承担相应责任，能够提高自治能力，减轻政府的经济负担；三是作为运营企业，本身对市场参与主体的需求认知较为清晰，能够制定出具有针对性的提高区域投资环境的自由化和贸易便利化的措施。目前，我国沿海经济较为发达的地区，在航空港经济区建设的过程中多主动探索、采用公司化治理模式。当然，公司化治理模式也有诸多需要克服的问题，如受政府影响较大，开发运营决策受制约；在航空港经济区内形成垄断，导致市场竞争不足；政府间接控制，监督乏力的情况下容易产生腐败。这些问题都需要公司化治理模式在具体运行中，通过完善的制度予以纠正。

（三）“管委会 + 公司”混合治理模式

政府应当坚守“小政府”理念，政府存在的目的只是为人们制定资本和利益的竞争规则①。“管委会 + 公司”混合治理模式，管委会承担开发区政策制定、发展规划、行政审批、社会事务管理等行政管理职责；开发运营公司作为开发区建设发展的市场主体，利用市场化手段承担开发区的招商引资、资金筹集、项目管理、政府公共基础设施建设市场化服务、土地

① 弗雷德里克森. 公共行政的精神[M]. 张成福，等译. 北京：中国人民大学出版社，2003：25.

预储备运营等职责，联合社会资本参与航空港经济区建设。“管委会 + 公司”混合治理模式注重发挥市场在资源配置中的决定性作用，逐步实现由政府主导向市场主导转变。在“管委会 + 公司”混合治理模式中，管委会与开发运营公司在人事、职能、权责等方面各自独立，双方通过公共商事合同，将政府的管理目标内化为合同条款，既实现了行政管理的需要，又采取了较为柔和的方式。当然，对于开发运营公司的类型，实践中也有不同的做法。某些开发运营公司是当地国资系统或国企出资设立的，如上海市浦东新区国有资产管理委员会独资成立的上海张江（集团）有限公司负责区域内土地资源开发、基础设施建设和招商引资工作。某些开发运营公司并非国有公司，而是由国资和外资联合入股经营，如上海区域联合发展有限公司由上海外高桥资产管理有限公司、上海临港经济发展集团投资管理有限公司等共同出资成立，负责片区部分园区的开发建设、经营管理及招商引资等工作。

虽然一些航空港经济区的开发运营公司作为经济效能发挥的重要载体，与管委会可能存在“两块牌子，一套人马”的情况，以及某些开发运营公司在重大事项上欠缺决策权，并没有真正发挥市场调节的优势，但是“管委会 + 公司”混合治理模式的确实现了政府行政管理与开发公司商业经营的有效分离，既发挥了政府的行政管理权威与充分调动资源的优势，又发挥了开发运营公司的经济职能，利用了其高效管理的经验和资金优势；既保证了区域按既有的定位与职能合理发展，又提高了区域的后续发展能力，充分体现了“小政府，大企业”的原则。

原则性和灵活性的对立统一，是马克思主义哲学分析、解决问题的一个基本原则，是内生于矛盾的普遍性与特殊性的核心范畴。任何事物的产生发展均有内在的原则性，即由自身矛盾的同一性和斗争性所推动，决定事物演变的目标和方向。而矛盾斗争又具有特殊性、复杂性和曲折性，事物的发展往往是螺旋式上升的，因此，为确保原则性得以贯彻实现，就要因时因地采取新策略，恰当地应对变幻的形势，这又表现为事物的灵活性。每一方只有在它与另一方的联系中才能获得自己的本质规定，这一方只有反映了另一方，才能反映自己。马克思主义法学认为，法律的本质是统治阶级意志的体现，社会关系的法律调整必然具有一定的底线，是非明确；同时，法律受制于一定的物质生活条件，在既有的法律体系格局中避免“一刀切”，赋予规范手段针对性，坚持法律适用的灵活性，防止制度适用上的方枘圆凿。作为我国法学界继受的经典学说，原则性和灵活性相结合的原则一直被奉为我国法治建设的圭臬，指导立法、司法和执法的各个层面。由于我国情况复杂，因历史原因形成的诸如民族区域自治制度、特区制度等均要求在一元化制度内保持法律制度的灵活性，在具体的措施手段中适当变通，防止法律制度在适用过程中脱离实际，出现教条主义。因此，可以说缺少灵活性特质的法治是“僵化”的，灵活性能够带给法治以实效性。这些航空经济区选择的治理模式均基于现实情况的差异化，同时也随着发展而有所变化。管委会模式一般适用于规模较大、功能完备、发展较好的航空港开发区，对开发区实施领导和管理；而对于功能相对单一、地域面积较小的开发区，一般不单设专门管理机构，由所在地党委政府明确相关管理机构承担开发区管理工作。在管委会模式中，以政府作为运营的主体同政企分开的原则相矛盾，同时对于招商引资服务，对入驻企业的服务造成诸多的不便。有了具体的开发运营公司之后，就能定位准确，明确角色分工，为企业提供更好的服务。目前，我国航空港经济区都尚处在管委会运作模式，或是向着“管委会 + 公司”化运作的模式转变。笔者认为，在借鉴国际与国内区域先进发展经验的基础上，应结合当地环境与实践选择合适的政府治理模式并进行创新发展。

第二节　航空港管委会模式及其法律地位

当代社会广泛地存在利益冲突，国家治理过程中矛盾重重，需要有一种制度在约束政府权力行使的同时还能起到调节经济和平衡各利益集团之间冲突的作用。这种制度不仅可以满足公共利益的需要，还能有效地带动其他方面制度的完善。所以，整个社会对于国家治理的现代化寄予了高度的期望。当前，大多数航空港经济区的治理采取的是管委会治理模式，因而我们有必要在现行法律规范体系下深入分析探讨管委会的法律性质与行政主体资格，方能为准确总结、提炼航空港经济区管委会制度运行的得失，有针对性地提出完善建议。需要说明的是，为了有针对性地阐述相关问题，本节第三部分着重以郑州航空港经济综合实验区为特定的讨论对象加以论述。

一、管委会法律性质辨析

关于管委会是否具有行政主体资格是学界争议的焦点，对于这一问题的判断建立于对管委会法律性质的认知之上。因此，这里笔者将学界关于管委会法律性质的各种学说加以概况，粗略总结如下。

（一）“派出机构”说

“派出机构”说认为，无论是航空港经济区的管委会，还是我国大量存在的其他经济特区，如高新技术产业区、自贸区、工业集聚区等，均有相应的机构（管委会）集中行使经济管理等职权，有些管委会单纯地行使经济管理职能，有些管委会“附带性”地行使行政管理与社会治理的职能。无论是单一行使经济管理职能的管委会，还是行使综合性管理职能的管委会，管委会只是涉及某一项行政职权，类似于地方政府相关部门职权的“集中行使”。

（二）“派出机关”说

人民政府设立的下属机构被称为派出机关，而人民政府工作部门设立的下属机构才被称为派出机构。派出机关的职权范围涉及所辖区域的方方面面，而派出机构往往只涉及某一项行政职权；从法律地位上看，派出机关属于行政主体，具有独立的法律地位，而派出机构在没有法律、法规和规章授权的情况下，没有独立的法律地位。在我国现行的行政管理体制中，派出机关主要有三类：省人民政府派出的行政公署、区人民政府派出的街道办事处和县人民政府派出的区公所。值得注意的是，其中并不包括较大的市。因此，管委会的派出，最好由省一级政府派出，否则就会欠缺合法性，而数量众多的地级市区域管委会就不可能是“派出机关”。

（三）“法律、法规授权的组织”说

行政法体系中，还存在一类组织，即法律、法规授权的组织。法定授权组织是国家根据行政管理的实际需要，通过法律、法规和规章将某些行政权力授予非行政机关的组织来行使而产生的一种组织，这种组织并不属于国家行政机关体系。由于某些管委会没有明确的法源，甚至是由某一级党委决议设立的，欠缺规范性依据。因此，部分学者将管委会归为法律、法规授权的组织。实际上，管委会与法律、法规授权的组织有明显的不同：首先，权力的范围不同。管委会的行政权力接近一般的行政机关，享有某一方面甚至是全部政府机关的一般权力；而被授权组织一般只享有某一事务的行政权。其次，权力行使的方式不同。管委会并不直接行使各项行政权力，而是由下设的各个部门分别行使某一方面的职权；但被授权组织只享有某项特定事务的行政权。最后，承担责任的主体不同。管委会一般可以由下设部门独立承担行政责任，而法律、法规授权的组织责任由直接管理该组织的地方人民政府、地方人民政府工作部门或者国务院部门承担。因此，管委会被定位为法律、法规授权的组织并不恰当。

（四）“一级政府”说

由于管委会职能部门齐全，涉及职能广泛，对整个航空港经济区进行管理，与地方政府的作用较为相似。因此，部分学者认为管委会属于一级地方政府。诚然，航空港经济区设置的目的是发展经济，承担改革开放的重任，而不是承担社会治理的方方面面的具体行政事务。否则，就与航空港经济区设置的初衷相背离，不利于区域经济的“松绑”。从法律体系上看，我国地方政府序列省、市、县、乡，并没有管委会这一特殊地方政府，将管委会视为地方一级政府，存在难以逾越的制度鸿沟。

（五）“地方政府职能部门”说

如果管委会不能被视为一级地方政府，那么，由于管委会具有某些经济管理和社会治理职能，部分学者将管委会视为地方政府的职能部门。从职权范围来看，管委会虽然以经济管理职能为主，但也涉及行政管理职能，与一般地方政府职能部门单一的职能相比有着明显的不同，具有综合性特点。另外，地方政府的职能部门是县级以上各级人民政府依照宪法和法律设立的，而设置管委会依据的规范性文件并非宪法、法律。因此，将管委会视为人民政府的职能部门存在一定的障碍。

（六）“行政主体委托组织”说

行政主体是指能够以自己的名义实施国家行政管理职能并承受一定法律后果的国家行政机关和社会组织。判断一个组织是不是行政主体主要有三个标准：一是是否享有行政职权；二是能否以自己的名义实施活动；三是能否承担实施行政活动而产生的责任（行政责任的承担者）。行政机关委托的组织的权力来自行政机关，而委托关系中获得的权力是不能独立行使的，它必须以委托的行政机关的名义实施行政管理活动，其行为的效果亦归属于委托的行政机关，受委托组织不具有行政法上的独立主体资格和法律地位，它们不是行政主体。管委会具有法定的职权、职责，亦能够以自己的名义做出行政行为，并独立承担行政责任。因此，将管委会视为行政主体委托的组织也不符合现实需要。

二、管委会及其行政主体资格

由于航空港经济区管委会在行政主体类型上没有定论，导致很多行为不具备合法性。例如，2005 年 8 月 1 日起施行的《最高人民法院关于审理涉及国有土地使用权合同纠纷案件适用法律问题的解释》，是根据《中华人民共和国民法通则》《中华人民共和国合同法》《中华人民共和国土地管理法》《中华人民共和国城市房地产管理法》等法律规定，结合民事审判实践，就审理涉及国有土地使用权合同纠纷案件适用法律问题所制定的司法解释，该解释明确了开发区管委会作为出让方，与受让方订立的土地使用权出让合同应当被认定无效，这从侧面否认了管委会的行政主体资格。

管委会是否具备行政主体资格是界定管委会法律地位的一项基本内容，其目的主要是明确管委会在行政法上的主体资格和法律地位。管委会是否具备行政主体资格，在法学界争议较大，有支持论和反对论。支持论认为，管委会能够以自己的名义行使职权，并承担相应法律后果，具有法律、法规授予的职权。反对论认为，管委会作为地方政府的派出机构，行政行为产生的法律后果由派出机构承担，故管委会不具有行政主体资格。

事实上，我国行政机构序列中并没有开发区管委会这种特殊的机构，但其作为政府的派出机构，客观上行使着政府机构才能行使的权力。笔者认为，无论从理论分析还是实践需要上看，管委会都应当具备行政主体资格。行政主体是指具有行政权能，并能以自己的名义运用行政权力，独立承担相应法律效果的社会组织。一个组织要取得行政主体资格，必须具备以下条件：社会组织、具有行政权能、具有独立法律人格和独立承担法律效果。理论上，管委会作为派出机构，集中行使部分管理职权，能够在产业投资、项目审批、土地管制和城市规划等方面迅速决策，简化审批层次，减少行政事务转递负担，提高行政管理的效率。实践中，大多数管委会具备行政主体的形象，无论是抽象行政行为还是具体行政行为，行政相对人都会予以尊重并严格遵守。当管委会的具体行政行为侵犯了行政相对人的合法权益时，行政相对人无论是行政复议还是行政诉讼，均选择了以管委会作为被申请人或被告，法院也在多数案件中认可了这一事实，并可能通过司法救济纠正行政违法行为。因此，无论从理论还是实践上看，管委会具有行政主体资格是符合航空港经济区发展的最佳选择，能够使管委会直接面对航空港经济区企业进行管理和服务，履行区域经济管理职能。今后，我们在坚持管委会行政主体的前提下，更应明确订立组织原则，细化管理模式，优化组织形态，使管委会能够更加高效地发挥行政管理的功效，有力促进航空港经济区发展。

三、郑州航空港管委会运行现状的实例分析

（一）郑州航空港管委会概况

郑州航空港经济综合实验区是围绕郑州市新郑国际机场规划发展的开发区域，坐落于郑州市东南部，距郑州中心城区约25千米。其发展主要经历了三个阶段：第一阶段开始于2007年10月，彼时河南省委、省政府为加快国际航空枢纽建设，批准设立了郑州航空港区，正处级规格，规划面积为138平方千米；第二阶段开始于2010年10月24日，当时经国务院批准成立郑州新郑综合保税区，为省政府派出机构，委托郑州市政府管理，正厅级规格；第三阶段为2013年3月7日至今，由国务院正式批复了《郑州航空港经济综合实验区发展规划（2013—2025年）》，使得实验区成为全国首个升级至国家战略层面的航空港经济发展先行区，实验区规划面积也进一步扩容到415平方千米。在国家战略和河南省的支持下，目前实验区已成为全国临空经济发展最活跃的地区之一。目前实验区代管区域面积为384平方千米，代管156个行政村，常住人口已突破70万人。

郑州航空港经济综合实验区的经济建设在基础保障方面离不开法律制度的健全，如何通过法律政策的支持不断完善实验区政府管理权力，是航空港行政管理制度建设的重要组成部分。郑州航空港经济综合实验区自成立以来，得到河南省与郑州市领导的高度重视，尤其是实验区于2013年3月7日获得国务院的批复以来，河南省和郑州市专门为实验区成立了“两级三层”管理体制，由河南省省级单位负责宏观指导规划、决策管理、协调服务及与国家机关联络沟通；郑州市负责组织领导、具体实施、督促落实；同时成立省级航空港实验区建设领导小组、市级航空港实验区建设领导小组、航空港实验区党工委和管委会，专门负责协调实验区的发展，全力推进实验区快速、全面建设。河南省政府办公厅2013年11月出台《河南省人民政府办公厅关于郑州航空港经济综合实验区与省直部门建设直通车制度的实施意见》（豫政办〔2013〕92号），公布了《郑州航空港实验

区与省直部门直通事项目录》，涉及发展改革、商务、人力资源和社会保障、国土资源等9个方面26个领域266项具体直通事项。目前，整体形成1个总体方案、7个专项方案，即深化省级权限落实机制方案、大通关体系建设方案、国际航空物流中心建设专项方案、投资管理制度创新专项方案、金融和投融资制度创新专项方案、土地管理制度创新专项方案、党政管理体制优化和干部人事制度改革专项方案。然而，我们必须清醒地认识到，作为内陆开放高地，郑州航空港经济综合实验区所开展的国内外、区域间经济合作，既涉及国内外制度之间的磨合与对接，又涉及向现代市场经济体制的转轨，同时还将涉及众多行政壁垒的破除，需要更具深度的改革。

（二）郑州航空港管委会权力来源及运行

自郑州航空港管委会设立以来，河南省政府和郑州市政府发布了一系列政府规范性文件，以保障郑州航空港试验区管委会的有效运行，如表2-2所示。

表2-2　郑州航空港管委会设立以来发布的政府规范性文件及内容

文件名称	内容描述
《河南省人民政府关于印发郑州国际航空枢纽暨港区建设规划纲要的通知》（豫政〔2007〕80号）	郑州国际航空枢纽规划建设委员会负责郑州国际航空枢纽暨港区规划的编制、修订和实施协调工作。成立航空港区管理委员会，行使港区行政管理职能。赋予郑州新郑国际机场管理有限公司核心区规划、建设等管理职能。对港区规划涉及的乡镇，由航空港区管理委员会代管
《河南省机构编制委员会关于印发〈郑州新郑综合保税区（郑州航空港区）管理机构设置方案〉的通知》（豫编〔2011〕10号）	成立郑州新郑综合保税区管理委员会，与郑州航空港区管理委员会实行一个机构、两块牌子、一套班子的管理体制
《河南省人民政府办公厅关于郑州航空港经济综合实验区与省直部门建立直通车制度的实施意见》（豫政办〔2013〕92号）	赋予郑州航空港经济综合实验区管委会省辖市一级经济和社会管理权限：规划直接上报、统计直接报送、项目直接申报、财政补助直接申报、用地直接报批、价格收费直接报批、证照直接发放和直接报批、政策直接享有、信息直接获得
《郑州市人民政府关于委托郑州航空港经济综合实验区行使行政执法权的若干规定》（郑州市人民政府令第210号）	法律、法规、规章明确赋予市、县两级人民政府及其部门行使的管理经济、社会公共事务的行政许可权、行政处罚权、行政确认权、行政征收权等行政权力，委托给郑州航空港经济综合实验区管理委员会或者其设立的符合法定条件的组织实施的行为

根据上述几份文件可以看出，郑州航空港经济综合实验区管委会作为省政府派出机构，规格为正厅级，由郑州市政府代管。行政职权享有省政府及有关部门依据法律、法规和行政管理实际需要委托省辖市政府及有关部门代行的管理权限。航空港管委会既享有直接授权，也存在层级委托。这里产生了诸多值得注意的问题。首先，合法性问题。在我国现有法律体系中，《中华人民共和国行政许可法》仅规定了行政许可事项的委托，对于行政执法权的委托并没有规定；《中华人民共和国行政处罚法》规定对于行政处罚权的委托，只能委托给依法成立的管理公共事务的事业组织。当前，关于管委会权力来源的文件均与现行法律相悖，超出了法定范围，面临着合法性质疑。其次，相关文件存在冲突。《河南省人民政府办公厅关于郑州航空港经济综合实验区与省直部门建立直通车制度的实施意见》（豫政办〔2013〕92 号）规定了直接授权，但是《郑州市人民政府关于委托郑州航空港经济综合实验区行使行政执法权的若干规定》（郑州市人民政府令第 210 号）却申明要进行行政委托，两份文件之间存在明显的冲突。最后，不符合派出机构的设置目的。行政机关或部门设立政府派出机构的主要目的是缓解行政管理压力，防止因地域范围太广或者管理强度过大而导致政府行政管理和服务的目标无法实现。因此，派出机构一般权责单一，且不得突破设立派出机构的权责体系。实际上，郑州航空港经济综合实验区承担着治理能力与治理体系革新的重任，是具有特殊经济功能的区域，不可能按照既有行政管理机制运行。

第三节　航空港经济区管理体制之问题分析

法治的灵活性是指基于法治的基本理念和原则，以法律变通适用的弹性方式应对复杂社会需求的处理模式。从目的来看，法治的灵活性是以制度规范的特殊例外换取法律原则的实效，与法治原则性所追求的目的相一致；从形式上看，法治的灵活性与原则性存在某种程度的相悖，表现为与法治的某些原则精神相违背。灵活性并非简单、独立的方式方法，其必须与原则性放在同一参考系中进行整体审视，是通过对特定法律事务的利害计算，在适当“损害”原则的普遍精神价值的同时追求原则性目的的具体谋划。细言之，当灵活性对原则性目的的实现大于对原则普遍精神的损害时，对这种灵活性就是恰当且可以接受的。当灵活性对原则性目的的实现小于对原则普遍精神的损害时，对这种灵活性的追求就失去了意义。当前，航空港经济区管理体制没有处理好原则性与灵活性问题，存在诸多问题，对行政服务的效果产生了一定的掣肘，表现在以下几个方面。

一、人大权威虚化，监督职能弱化

《中华人民共和国地方各级人民代表大会和地方各级人民政府组织法》规定，行政区划内的国家机关至少应当包括同级人民代表大会和同级人民政府。还以郑州航空港区为例，郑州航空港经济综合实验区作为河南省政府的派出机构，在人大监督上，却由郑州市人大常委在港区设立人大工委作为其派出机构进行人大监督，这与河南省政府以及郑州市政府对管委会的行政指导产生了严重的背离。作为河南省人民政府派出机构的港区管委会，实际上行使的行政权力和所涉及的法律关系都已超出传统行政区划法律框架的调整范围，导致郑州市人大常委会在航空港区的监督职能在客观上被弱化。如何协商河南省政府和郑州市政府对管委会的监督与郑州市人大常委会对管委会的监督，成为亟须明确的问题。

财政收入是由全体纳税人的辛勤汗水汇聚而成的公共财富，理应在满足必要的行政开支后用之于民。间接民主下的代议机关理应行使人民赋予的决定和监督权，防止政府财政行为失控。税收的正当性是税收能够使政府获得私人财产，并使其提供必要的公共产品成为可能①。由于人大监督职能出现障碍，不少地方管委会在预算过程中的自由裁量权越来越大，行政成本过高，容易导致滥用公共财政资金的现象发生。主要表现在：一是

① HETTICH W WINER S L. Democratic choice and taxation: a theoretical and empirical analysis [M]. Cambridge: Cambridge University Press, 1999.

行政成本过高。国家筹集的资金首先要满足自身的运转，其次才是提供公共物品。一定时期的公共财政资金有限，过高的行政开支势必挤占正当的财政支出。二是贪污腐败频发。国家在一定时期内的公共财政资金是有限的，如果官员贪腐吞掉一部分，那么为公民提供公共服务的财政资金势必减少，国家提供的公共服务的质量和数量就可想而知。从制度建设的角度来看，贪腐的原因在于公共财政监督制度的欠缺和不足，导致人性趋恶。三是预算支出的不规范、不科学。一些管委会年年审计，年年有问题，巨额的财政资金被违规使用，不仅造成国家预算支出偏离既定目标，更会造成潜在受益群体的损失。

二、管理体制不顺，职权配置不清

2013 年国家发展改革委关于印发《郑州航空港经济综合实验区发展规划（2013—2025 年）》的通知，明确了郑州航空港经济综合实验区的行政管理体制，指出河南省人民政府要切实加强组织领导，完善工作机制，落实工作责任，建立精简统一高效的实验区管理机构，有序、有力地推进规划实施。法律规范对象之事实关系若有变迁，法律亦须有所调整。否则，法律顿失其实效性[①]。法治政府首先要求职能科学设置。职能科学设置有三个方面的要求：一是“简政放权”，建设有限政府；二是科学配置政府内部职权，尽量将相同和相近的职能统一配置，适当推行“大部制”，避免和防止“九龙治水”；三是根据时代的发展，随时调整增减政府职能。为了促进区域又好又快地发展，充分发挥其经济引擎作用，航空港经济区应当遵循“小政府、大社会”和“统一、精简、高效”原则，在管理委员会设立必要的职能机构，具体负责区域的管理事务。

当前，各管委会不仅有办公室、经济发展局、招商局、规划建设局等，还设有监察审计局、司法民政局、妇联、团委等，机构日趋膨胀，使得管委会日益演变为一级地方政府，与地方政府功能逐渐雷同，承担

① 陈自强．债权法之现代化［M］．北京：北京大学出版社，2013：188.

了诸多不必要的社会管理职能，运转成本提高，其开发功能、经济功能和创新功能埋没在繁杂的行政和社会事务中。为了切实实现航空港经济区的各种目标，不断健全公共服务体系，完善城市功能，发展壮大主导产业，以及不断发展商务园区和生活配套等，航空港经济区必然涉及方方面面的行政管理事项。为了推动航空港经济区的发展，所在区域的各级政府纷纷颁布相应的规范性文件，呈现出“碎片化”状态，甚至相关文件内容重复、冲突。这为管委会职能的履行增加了一定的环节，影响了其工作效率，使其工作经常处于被动局面，运转不顺畅，制约了区域的快速发展。

三、权力运行缺乏制衡，政绩工程偶有发生

社会秩序并非来自自然，在自然状态下生存的困难程度远远超过个人所能够承受的范围，人类社会被迫改变了分散、独立的生活方式，这种改变即形成合力来克服生存的阻力。恰如《独立宣言》中写道：“为了保障这些权利，人们才在他们中间建立政府。但政府作为管理主体存在，必然有着区别于社会、个体的自我利益。政府会千方百计扩大自己的经济来源，实现自我权力的扩张，极易在经济上侵犯公民的权利。一切有权力的人都容易滥用权力，这是万古不易的一条经验。”① 由于管委会的权限、职能没有得到清晰界定，地方政府往往根据情势的变更对管委会任意授权或者收权，使得管委会的权力得失处于不稳定的状态。这势必影响权力的稳定运行，进而影响管委会对区域事务的有效决策和执行。一些政府对依法行政的组织推进工作呈现模式化、套路化，停留于口头承诺，缺乏实质举措；部分推进法治政府建设的制度过于简略、粗糙，多宏观和原则性规定，少可操作举措，对行政权力刚性约束不足，为管委会的权力进行自我扩张打开了方便之门。管委会超越职权、滥用职权的事件时有发生。

以 PPP（Public - Private - Partnership，政府与社会资本合作）模式为

---

① 孟德斯鸠. 论法的精神(上册)[M]. 张雁深,译. 北京:商务印书馆,1997:154.

例，某些航空港经济区变相通过与社会资本合作 PPP 项目、政府投资基金或者违法违规担保等，导致地方政府隐形债务不断增加，积聚了财政金融风险。为了优化公共服务的供给，政府在既有公共财政资金不足的情况下积极吸引社会民间资本，共同推进社会建设，常见的 PPP 模式有政府购买私人服务、政府资金与民间资本股权合作，通过利益共享、风险共担建立起长效合作机制，既减轻了一定时期内政府的财政负担，提升了政府供给公共产品的能力，又激发了经济的发展活力，最终实现了转变政府职能和促进社会经济发展的双赢局面。因此，PPP 模式一经推出便受到社会各界的高度关注，尤其是受到财政能力有限的地方政府的青睐。由于 PPP 项目推出时，相关制度和实施措施不健全、不规范，尤其是与预算管理制度之间的关系没有理顺，不少航空港经济区在建设之初，为了追求政绩通过 PPP 项目扩大财政支出，但是又没有体现于预算管理制度，更没有进行必要的预算信息公开。如果 PPP 项目财政支出没有纳入预算，相关信息没有公开，航空港经济区一味地扩大规模，必然超出不少地方政府的财政承受能力，最终的恶果就是由国家财政背书，为国家财政安全埋下风险隐患。世界银行发布的《政府和社会资本合作（PPP）参考指南》指出，由于 PPP 项目中政府并非毫无责任，其作为合作一方亦需要承担财政支出义务，因而 PPP 制度中必须全面清晰地体现公共财政管理制度，在预算公开的内容上也应展现 PPP 项目中政府的支出义务。由于在《中华人民共和国预算法》中尚未严格规范，行政规章缺乏有效的权威性，预算编制方法落后且不细致，导致领导意志或部门利益对相关制度进行变通，PPP 项目中巨大的财政支出和财政担保义务并没有真实地体现在预算公开的信息中，社会公众对国家资产和财政收支情况的掌握与实际情况存在较大的出入，财政风险在一定程度上被掩盖。

四、决策程序不规范，信息公开不透明

就公共权力而言，法治要解决两个问题：一是确立权力的正当性；二

是控制权力的边界①。当前，在航空港经济区治理过程中普遍存在管委会通过红头文件扩大自身授权的现象，严重超出了设置之出发点，甚至与上位法公开抵触。这些红头文件在颁行之前多数未征求社会意见，仅是管理机关根据自身需要进行设计，缺乏对相对人的利益考虑，同样也没有进行备案。归根结底，一个不受民意和法律约束的政府最终也无法受到民意和法律的保护②。在这样的治理依据之下，很多执法行为便会出现问题，决策民主程度较低，公众参与不足，对于航空港经济区的发展没有起到保驾护航的作用。

在有关政治的理论研究和经验研究中，参与是一个核心概念。它在对民主的分析中具有特别重要的作用③。政府代表民众利益进行社会治理，应当将执行过程获知的信息全部告知民众，取得民众的再次信任。航空港经济区管委会在政府信息公开上多数没有做好，公开的信息呈碎片化、滞后性，尤其是在政府预算信息的公开上，更是不尽如人意。笔者查阅了很多航空港管委会网站，这些信息没有被及时更新，查询起来大费周章。预算公开的范围应不仅仅是信息资料的公开，更是结果的公开，政府应该真正地让人民明白预算的细节，真正参与到预算公开当中，方能促进预算编制、审议、执行的科学性。当然，在此之前应当完善预算公开法律体系，科学合理地界定国家秘密的内涵与外延，方能使预算公开的范围更加明确，才能减少不必要的争议并满足民众预算执行权与监督权。

第四节　航空港经济区完善行政管理体制之建议

计划经济时代，为了利用有限的资源，快速发展经济，由政府配置社会资源，行政管理机构重在管理，彰显了行政管理的刚性特点，较多地运

① GARRISON A H. The Rule of Law and the Rise of Control of Executive Pow[J]. Texas Review of Law &Politics,2014.

② 贺卫方．人大审查财政预算的意义[N]．南方周末,2003－1－16.

③ 戴维·米勒．布莱克维尔政治学百科全书[M]．邓正来,译．北京:中国政法大学出版社,1992:563.

用行政处罚、行政许可等刚性行政手段干预经济事务。随着社会治理精细化要求逐渐提升，一方面不仅控制公权力，规范公权力的行使；另一方面也要积极发挥公权力的效能，积极作为，保护公民权利，注重秩序行政、积极行政，防范行政风险。我国的行政理念从计划经济时代的行政管理逐渐过渡到改革开放后的规制与契约精神，直至如今全面给付、广泛参与、主体多元、自治主流和柔性深入的精神①。在行政法治的实现路径上，强调柔性执法，强调行政的合理性和适当性，并不仅仅局限于对行政行为合法性的考察②。为了整合社会资源，发挥市场主体的能动性和积极性，采用柔性治理措施成为趋势，比如行政给付、行政契约、行政备案的广泛运用。为了进一步规范航空港经济区行政管理体制的设置与活动，促进依法行政目标的实现，使行政管理机构能够更好地服务于经济和社会发展的需要，应从以下几点加以完善。

一、明确航空港经济区的定位和功能

一般而言，航空港经济区均跨越了传统行政区域的设置，如郑州航空港经济综合实验区不仅包括郑州市新郑市、中牟县，而且覆盖了开封市尉氏县，如果不对两地之间行政管理主体之间的职权加以协调，传统“各地为政”的管理体制就不能适应航空港经济区行政管理服务于生产要素的快速流动，各种争议就会不断出现。除此之外，航空港经济区不仅承担着经济发展的重任，还担负着优化市场资源配置过程中推动地方政府行政管理体制改革的历史任务，这与传统行政区划内行政管理体制自我更新的被动性有着明显的差别。例如，行政审批事项上，航空港经济区管理机构势必加快政府职能转变，全面推进行政审批标准化建设，改革企业投资管理流程，实现在网上申报、登记、审批等综合性的政府行政服务，建立“轻准入、重监管”的商事登记制度。在口岸服务上，各个航空港经济区均在大

① 关保英．行政法治新的时代精神解构[J]．吉林大学社会科学学报，2018(4)．

② 马怀德，孔祥稳．中国行政法治四十年：成就、经验和展望[J]．法学，2018(9)．

力推进“大通关”机制，开展“一次申报、一次查验、一次放行”通关，涉及交通、税务、边防、海关等多个部门，这些机构职权如何有序衔接，成为航空港经济区必须要解决的重大核心问题。这些问题的有效解决建立在对航空港经济区法律定位与功能的明确之上，倘若其法律定位与功能模糊不清，就会直接导致管理体制和运行机制缺乏法律依据，管理机构职能的履行就会出现混乱。

从实效性来讲，政策适用性效率高，可根据实践及时调整。波斯纳认为，在一开始对法制改革的投入过于巨大，反倒可能会消耗过多的经济资源，进而扼杀整个改革。谨慎的选择应该是推迟进行那些代价昂贵而又雄心勃勃的法制工程，而代之以一个比较适度的开端①。从国内外其他特殊经济区发展的经验来看，从政策到法律，是区域经济发展的常规路径。由于法律所具有的权威性、强制性和稳定性都是区域性政策无法比拟的，因此，各航空港经济区至少在省级人大立法层面以规范性文件对航空港经济区的基本定位、经济功能、发展目标予以明确，只有明确航空港经济区的法律定位和经济功能后，行政管理机制的基本原则和具体内容才会有制定的可能性。否则，诸如经济管理、土地使用、政府采购、知识产权、行政许可等行政职能的设置就会出现偏差，影响航空港经济发展的后劲，而事后调整的成本就会增大，进退维谷。以郑州航空港经济综合实验区为例，应基于国务院批复的《中原经济区规划（2012—2020 年）》《郑州航空港经济综合实验区发展规划（2013—2025 年）》、2016 年国务院出台的《促进中部地区崛起“十三五”规划》（发改地区〔2016〕2664 号）、2017 年《国家发展改革委关于支持郑州建设国家中心城市的指导意见》，以及 2013 年国家提出“一带一路”倡议（郑州被确定为“一带一路”建设重要节点城市）；2016 年国务院批准设立“郑洛新”国家自主创新示范区和河南省自贸区的战略目标，明确阐述航空港经济区的法律定位与功能，按照

① POSNER R A. creating a legal framework for economic development[J]. The world bank research observer, 1998(3).

“空间管理全覆盖”的要求，打破实验区与新郑市、中牟县以及开封市尉氏县之间的行政区划障碍，建立满足实验区统一规划、建设、管理需要的体制模式，适时启动行政区划调整，与周边区域统筹协作，促进联动发展，形成合理的行政管理范围，为后续行政管理的科学性、规范性提供稳定的载体。

二、合理设置治理模式，科学规范权力体系

虽然说航空港经济区的发展定位存在一定的相似性，但是航空港经济区的具体管理体制可以因地制宜，并不局限于某一特定模式。航空港经济区管委会模式作为较为常见的行政管理机制，在促进航空港经济区快速、健康发展的过程中有一定的优势，这里主要围绕管委会模式进行说明。法治是国家治理的基本方式①，管委会是航空港经济区建设的桥梁，只有管委会的法律性质明确了，其组织管理体系、基本管理权限、权力行使程序才能理顺，才能避免与其他行政机构“抢权”，从而实现权力与责任的统一。

实践中，管委会持续性接受多层级政府的指导和授权，地级市一级政府以及省级政府均会要求管委会将制定的规范性文件向特定部门备案，甚至对规范性文件提出补充或者修改意见，特殊情形下还可以直接通过立法的方式进行修订，经常导致两级政府或人在大对管委会职权监督的过程中产生冲突。因此，应修改《中华人民共和国地方各级人民代表大会和地方各级人民政府组织法》，将管委会纳入地方人民政府的派出机构序列，其审批程序可以分别按行政公署、区公所和街道办事处的审批程序办理。对现有涉及管委会的文件集中清理，对管委会下设机构的职责与权限进行综合性评估，倘若发现不当之处，可以根据实际情况补充、修改，避免由于职责不明而出现权限重叠、交叉等问题，从而保证航空港经济区的管理体制和谐平顺。当然，考虑到管委会肩负的自主进行改革创新的职责，其职

---

① 张文显．法治与国家治理现代化[J]．中国法学，2014(4)．

权设置可以因循传统，可以在省级权限范围内，赋予航空港经济区全面深化改革试验权，可以实施特殊的管理制度，某些省级政府的权力可以下放，也可以接受不同层级政府的委托。唯有如此，才能有创新国家治理体系现代化的可能性。具体来说，管委会的职责权限至少应当包括：(1) 对区域实施统一领导、统一规划和统一管理。(2) 根据经济社会发展总体规划，编制区域经济发展规划和经济、社会发展计划。(3) 负责区域规划的编制、审批和管理。(4) 负责区域国土资源管理和国土监察工作。(5) 负责区域各项基础设施、公共设施的建设和管理。负责建设工程、建筑市场、房地产市场、市容市貌的管理和城建执法。(6) 协助市环保部门做好区域的环境保护和监督工作。(7) 负责区域经济管理。协助市相关部门做好区域的企业管理和行业管理工作。(8) 负责区域招商引资工作。(9) 负责区域的社会公共事业管理。(10) 指导、协调有关部门设在区域的派驻机构的工作。此外，落实、深化省直部门与实验区直通车制度，扩大直通事项范围，优化直通流程，实行事后备案。按照精简、高效的原则设置管委会内设机构，支持其根据发展需要优化调整内设机构及职能。创新实验区管委会与所辖办事处的管理体制和工作机制，强化管委会的统筹、组织、协调职能。

三、清理规范性文件，推动治理主体多元

“政府的一切行动都受到事前规定并宣布的规则的约束。”① 职责与职权是紧密相连的。职责是政府和政府部门应该做和必须做的事项，其不履行或不认真履行即构成不作为。职权是政府和政府部门履行职责的手段和保障，其以达到履行职责的目的为限，不能超越，超越了就构成越权。各个管委会为了实现管理、服务航空港经济区的目的，颁行了不少规范性文件，作为执法的依据。涉及规划、土地、工商、税务、财政、劳动人事、项目审批、外事审批等诸多事项，文件数量之多，已经成为突出的问题。

---

① 哈耶克. 通往奴役之路[M]. 王明毅，冯兴元，译. 北京：中国社会科学出版社，1997：94.

不少文件相互冲突打架，需要及时地修改完善，使其内容和谐统一。因此，航空港经济区应当及时清理规范性文件，积极立、改、废，以契合航空港经济发展的需求。

市场经济是权利经济，是契约经济、竞争经济，也是市场主体地位平等、意志自由的经济①。党中央提出社会治理创新，注重运用法治方式，实行多元主体共同治理。传统中国法治文化中的“纵向”色彩浓厚，政府“家父情节”浓厚，总是以管理者的姿态示人，缺少民众的参与。随着个体经济能力和法律意识的增强，民众参与国家和社会治理的需求与动力日渐增强。虽然公众参与是经验主义的，并不是十全十美的方案，不能将其神话，但是公众参与的直接目的是为制度设计补偿民主，能够为管理机构了解民意提供最直接的路径。因此，航空港经济区的管理模式应当转型，向多元主体共治的方向努力；政府应当逐渐放权，减少管制的手段，向社会赋权增能；实现“小政府、强政府、大社会”的现代治理格局，也符合国家治理能力现代化的要求。

四、创新管理模式，详订负面清单

国家是追求自利的个体，其往往能够以理性来权衡自己的利益回报与成本付出，从而实现自我利益的最大化②。因此，在构建管委会职权体系时应当既赋权又限权。当前，制度红利并没有完全释放出来，政府必须转变“正面清单”的传统管理模式，对于公民组织参与航空港经济建设应秉持“法无明文规定即自由”的“负面清单”模式，充分赋予市场主体广泛的权利。事前对投融资、贸易、物流的参与者依法公布法律、法规，提供信息，事中和事后依法提供可披露信息的公众查询，以及依法做出监管和处罚。明确政府部门职责、权限的范围、边界，保证政府和政府部门依法行政，既不错位、越位，也不缺位。积极制定并公布“权力清单”，明确

---

① 李龙主．法理学[M]．武汉：武汉大学出版社，1996：58－59.

② GUZMAN A T. How international law works：a rational choice theory[M]. Oxford：Oxford University Press，2008.

管委会及驻区机构的职权范围、办事流程，严格恪守“法无明文规定即禁止”的管理理念，进一步规范行政裁量权，深化理性行政执法工作，加强行政执法案例指导，推行执法事项提示、轻微问题告诫、突出问题约谈、重大案件回访等方式。对于航空港有关行政审判事项一口受理、综合审批、信息共享、统一发证，提高行政效率，充分利用移动互联网技术，探索建设移动网上办事大厅，全面推行电子政务，完善网上办事系统，全面推行行政审批事项网上在线申报，争取实现行政审批无纸化办理。

归咎和救济在总体上不如事前控制和管理那么重要①。在航空港经济区建设中，在维护公共利益和社会秩序时尽可能减少和优化行政审批，应坚持“三个凡是”：凡是能由公民、法人或者其他组织自主决定的事项，政府不横加干预；凡是能由市场竞争机制有效调节的事项，政府不越俎代庖；凡是能由行业组织或者中介机构自律处理的事项，政府尽量放权。尤其对行政法规设定的有关经济事务的行政许可，若可以通过市场竞争机制有效调节的，通过行业自律有效管理的以及事后监督能够解决的，应及时报请国务院在本区域内停止实施。同时，在上位法业已设定的行政许可中，地方性法规及规章的规定不得增设违犯上位法的条件，加重相对人的义务，而应积极提升政府服务水平，创新监管手段，引导社会力量参与管理服务。

五、改革行政审批制度，提升政务服务水平

在服务型政府建设理念下，航空港经济区应树立服务社会的理念，不仅要深化行政审批制度改革，提高行政审批效率，也要全面强化实操监督，实现社会共治共享，全面提高政务服务水平。

首先，简化和规范审批程序，优化流程，提高效率。健全行政审批运行机制，推行一口受理、并联审批、多证联办的审批服务模式；建立全流程公开审批机制，完善电子政务服务平台，逐步推行网上审批；建

① 斯蒂尔．风险与法律理论[M]．韩永强，译．北京：中国政法大学出版社，2012.

立健全代理审批制度，同时发挥审批中介机构专业服务作用；确立项目入驻评估决策机制，规范审核程序；推进行政审批监督制约机制建设，加强审批全过程监管。其次，加快转变职能，推进行政管理由注重事先审批转为注重事中、事后监管。大力推行信用信息公示全覆盖制度，完善市场主体信用信息公示系统，依法拓展职能部门信用信息公示的广度与深度，并逐步覆盖司法审判信用信息、行业协会等社会组织信用信息；建立信用信息公示平台，丰富信息抽取、信息共享、奖惩联动、锁定限制、大数据分析以及信息归集督查等功能，切实发挥企业自治、行业自律、社会监督、政府监管的共治效能。按照合法、随机、公开、透明的原则，依托市场主体信用信息公示系统，在信用风险等级为良好的市场主体范围内，随机抽取检查对象。在各行政机关内部，随机选派行政执法人员，实施监督检查。为了在更大范围内发挥减速效果，鼓励支持会计师事务所、税务师事务所、资产评估机构、公证机构等专业服务机构，依法对企业财务、纳税情况、资本验资等的真实性、合法性进行鉴证，强化对市场主体及其行为的监督。鼓励社会信用评价机构发展，支持开展企业信用调查、信用评级等服务。建立健全社会监督和舆论监督机制，完善有奖举报制度，强化新闻媒体监督。

六、深化政务公开，建设透明政府

“权力有作恶的滥用的自然本性”①，因政府作为接受人民重托，提升人民福祉的制度设计，是社会秩序的提供者，是公共事务的管理者。政府运转所需要的经费均由人民以税收等形式予以支付，故其有必要将决策管理、服务执法的过程与结果向民众公示，寻求民众最大公约数的理解、信任和支持。相反，一个预算不公开透明的政府是“看不见的政府”，一个“看不见的政府”不可能是公正、有益的。因此，政府活动坚持以公开为原则、不公开为例外，推进决策公开、执行公开、管理公开、服务公开、

① 伦斯基．权力与特权[M]．关信平，等译．杭州：浙江人民出版社，1988：8.

结果公开，方能有效降低政府作恶的可能。在实践中，应当全面公开公共服务项目的政府信息，确保公众的平等使用权；细化公共财政、政府采购、政府投资工程的公开项目，遏制腐败。重点推进财政预算、公共资源配置、重大建设项目批准和实施、社会公益事业建设等领域的政府信息公开。按照政府信息公开的要求和程序，抓好政策文件尤其是涉及公民、法人或其他组织权利和义务的规范性文件的公开。做好政策解读和热点回应工作，及时回应公众的期盼和关切。

目前政府信息公开中行政部门的权力过大，缺乏相对应的机构监督。所以，我们需要不断地强化政府在信息公开工作方面的审计监督和司法救济，以切实保障公民的知情权。因此，突破既有的规则体系下公民对于政府信息的知情权与监督权无法落实的弊端，以诉讼作为维护法律秩序的最后防线，通过案件的审理重塑法律权威，弥补受阻却的法律秩序，最终实现政府信息的公开。违反政府信息公开的责任承担方式，在理论与实务上均未得到应有重视，因此，确定特定的组织与个人可以对行政机关违反政府信息公开的行为启动司法程序，以司法力量对政府预算公开的不作为及偏差予以纠正，就显得意义重大。

七、推进参与式预算，提高决策科学性

政府从事公共财政活动，其资金主要来源于国民缴纳的税收。故国民必然十分关注政府如何有效地支配这部分公共资金。人民希望通过某种制度安排、程序设计、技术手段，尽量改善政府对有限财政资源的使用效率①。预算的核心在于分配稀缺的公共财政资源，意味着必须在众多的潜在支出需求之间优化排序，使支出安排能够在一定时期契合社会发展的需要，并保持社会发展的平衡与活力②。在预算公开制度中引入公民参与，不仅是直接保护公民的预算知情权与监督权，更是对代议制民主固有缺陷

① 张志超. 现代财政学原理[M]. 天津:南开大学出版社,2011:43.

② RUBIN I S. The Politics of Public Budgeting[M]. New Jersey:Chatham House Publishers,Inc.,1993:2.

的克服。参与式预算给予了此前政治体制局外人关于公共资金使用的发言权①。

根据民主决策的科学与效率，听证会制度是政府等部门进行重大决策时所采取的一种听取民众建议的最佳方式，它不仅在很多国家举行，在我国也应用广泛。《中华人民共和国立法法》也明确强调政府决策应当采用能让公众知晓的方式，如听证会、专家座谈会等，特别是一些用在社会民生方面的财政支出，必须建立听证会制度。但由于缺乏预算听证操作性制度规范，预算听证在我国的实践呈现出多元化、多层次、不规范的发展特点。因此，必须保障政府提供听证的信息是完整全面的。政府预算信息的完整全面是指政府的预算报告中应该包括政府在预算年度内的全部收支信息，不应有任何隐瞒和遗漏，这样才有利于公民对政府各项活动的合理性进行审视。此外，也应明确预算听证的范围，依据预算管理的主要内容，应将预算项目及其使用资金作为预算听证的对象。在预算听证会议的程序设置上，必须保障参会人员根据预算支出的信息阐述自己主张的时间，应当尊重参与民众对与自身利益相关或自身较为熟悉的预算支出方向进行质疑。对于能够现场予以解答的，最好予以解答；对于无法现场回答的，应当详细记录参与民众发表的言论，并在会后的航空港经济区管理部门内部讨论中着重讨论。

---

① 辛多默．亚欧参与式预算：民主参与的核心挑战［M］．张俊华，译．上海：上海人民出版社，2012：6.

第三章

航空物流法治保障研究

物流业是融合运输、仓储、货代、信息等产业的复合型服务业，是支撑国民经济发展的基础性、战略性产业。航空物流是以机场为核心要素，依托航线网络及航运优势，借助现代网络，整合公路、铁路、海运等多种运输方式，连接供方和需方，使原材料、产成品及相关信息从起点至终点有效流动的过程。它将运输、仓储、装卸、加工、包装、配送、信息和资金交换等方面有机结合，形成完整的服务供应链，是以为用户提供“一站式、门到门”服务为特征的一体化物流解决方案①。航空物流具有服务范围广、附加值高、快捷高效等特点，是推动航空经济发展的重要引擎。发展航空物流，对我国深度参与国际分工与合作、实现经济结构转型升级、加快推进民航强国建设和实现国家经济高质量发展具有重要意义②。当前，在世界经济复苏普遍曲折缓慢、“一带一路”倡议快速实施、全国经济处于“新常态”“三期叠加”阶段的情况下，加快发展航空物流业，对于促进产业结构调整、转变发展方式、提高国民经济竞争力和建设生态文明具有不可替代的重要作用③。

随着我国高铁、高速公路网建设的加速推进，物流业发展的“硬”环

① 曹允春，许诚．中国航空物流问题研究综述[J]．物流科技，2016(4)．

② 《民航局关于促进航空物流业发展的指导意见》(民航发〔2018〕48号)．

③ 2014年10月4日国务院印发的《物流业发展中长期规划(2014—2020年)》．

境获得了长足的发展。同时，法律因素作为航空物流发展的基础环境之一，也越来越引起人们的关注。为此，本章拟对航空物流的相关法律进行深入系统的研究和探讨，尤其要分析研究以美国、日本为代表的发达国家的航空物流法律制度，汲取可借鉴的内容，为临空经济区物流业的规范发展提供有益的思考。

第一节　航空物流的发展现状及前景分析

截至 2019 年 5 月，全国共有 14 个国家级临空经济区，这 14 个临空经济区都有航空物流中心的功能或板块，在获批为国家级临空经济区后，这些区域的航空物流业都获得了长足的发展。尽管如此，目前我国的航空物流业发展不平衡、不充分的问题仍很突出，服务能力不强、运行效率不高、信息化和标准化建设相对滞后，与经济社会发展和人民消费需求仍有较大差距。随着电商、快递、冷链等现代物流市场的高速发展，航空货源结构性变化凸显，对航空物流服务升级的要求不断提升。必须深入贯彻落实党中央、国务院关于深入推进供给侧结构性改革的决策部署，促进航空物流业发展理念、组织方式、商业模式和政府治理手段创新，推动民航业和现代物流业实现高质量发展。

一、中国航空物流发展的市场环境

（一）航空物流市场需求持续高涨

改革开放以来，中国经济保持高速增长。根据航空货运增长与国民经济增长之间的弹性关系，快速的经济增长，尤其是中国进出口贸易的快速增长以及电子商务的迅猛发展必将带来航空货运需求的快速增长。随着我国经济增长方式的转变以及产业结构的升级，适合航空运输的货物逐年增加，1996—2015 年，民航货邮运输量增长了 5.44 倍，年均增长 8.8%；货邮周转量增长了 8.31 倍，年均增长 11.2%。与此同时，由于生产企业、流通企业和消费者对航空物流要求的不断提高，未来鲜活易腐、医药保健、时效产品等航空物流需求还会增加。

（二）“天空开放”政策助推中国航空物流对外开放

美国自1995年确立了“天空开放”的国际航空运输政策后，与其他国家或地区订立了一大批按照“天空开放”定义的双边协议。美国的“天空开放”对中国航空物流产生了深远影响，直接推动了中国航空物流的航权开放，同时还通过政策和航空运输协定推动了航空物流市场的开放。

2002年，民航局颁布的《外商投资民用航空业规定》确定了在公共航空运输企业中的外商投资比例。2005年，民航局又出台了《促进国际航空运输发展若干政策措施的意见》，明确指出优先开放国际航空货运市场。

1980年9月，中美两国政府正式签署《中美民用航空运输协定》之后，中国又先后于1999年、2004年和2007年分别与美国政府签订新的《中美民用航空运输协定》，航空运输市场双向开放程度不断提高①。根据2007年签订的协议，中国空运企业可不受限制地进入中美航空运输市场，并于2011年全面开放两国航空货运市场。截至2013年年底，中国已签订了115个双边航空运输协定。

（三）“空中丝绸之路”推动航空物流的高质量合作发展

“空中丝绸之路”物流枢纽建设对“一带一路”倡议的落实具有非常重要的影响。郑州—卢森堡“空中丝绸之路”的建设，提升了中国国际物流品牌的影响力，对“一带一路”的国际市场开拓与市场建设产生了积极的推动作用。首都临空经济示范区和西安临空经济示范区都在致力于开拓通达世界的“空中丝绸之路”。“一带一路”倡议以及“空中丝绸之路”的实施，为我国航空物流业发展带来了新的机遇，中国政府继续奉行改革开放政策，也为航空物流业、持续健康发展提供了稳定的政策环境。

---

① 中国航空运输协会，中国民航大学课题组．大力推进传统航空货运向现代物流的根本转变［N］．中国民航报，2014－12－22(3)．

郑州—卢森堡“空中丝绸之路”不仅是一条贯通欧美亚、辐射东中西的航空物流通道，而且促进了河南与欧洲在经贸、人文等领域的交流与合作，有力地扩大了河南对外开放的程度，使郑州成为中国与世界交流的重要节点。郑州新郑综合保税区 2017 年完成进出口总值 3374.5 亿元，名列全国综合保税区第一。中国（河南）国际贸易“单一窗口”已经上线运行，跨境电商商品通关时间缩短 1/3 以上。2017 年开通了郑州至台北和欧洲的跨境电商货运包机航线，共运行 37 个航班，完成出口 1347.16 万单，货值 6.74 亿元，在全国跨境电子商务综合试验区中名列前茅。郑州机场已投入使用了水果、冰鲜水产品、食用水生动物、冰鲜肉类、澳洲活牛、国际邮件经转 6 个进口指定口岸，已成为我国入境鲜活产品的主要集散地。2017 年，郑州航空港实验区全区完成生产总值超 700 亿元，同比增长 14%，全年生产手机约 3 亿部，约占全球手机供货量的 1/7。

“空中丝绸之路”为沿线国家和地区带来了前所未有的发展机遇，推动沿线国家和地区基础设施建设，助推各国进入全球市场，为中国国际航空物流发展创造了非常难得的机遇。为了抓住航空物流业的发展机遇，各国之间、国家和企业之间、各航空协会之间、中国与卢森堡“郑卢双枢纽”之间、中美以及中德之间纷纷展开合作，各方希望通过相互合作促进共同发展。

亚欧合作是打造“空中丝绸之路”的关键因素。中国是德国重要的贸易伙伴，两者之间的贸易量占德国对外贸易的 8%，尤其是电商的发展，促使中德之间的贸易更加紧密，现在莱比锡哈雷机场在“空中丝绸之路”以及中德的合作中发挥着越来越重要的作用。2014 年卢森堡与郑州强强联合，目前已取得非常好的合作效果。“中德双方应共同探索在不同的政治文化、经济以及政策背景下的国际航空物流合作。（Markus Kopp）①”“应该把各方的利益结合起来，非洲航空协会、拉美航空协会、欧洲的航空协

---

① 金真，许刚，张砺文．空中丝绸之路与跨境电商发展新机遇——“第三届中国国际航空物流发展大会 2018”综述[J]．郑州航空工业管理学院学报，2018(4)．

会以及美国的航空协会也要进行相应的合作。(Philips Associates)①”

(四) 鼓励航空物流发展的政策和措施不断推出

近年来，国务院、民航局和各地政府不断出台鼓励发展临空经济的政策和措施，航空物流业作为临空经济的核心增长点，其发展规划也必然体现在以上政策和措施中。如2012年11月国务院发布的《中原经济区规划(2012—2020年)》、2013年3月国务院发布的《郑州航空港经济综合实验区发展规划（2013—2025年)》、国家民航局与河南省人民政府2014年7月发布的《共同推进郑州航空港经济综合实验区建设合作备忘录》、民航局2018年5月发布的《民航局关于促进航空物流业发展的指导意见》（民航发〔2018〕48号）等，都极大地促进了中国航空物流业的发展。此外，民航局在民航“十一五”“十二五”和“十三五”规划中均提出“推动航空货运物流化，促进航空货运企业由单一货运向现代物流转型”。

各地政府为支持航空物流业快速发展，也不断出台优惠政策鼓励航空物流发展。2006年，武汉成为国内首家航空运输综合改革试点，根据《武汉实施民航运输综合改革试点工作方案》，湖北省与武汉市规定机场税收返还，机场建设性规费予以减免，并合理规划机场的地面交通路网，积极推进武汉航空城建设，吸引航空公司和大型物流企业在武汉建立基地。2012年，河南省通过向国家争取政策与本省鼓励航空物流发展的扶持政策相结合，在航线补助、市场拓展、人才引进等方面形成多方位支持，进一步推动郑州航空港经济综合实验区建设，以期促进航空物流业发展。

(五) 各项民航规章和行业标准逐步完善

近年来，中国民航局在原有《中华人民共和国民用航空法》《中国民用航空货物国内运输规则》和《中国民用航空货物国际运输规则》的基础上，不断完善民航运输的各项规章制度和行业标准②。2012年，民航局陆

① 金真，许刚，张砺文．空中丝绸之路与跨境电商发展新机遇——“第三届中国国际航空物流发展大会2018”综述[J]．郑州航空工业管理学院学报，2018(4).

② 高友才．郑州航空港经济综合实验区年度发展报告(2014)[M]．北京：中国社会科学出版社，2015：74.

续发布《航空货运销售代理人服务规范》（MH/T 1045—2012）、《集运货物国内航空运输规范》（MH/T 1046—2012）、《艺术品及博物馆展（藏）品航空运输规范》（MH/T 1047—2012）三项行业标准。2013 年，民航局制定《中国民用航空危险品运输管理规定》（CCAR－276－RI，中国民用航空局令第 216 号），对于危险品航空运输的限制、危险品航空运输许可程序、危险品航空运输的准备以及托运人、经营人、代理人的责任等均予以明确规范。2014 年，民航局公布了《货物航空冷链运输规范》（MH/T 1058—2014），进一步完善了与航空货运有关的规章和标准，有效地促进了航空货运的发展。

二、中国航空物流的发展成效

2003 年，我国航空物流进入发展初期。经过 16 年的快速发展，航空公司体制不断变革、货运基础设施不断完善、运输能力显著增强，形成了多种物流运作模式，实现了航空物流规模、效益及发展环境的有效提高。

（一）行业规模显著提升，航空货运基础设施大幅改善

近年来，民航局和各级政府进一步加快航空物流基础设施建设，中国机场数量不断增加，机场规模不断扩张。2010 年，机场系统完成固定资产投资总额 441.5 亿元。2013 年，机场系统完成的固定资产投资总额达到 507.5 亿元。截至 2015 年，我国大陆共有民用航空机场 210 个，其中定期航班通航机场 206 个，定期航班通航城市 204 个。机场货邮吞吐量逐步集中于少数机场，上海、北京和广州三大城市机场的枢纽作用已日益显现。2015 年，共有 51 个机场的年货邮吞吐量达万吨以上，其货邮吞吐量占全国机场货邮吞吐量的 98.4%，北京、上海和广州机场的货邮吞吐量占比达到 50.9%。其中，上海浦东国际机场的货运吞吐量居全球第三位①。

在 2003—2017 年的 15 年里，我国航空货邮运输量规模从 219 万吨增

① 高友才. 郑州航空港经济综合实验区年度发展报告(2014)[M]. 北京:中国社会科学出版社,2015:76.

长至705.8万吨，航空物流规模扩大了3倍多，实现货邮运输量年均增长9.0%，货邮周转量年均增长10.8%，超过全球航空货运增长率的平均水平，成为世界第二大航空货运市场及亚洲地区航空货邮快速发展的主要推动力。从航线来看，国际航线货邮运输量年均增速为12.8%，明显高于国内航线货邮运输量的年均增速7.8%，国际市场成为航空物流业增长的主要动力。

在此期间，航空货运能力显著提升，航线网络规模不断扩大。运力方面，我国全货机机队规模从2003年的不到20架发展到2016年的157架，同时发展全货运的航空公司有8家；航线网络方面，由2003年的国内航线961条、国际航线194条发展到2016年的国内航线3055条、国际航线739条。航线网络密度增加，服务区域不断扩大，为航空物流的发展奠定了坚实基础。

（二）货源结构产生巨变，航空快递促进行业发展

2003年我国航空物流以普货、航空邮件等为主导，普货运输占整个航空货运市场份额的70%以上。经过15年的发展，快递、冷链成为现阶段航空物流市场的主体。跨境电商多使用航空运输，其迅速发展促进了航空快件的增长，中国跨境电商交易规模从2008年的0.8万亿元升至2017年的逾8万亿元，其占中国外贸总额的比重从不足4%上升至逾30%。此外，生鲜等冷链航空运输的发展同样显著。日本至中国的跨境电商货运从2009年起开始以水果、甜品、海鲜为主；阿里和京东等电商平台的进口生鲜商品销售量年增速都在200%以上，由冷链市场形成的航空物流需求逐步增加。未来，跨境电商与冷链市场将释放巨大发展空间，成为航空物流业务量增长的核心驱动力。

与普通航空包机相比，电商包裹具有数量多、规模小的特点，通关方式存在区别，包机混合运输极大地影响物流效率。在此背景下，菜鸟网络决定开辟电商专用的定期包机航线，让中小企业真正拥有自己的航空包机线路。在杭州市政府和杭州萧山国际机场的支持下，全球唯一的电商专用洲际航线确定为从杭州到莫斯科，中途经停新西伯利亚和里加，可以更灵

活地参与国际贸易，让更多中国品牌走向世界。

（三）航空货运企业物流化转型加快

近年来，国内航空货运企业纷纷推出了各自的物流化转型战略。国货航最早推出国际化的综合运输解决方案；中货航是国内最早明确提出“天地合一”战略的航空公司，强调除发挥空中优势外，还将加强长三角区域地面转运以及高附加值运输业务等；南航货运于2010年11月正式加入天合货运联盟，为其在国际航空物流市场的发展提供平台支持，国内则与圆通速递及顺丰速递达成战略合作协议，启动国内航空物流化转型的步伐；海航通过大新华物流整合货运资源，推进其物流化转型的超级X计划。总之，国内航空货运企业均开始了航空物流化转型战略。2013年，东航物流创造性地提出了“快递+电商+贸易”的转型思路。首先，东航与淘宝、天猫等电商企业开展物流合作，进一步拓展快递市场；其次，东航物流借助“东航产地直达”电商平台，主打“产地集采、航空快运、自营配送和实时信息跟踪”的全产业链运作特色，这一互相促进、互为带动的全产业链运作模式，为东航物流转型为综合服务集成商提供了新途径。

（四）东部沿海地区产业转移助推航空物流重心向中西部转移

随着西部大开发战略的逐步推进以及东部地区产业结构转型升级，大量制造型企业由东南沿海转移到中西部地区，航空物流重心也随之向中西部地区倾斜。自2011年开始，航空货运出现了中西部地区机场增速快于东部地区机场的发展势头。以郑州为例，富士康落户郑州后，2014年郑州机场完成货邮吞吐量37.0万吨，同比增长44.9%，机场货邮吞吐量排名由2012年的第15位跃至第8位，增速更是名列前茅。2015年3月，四川机场集团投资2000万元建设的成都双流机场货运航空公司转运中心开始投入使用，转运中心已经吸引了如顺丰等一批实力企业进驻，顺丰物流将其西部航空枢纽转运中心选择在双流机场，将进一步提升成都作为西部航空物流枢纽的影响力。

（五）全货运机场出现，满足了航空快件对效率的要求

在所有货物运输中，只有航空快件对时效性要求最高。近几年，我国

电商规模不断扩大，快递市场需求也随之升级。顺丰公司作为国内航空快递业的领跑者，积极建立全货运机场。2017 年 12 月 13 日，湖北省政府与顺丰集团签订《关于湖北国际物流核心枢纽项目合作协议》。2019 年 1 月，国家发展改革委发布《国家发展改革委关于新建湖北鄂州民用机场工程可行性研究报告的批复》通知，同意新建鄂州民用机场。鄂州机场性质为货运航空枢纽、客运支线机场，预测 2025 年货邮吞吐量达到 245 万吨，旅客吞吐量 100 万人次。郑州航空港在货运机场建设方面也取得了快速的发展，截至 2016 年，郑州机场开通航线 171 条，其中全货运国际航线 30 条，位居内陆第一，基本形成覆盖全球主要经济体的航线网络。2018 年郑州新郑国际机场客运吞吐量居全国第 12 位，货邮吞吐量居全国第 7 位，全货机承运量超过客机腹舱，呈现出进出港货物基本持平的局面，内陆国际航空物流枢纽地位初步确立。

三、中国航空物流发展存在的问题

（一）航空物流经营模式单一，服务功能有待完善

目前，国内物流的揽货与配送环节大多由航空货运代理企业承担，货站业务大多由机场承担，对于传统货运，航空公司只完成货物的空中运输，从而导致航空物流运作过程的衔接时常出现问题，其效率也大打折扣。航空公司缺乏对航空物流运作过程中其他环节的参与，无法从总体上实现以降低成本为目标的物流运作。航空物流现有的运营模式只能提供机场到机场的货物位移服务，货运航空公司也主要经营点到点的货运空中运输业务，这些业务仅占航空物流服务链中的一小部分。在客户需求从单项的运输服务逐渐转向更全面的物流服务和解决方案之际，中国的航空物流目前还只能“高高在空”，缺乏与地面的衔接，服务功能亟待进一步完善。

（二）航空物流企业经营分散，国际空运市场份额下降

长期以来，国内货邮绝大多数依靠客机腹舱载货的方式，基本上没有形成一支大中小机型适配的货机队伍。中国整体货机数量较少且较为分

散，截至2015年年底，国内民航市场的102架全货机分散在7家货运航空公司和1家客货兼营航空公司中，最多的一家也仅有32架。腹舱的运力更是分散在多家航空公司手中。由于中国航空物流经营分散，与国外航空物流企业的差距巨大，在国际市场竞争中劣势明显。近年来，国外航空物流巨头利用航权和在中国建立的货运网络，已经占有中国大部分国际航空物流市场份额，造成中国航空物流企业国际市场份额大幅缩水。2011—2015年中国航空公司国际及中国港澳台市场承运比例持续下降，2006—2010年尚有30%以上的份额，2013年这一份额降至20.6%。

（三）航空物流信息化程度较低，缺乏公共信息平台

中国航空物流企业在物流信息服务系统方面投资相对很少。从整体上看，中国航空物流信息化应用水平较低，主要表现在行业应用信息化的资金投入不足、能力低下、发展速度缓慢、应用范围狭窄。在目前国内有航空货运业务的26家航空公司中，拥有对外营销和管理职能系统的不过10家，并且尚无法实现全国航空货物站到站的信息检索和查询。在中国航空物流供应链中的航空公司、枢纽机场和大型货运代理人中建有独立的货运信息系统，而小型航空公司、机场和大部分代理人均没有建设货运信息系统。即使是已建设的信息系统之间也存在相互不兼容的问题，无法实现更大范围的信息共享，缺少全行业的航空物流公共信息平台。

四、中国航空物流业的发展趋势

随着我国经济发展进入新常态，航空物流业将继续升级转型，朝着综合化、枢纽化、合作化的方向发展，以解决我国航空物流业服务水平较低、区域性差别明显及降本增效等问题。而资源整合、信息化、智能化则是现阶段航空物流业的主要发展目标。

（一）新型供应链促进航空物流业升级转型

航空物流业作为国家经济发展的基础，涉及生产、生活的方方面面。国家提出供给侧结构性改革及推进供应链创新与应用等多项政策，将推进

航空物流业加快整合资源，实现升级转型。以客户需求为中心，通过调整业务结构、优化业务布局，与上下游制造企业及商贸企业深度融合，设计“一站式”“门到门”服务为特征的一体化物流解决方案，为企业客户提供从原料到产品的供应、生产、运输、仓储、销售等环节结合成有机整体的高质量综合物流服务。

随着中国企业国际化进程加快，全球制造业的“及时生产”和“虚拟生产”管理模式不仅对全球供应链解决方案的需求会不断增加，而且对综合性物流企业的依赖程度也会加大，对整个物流运作过程的要求也会更高，需要庞大的全球化航空物流体系来支撑。中国领跑世界航空货运市场已经多年，而且在未来发展中还将继续占据优势。国内产业结构优化升级也会带动高附加值产品运输需求的不断增长，这类货物对于运输的速度和质量要求较高。因此，航空货运结构将向以电子信息产品为代表的高附加值产品转变。

（二）航空货运物流化转型趋向纵向一体化和横向协同化

航空货运业和航空物流业一脉相承，在航空货运业转型升级为航空物流业的过程中，航空货运企业不一定会全部发展成为综合化的航空物流企业，它们会根据自身的物流功能特点，不断挖掘自身优势，提供专业化、多层次的运输产品，与物流企业达成战略合作，形成业务外包关系，构成航空物流服务体系的重要组成部分。因此，航空货运物流化转型的方向大致可以归纳为以下两种：通过纵向链条延伸实现一体化物流的方式和通过横向业务分包实现多方协同的方式。其中，前者是通过企业内部一体化方式来实现的，客户可以得到一站式“门到门”的服务；后者是通过航空物流经营者与物流服务供应商订立物流总承包服务合同的方式来实现的，航空物流经营者只负责组织物流过程的各个环节，将物流过程中的实际业务通过与物流服务供应商形成业务外包关系将其分包出去。

（三）航空物流企业兼并重组加快

目前，中国航空物流企业经营的规模效益不明显，造成国际竞争力低下，且无法提供多功能的物流服务，尤其是无法提供包括运输仓储、装卸搬运、加工包装、代收货款、信息查询、保险理赔、空陆联运、门到门派送等在内的综合物流服务方案。2014 年国务院印发的《物流业发展中长期规划（2014—2020 年）》（国发〔2014〕42 号）明确提出“支持航空货运企业兼并重组、做强做大，提高物流综合服务能力”。在政策导向下，未来航空物流业将从全行业的高度加强企业间的合作，全方位实现资源整合。有实力的航空物流企业将通过兼并重组，共同做大做强。未来的中国航空物流市场将逐渐形成 2 ~3 家有实力的航空物流企业占据主体地位和绝大多数份额的市场格局。

（四）信息技术和物联网技术的应用将取得突破

科技的发展和应用可以推动产业的跨越式发展。物联网信息技术作为新一代技术革命的关键因素，不但可以逐步解决中国航空物流中的信息孤岛现象，还可以实现与现代商业模式的并轨。随着物联网技术的成熟，航空物联网技术将在航空物流领域取得突破性应用。2014 年，海南航空与清华信息科学与技术国家实验室合作建成国家航空运输物联网应用示范工程，利用物联网技术提升航空运输服务品质，示范工程覆盖了海航集团旗下的 5 家机场和海航集团旗下海航、天航、首航等所有航线。在航空物流管理的应用中，引入物联网与射频识别（Radio Frequency Identification，RFID）技术主要有如下三大方面优势：一是在航空物流中采用 RFID 技术，可以自动识别目标对象（货物）并获取相关数据，逐步实现物流过程的透明化、清晰化管理；二是通过 RFID 的物联网技术可以有效地实现机场货站信息与货运代理人、航空公司信息的对接和共享，并实现整个航空物流信息的开放性整合；三是物联网可以促进物流作业方式向自动化或半自动化转变，从而提高整体物流运作效率。

（五）航空货物运输与第四方物流的整合

伴随着第四方物流的崛起，航空物流所带来的高增值、高协同、高效率等优势正逐渐被人们熟知。作为以高效率著称的航空物流，航空物流与第四方物流体系之间的合作给整个运输产业带来一种新的合作模式。近几年，飞行人工成本、支线运输及“最后一公里”配送等方面的问题凸显，航空物流开始寻求无人化解决方案，“末端小型无人机 + 支线大型无人货机 + 干线大型有人机”的三段式航空物流网络发展模式将成为行业未来的一种发展手段。目前，无人机在我国航空物流领域还处于试点阶段，未来将进入大发展时期，成为我国航空物流发展新动力，以科技的革新创造新的物流通路，全新定义时效产品。

（六）医药冷链市场激发航空物流新需求

据统计，从生产到一线城市的药品冷链运输的方式中，航空运输占80%，铁路运输占10%以下，公路运输占10%。国外航空公司开始逐渐关注医药空运市场。国际航空运输协会（International Air Transport Association，IATA）大力推行 CEIV Pharma（药品物流独立验证卓越中心）标准认证，用于协助货运承运人针对其温度敏感型药品实施有效运输的标准。

在国内，航空物流的区域化发展层面，河南省作为中部崛起战略中的主体省份，是全国区域协调发展的战略支点和重要的现代综合交通枢纽，在地理位置上，处于“一带一路”西向、南向和联结海上丝绸之路的交汇点。其中，郑州航空港地处内陆地区，经济腹地广阔，交通区位优势明显，是全国公路、铁路和航空交通枢纽，也是欧亚大陆“空中丝绸之路”的起点城市，最有利于发展航空物流业，河南物流产业体系以建成郑州国际物流中心为目标，未来将通过重点发展钢铁、汽车、家电、纺织服装、邮政、粮食、花卉、建材、医药、食品冷链十大行业物流促进郑州国际航空物流中心的发展，遵循“1 + 10”的发展思路，即一个中心、十大行业同步发展。国际航空物流的中心地位应体现“国际贸易 + 跨境电商 + 保税物流”，成为融货流、商流、金融流、技术流、信息流于一体的全面流通中心。在航空物流的企业中，顺丰在很早就开始关注冷链物流的市场细分，2014 年便单独成立了医药物流事业部。2016 年年初，顺丰正式成立了“冷运事业部”，分离医药冷链和生鲜冷链资源，并力争全年医药冷链做到 4 亿元。随着国内医药市场规模不断扩大，医药运输需求持续升级，医药冷链将成为航空物流市场的“新宠”。

第二节　航空物流的法治保障现状

如前文所述，“空中丝绸之路”的开通和跨境电商的勃兴，为航空物流业带来了前所未有的发展机遇。然而，我们也应该清醒地认识到，市场经济是法治经济和制度经济，各个临空经济先行区设置的初衷之一是进行先进制度的先行先试，经过不断完善之后再在其他经济先行区甚至全国复制推广，如“负面清单＋准入前国民待遇”管理模式即是在上海自由贸易试验区形成可复制推广的经验之后，于2019年进入《中华人民共和国外商投资法》并在全国实施的有力例证。航空物流作为临空经济的重要引擎，在我国各个临空经济先行区获得与时俱进发展的前提条件之一即是获得稳定的法律制度保障和支撑，以应对来自国内、国际市场的各种困难、风险和挑战，如全球信息不对称、政策差异等带来的货物延迟问题；中国物流公司如何通过混改发挥企业活力并参与全球竞争的问题；如何正确处理多式联运各利益主体之间的关系问题；等等。因此，我们应抓住时机，根据近年来我国临空经济区等先行区航空物流发展的市场环境、现状、未来趋势尤其是法律政策需求，努力探索我国航空物流的法治保障对策，以推进航空物流的稳定快速发展。

一、我国航空物流的立法现状

航空物流的立法，主要指国家和地方立法机关制定的施行于全国范围或特定的航空港经济区的现行航空物流法律制度。从法律效力来看，我国现行航空物流立法包括以下五类：一是法律，即由全国人大和全国人大常委会颁布实施的规范性文件，主要包括《中华人民共和国民用航空法》《中华人民共和国合同法》《中华人民共和国外商投资法》《中华人民共和国公路法》《中华人民共和国铁路法》等。二是行政法规，即由国务院颁布实施的规范性文件，如《中华人民共和国公路管理条例》等。三是国家各部委颁布的部门规章，如《外商投资国际货物运输代理企业管理办法》（中华人民共和国商务部令 2005 年第 19 号）、《商品条码管理办法》（国家质量监督检验检疫总局令第 76 号）、《定期国际航空运输管理规定》（中国民用航空总局令第 36 号）等。四是国际条约、国际惯例等，包括《国际民用航空公约》、1963 年《东京公约》、1970 年《海牙公约》以及《蒙特利尔公约》《华沙公约》《国际货协》《国际货约》等。五是适用于各航空港实验区及航空经济区的涉及航空物流发展的规范性文件，如《郑州航空港经济综合实验区发展规划（2013—2025 年）》即是由国务院批复的，目的是保障郑州航空港经济区的快速健康发展。该发展规划明确指出郑州航空港是国际航空物流中心建设的主要实验区，并针对国内外发展情况制定了郑州航空港经济综合实验区的发展目标和发展策略。河南省高级人民法院还出台了《关于服务保障郑州航空港经济综合实验区建设的意见》，为航空港的航空物流建设提供了有效的法律保障，不仅在国内与各大司法机关取得有效沟通，而且不断与国际贸易机构进行合作交流，不仅保护了航空港内众多企业，也在知识产权、企业商誉、对外纠纷上给予专业的服务。以上无论是在国内还是国际上都为航空港的建设发展营造了良好的法律环境。

另外，从我国现行航空物流立法辐射的内容和领域来看，主要包括：（1）调整物流活动主体与市场准入方面的规范性文件，如《中华人民共和国公司法》《中华人民共和国外商投资法》《外商投资民用航空业规定》《外国公共航空运输承运人运行合格审定规则》《对代码共享的外国航空运营人安全审计指南》等。（2）调整物流经营活动的规范性文件，其中内容涵盖、涉及物流活动各细节和环节的规范性文件主要有《中华人民共和国民法总则》《中华人民共和国合同法》等，但更多的是适用于物流链条某一环节的法律规范，像运输、装卸、仓储、包装、流通加工、信息处理等各分支环节的法律规范，如《中华人民共和国民用航空法》《中华人民共和国海商法》《中华人民共和国铁路法》《中华人民共和国公路法》等。（3）调整物流业务的行业标准，如《集装箱名词术语》（GB/T 1992—

1985)、《包装术语基础》(GB/T 4122.1—1996)、《标准物流术语》(GB/T 18354—2001)等。(4)调整物流基本建设方面的法律规范，如《中华人民共和国港口法》《中华人民共和国铁路法》等。(5)调整物流市场监管方面的法律规范，如《中华人民共和国对外贸易法》《中华人民共和国海关法》《中华人民共和国反垄断法》《中华人民共和国反不正当竞争法》《中华人民共和国产品质量法》等。

如上所述，物流法律关系、社会关系涵盖了物品从原材料形态到生产环节的半成品、产品形态，最后通过流通环节到达最终用户或使用者或消费者手中的全过程。此外，还包括报废物品再利用和废弃物处理的过程，涉及生产、运输、储存、分配、交换等环节。因此，调整物流的规范性文件也相应地涉及生产、运输、储存、分配、交换等各个方面，在规范性文件的表现形式上有法律、法规、规章和国际条约、国际惯例以及各种技术规范等不同的脉络。我国现有的物流规范性文件只能说在一定程度上填补了物流领域法律真空的现状，在物流各环节和方面做到了有法可依，但对高速推进的航空物流业的健康发展仍然是滞后和不足的。

二、我国航空物流法治保障存在的问题

航空物流和普通的传统物流既有联系，也存在明显的区别，航空物流要以机场为核心，以航空运输为主要运输方式，重视航空运输业对周边经济业态的带动和辐射效应，强调以航空运输业为中心的产业集聚，有些用于调整传统物流业的法律规范未必适用于航空物流业①。所以，我国航空物流的法治环境整体不容乐观，最主要的原因在于现行有关航空物流的法律制度存在明显的不足，表现在以下五个方面。

(一) 政出多门，法出多头

物流行业因为涉及的环节和领域极为繁杂，目前的规范性文件涵盖了

① 曹允春，沈丹阳．航空物流产业化形成机理研究[J]．商业研究，2010(1).

法律、行政法规、政府规章、部门规章，还有众多的地方性法规和地方政府规章，法律法规林立，呈现一种碎片化状态。目前物流领域立法存在某一个物流的环节由多个规范性文件共同调整的局面，而这些规范性文件属于同一效力层面（比如都属于法律层面），相互之间还存在矛盾与分歧，使物流行业的从业人员无所适从，如我国货物运输合同中承运人损害赔偿责任的归责原则问题，对于货物的灭失和损坏，《中华人民共和国合同法》《中华人民共和国铁路法》《中华人民共和国民用航空法》规定的是严格责任，而《中华人民共和国海商法》规定的则是不完全过错责任。还存在某些航空物流领域属于立法真空，法治资源分配明显不均，国务院的多个部门发布了很多物流业部门规章，政出多门，多个不同效力层次的立法机关也颁布了众多各个效力级别的规范性文件，相互之间的规定存在矛盾和冲突，法出多头的局面也不利于“大物流”“大航空”的发展。

（二）航空物流现行立法整体层次较低，效力不强

从法律效力来看，我国现行的物流法律、法规直接具有操作性的层次较低，法律效力不强，价值目标难以协调。现行很多物流法律、法规多是由中央各部委、地方制定和颁布的，大都是一些条例、办法、规定和通知等，这些规章和地方法规的部门特征突出、地域性太强、层次较低、一般缺乏法律责任的制约作用，多数只适合作为法庭审判的参照性依据，不利于调整各物流主体之间的相互关系。而且，“各立其法、各护其权、各行其是”，鲜明的部门立法性质和部门利益倾向，也使得物流法律的统一价值目标难以得到落实。

（三）航空物流立法相对滞后，存在立法空白

我国大部分物流法律、法规是在计划经济向市场经济体制过渡的社会经济环境下制定并沿用至今，在很多方面都难以适应市场经济环境下航空物流业发展的要求。特别是航空物流国际化的趋势，要求我国物流法律法规与国际接轨。

此外，随着我国航空物流业的发展，不断出现新业务、新情况、新问

题，与此相比，我国航空物流立法显得相对落后，存在不少法律“真空地带”。例如，我国颁布的《国民经济行业分类与代码》（GB/T 4754—2002）中只有“交通运输、仓储和邮政业”，不存在“物流业”，以至于很多物流企业在进行工商登记时只能将自己的经营范围登记为运输、仓储、货代等；又如，对于物流标准化问题，我国目前只是颁布了《中华人民共和国国家标准：物流术语》，对于物流计量标准、技术标准、数据传输标准、物流设施和装备标准、物流作业和服务标准等都还未制定法定标准。

（四）国家层面缺少航空物流的基本法

关于是否应制定《中国物流法》或《中国航空物流法》，目前学术界尚有争论。笔者认为，至少应出台以政府监管为主基调的涉及航空物流监管的法律，比如《中国航空法》，但目前《中国航空法》的框架尚在研讨之中。《中国航空法》中理应包含对各类航空产业的政府监管原则和措施，以及政府对于各类航空产业的发展政策，目前该法的缺位使各个经济先行区航空物流的发展举步维艰。在《中国航空法》缺位的条件下，考虑到我国“一带一路”倡议以及“空中丝绸之路”正在紧锣密鼓地推进，以及我国航空物流业近年来的飞速发展却无法可依的窘境，《航空物流促进法》应当尽快提上立法日程。

（五）国内航空物流先行区基本法普遍缺位

目前，我国从国家层面到地方层面设立了14个临空经济区，除广州制定了适用于本区域的基本法以外，其他的临空经济区均未制定本区域发展的基本法。基本法中理应包含关于航空物流产业发展和集聚的专章规定，但由于目前多数航空港区基本法尚未出台，给航空港区航空物流业的创新发展制造了障碍。如郑州航空港成立运行已经将近6年，缺乏航空港区基本法，国家相关管理机构提出了郑州航空港的远期发展目标之一即在2040年成为国际航空物流中心，在发展的前期可以主要依靠政府的先行先试的政策，但在已经形成稳定态势发展的中期阶段再依靠政策已经明显力不从心，政策和法律相比，其不稳定性、易变性和短期性非常突出，而法律的强制性、稳定性和长期性可以很好地为航空物流发展保驾护航。

（六）航空经济先行区缺乏具有系统性、协调性的航空物流制度

航空经济先行区航空物流的专门制度应当是在先行区基本法出台的基础上制定的，为航空经济先行区航空物流的高质量发展以及发展中的具体细节问题指明道路和方向。但如前文所述，鉴于目前多数航空港航空经济先行区基本法的缺位，该航空物流的专门制度也无从谈起。例如，无人机物流目前正处于发展的初期阶段，作为新生事物，无人机物流的发展不仅面临众多技术问题，还面临着较多的法律困境和障碍。目前我国物流及航空方面的相关法律、法规没有对无人机物流给出相应的规定，无人机物流作为一种经济行为引发的各种经济权利义务关系却需要相关法律法规做出规定和调整，同时作为新生事物，相关的国外立法也没有现成的经验可以借鉴。

（七）缺乏执法、司法协调机制

发展航空物流业应当以航空运输业为核心产业，做大做强其他航空产业或临空经济产业，如高端制造业、精密仪器行业、生物医药行业等，涉及的领域和部门极其繁杂，需要高效的行政执法和司法的协调机制作为保障，尤其是国际物流，涉及贸易便利化措施和高效的通关制度体系作为支撑，国内航空物流也需要为“零距离”物流进行无缝对接。所以，亟待建立起支撑航空物流业发展的执法和司法协调机制，快速解决物流运输、仓储等环节发生的纠纷。

三、航空物流法治保障的域外经验

发达国家的航空物流业经过多年的发展，在航空物流法律体系的完善、政府宏观政策的引导等方面各具特色。其立法思路和手段确有值得我国借鉴之处。本部分重点分析了以美国、日本为代表的发达国家的航空物流法律制度和政策，汲取可借鉴的内容，以促进我国航空物流的稳步健康发展。

（一）发达国家航空物流的法治保障状况

1. 日本航空物流法规与政策

日本没有专门的航空物流立法，但日本政府制定和实施了为数不少的物流法律法规，真正有力地推动和引导了本国流通及物流业的发展。经过多年发展，其物流业和物流系统已从初期的自然形成状态发展到今天具有世界一流水准的现代化程度。一是针对需要及时制定新的物流事业法规，为缓解市中心和交通枢纽地区的交通压力，于1966年制定了《流通业务市街的整治法律》；在20世纪90年代国内外经济形势发生巨大变化的形势下，日本制定了《中小企业流通业务效率化促进法》。二是以法的形式确定对运输业放松管制，激活物流市场，形成良好运转、公平竞争的环境，促进物流自由发展，如"物流二法"（《货物自动车运输事业法》和《货物运输利用事业法》的简称）。三是对物流业的宏观管理以政府调控为主导，明确物流发展纲领，以政策措施和统一规划为主要手段，以法律规制为辅，以维护市场自由公平竞争为主要目的，规范物流企业行为，促进中小企业发展，保证物流市场运行有序，总体引导本国物流业发展。日本政府在制定物流立法时始终遵循两个基准点：一是赋予物流市场一定的秩序，实现物流市场的公平自由竞争；二是重视消费者的利益，也就是重视可持续发展的要求。

无论从物流业整体，还是从某种具体物流功能上看，日本的物流政策法规体系都很完备。以运输业为例，在水陆空运输、组织管理、基础设施建设、运输安全、争议的解决等方面都制定了法规，如在行政组织方面有《运输省设置法》等，陆上交通方面有《铁路营业法》等，海上交通方面有《海上运输法》等，航空交通方面有《航空法》等。随着社会的变革，日本还在不断对其修订、充实，形成相互协调、配合统一的法律体系。日本物流业在半个多世纪的发展过程中，随着政治经济的巨大变化，相应的法规也随之变化。日本的运输法律体系在战后复兴时期基本形成，进入经济高速成长阶段后，根据交通事业的发展，在不断修订已有法规的同时颁布一些新法。随着石油危机及环境问题的出现，日本又进一步修订了各项法律。随着自由主义经济思潮的蔓延，日本交通法律体系进入放松管制的时代，相应的法规又随之变化。

2. 美国物流法规与政策

美国属于典型的判例法系国家，未制定针对物流的统一的法律规范，物流法律体系表面看起来比较零散。在物流发展目标上，美国主要依靠物流政策指导。在2005年的《国家运输科技发展战略》中，规定交通产业的总目标是：建立安全、高效、充足和可靠的运输系统。其范围是国际性的，形式是综合性的，特点是智能性的，性质是环境友善的。20世纪80年代，美国通过了《汽车承运人规章制度改革和现代化法案》以及《斯泰格斯铁路法》。这些法规的出台逐步放宽了对公路、铁路、航空、航海等运输市场的管制，取消了运输公司在市场准入的审批与限制。20世纪90年代美国又相继通过了《协议费率法》《机场航空通道改善法》和《卡车运输行业规章制度改革法案》。这些制度的实施，减少了联邦法案的约束，推动了运输业更接近“自由市场的体系”。

美国政府对物流市场放松管制，并不是撒手不管，而是将重点从经济职能管理转向生产安全管理。20世纪70年代以来，美国先后通过了《运输安全法》《清洁空气法》等，以尽量减少物流发展对自然环境和生产、生活安全构成的威胁。

美国对整个物流业的宏观管理以市场法律规制为主，以行政政策、措施及规划为辅。美国的航空物流立法和政策从严格管制到放松准入，旨在营造良好物流市场环境，体现了以政府调控维护市场自由公平竞争机制的特点，同时对航空物流业的运作、安全、质量、环保等方面的监管丝毫没有放松。

3. 欧洲航空物流立法特点

欧洲物流立法以英、德、法三国为突出代表，物流发展经历了从垄断到自由、从强化管制到放松管制的特点。英国的物流政策从严格的准入制度转变为放宽准入、强调市场监管；德国、法国以成熟、完备的立法为前提，成功地实现了铁路政企分离的改革，从而促进了物流市场的公平竞争和物流业的一体化发展，解决了发展“瓶颈”，推动了物流业的现代化进程。

（二）国外航空物流法的评价与借鉴

从世界范围来看，没有一个国家制定统一的《物流法》对物流业进行调整。即使是日本，也没有运用一部完整的《物流法》。发达国家在宏观调控、微观放开的政策指导下，形成各行业协调发展的格局，并且法律体系已建设得相当完善。物流业在这种环境中发展，受各个行业有关规范的调整，不致造成法出多头、法规相互矛盾的局面。而在我国，物流业涵盖的各部门和领域的职能与行政目标的差异，造成大量单行物流法规的作用在实施上因各部门利益冲突而大打折扣，难以从总体上达到国家物流发展目标。为此，我国应在现有的大量单行物流法规的基础上制定一部高位阶的物流基本法，对物流涉及的各要素给予全面指导。

虽然国外没有统一的物流法，但从物流业整体和某个具体物流功能上看，其物流政策法规体系很完备。我国在考虑物流法律体系建设时，既要考虑统一的全局性的物流法律体系建设问题，又要考虑物流各个环节的法律体系建设，形成一个井然有序的物流业法规体系。

发达国家物流业从开始形成到现在已走过半个多世纪的历程。随着各国政治经济不断变化，相应的物流法规也在随之变化，以避免物流法规的滞后性。我国物流法规建设应特别重视这一问题，及时做好法规的立、改、废工作。发达国家强调政府的任务是监督物流业的发展。各国政府对物流业的综合调整，依靠的是产业政策控制物流业的布局及其规模，使其与整个经济和社会发展相协调。在这一方面，德国的做法值得我们学习。德国的政策法规在基础设施建设上强调联邦政府统筹规划、州政府扶持建设、企业自主经营的发展模式。我国在制定物流产业政策与宏观调控法时，应借鉴它们立足全局、统筹兼顾、合理规划、积极引导的调控思路。

为营造宽松、公平竞争的物流法治环境，发达国家采取了很多有效措施，目前发达国家已进入对物流业放宽法律限制的时代。而我国在制定相应的物流法时，针对国外放宽物流业法律限制的做法，应慎重考虑本土化。放宽物流规制的做法只适合那些在基础设施、物流活动、政策环境都趋于成熟的国家。以美国、日本为例，虽然现在它们放宽了物流业法律限制，但为维护物流业秩序，它们的运输管制曾经存在过 100 多年。我国物流业处于起步阶段，基础设施、物流活动以及政策环境都未到位，物流市场还存在一些不良现象，为了物流业的健康发展，物流市场秩序必须整治。这类放宽规制的做法我们不宜全盘吸取，尤其在市场准入方面还应加强管制。物流的特点决定了物流业涉及诸多行业和部门，因此，物流业的发展必须靠全社会共同努力。而我国物流业发展过程中的一大问题是政府相关部门各自为政，使得物流企业在进行物流活动时遇到种种难题，其权益难以得到保护。发达国家通过政策法规在中央、地方政府、各部门及企业的关系上重视分工协作，通力协作、“协调发展”的思路值得借鉴。因此，我国物流法制的建设应将重视各部门协调合作共同发展作为一项基本原则确定下来。

四、航空物流的法治保障的必要性

（一）夯实法治基础是促进我国航空物流业的健康、绿色和可持续发展的迫切需要

市场经济是法制经济，离开相对完善的法律制度，任何行业都不可能得到健康、持续的发展，物流业亦是如此。物流产业在我国虽起步较晚，但发展速度飞快，目前已成为国民经济的强势增长点，是促进社会经济发展的重要推动力。但由于物流产业自身的复合型属性及物流法律法规的混乱空泛等问题，使得物流业的发展仍处于自发盲目、无序推进的状态，无法保障航空物流业按照新发展理念实现健康、绿色和可持续的发展。2014 年，国务院印发《物流业发展中长期规划（2014—2020 年）》，明确指出在我国物流产业的迅速发展过程中，由于没有完备的法律体系予以规范协

调，导致物流市场秩序混乱无序，物流行业的发展受到一定程度的阻碍。特别是在航空物流业进行结构性升级换代的过程中，立法显得尤为重要。只有健全物流法律制度、有效协调物流领域行政执法、健全物流领域的司法和仲裁等纠纷解决机制，才能有效保障航空物流业市场机制的决定性作用的正常发挥，航空物流业才能得以健康、持续地发展。

（二）完善航空物流立法是规范航空物流行为的客观需要

航空物流涉及的问题跨部门、跨区域且环节多，因此相应的法律规范多而繁杂，而我国当前物流立法分散、体系性不强，并存在许多立法空白。大多数的航空物流行为是可以分拆为若干个单行法律来调整和管理的，但涉及综合性的就缺少法律依据。如航空物流供应商、供货商和需求商的三方关系，不能被简单归结为一种运输关系或代理关系，在运输的过程中也不会是单纯的航空、铁路、公路或者其他方式，而是空港联运或空铁联运，物流立法的健全能使三方的物流活动同时在同一航空物流法律法规的规划、监管、扶持和鼓励下进行，从而实现对航空物流行为的有效规范。

（三）优化航空物流法治环境是维护物流当事人合法权益的现实需要

物流业的发展产生了一些全新的法律关系，传统的分领域的单一立法已经不能满足保护当事人合法权益的客观要求，如果当事人的合法权益不能得到充分保护，物流企业及公民从事航空物流行为的意愿就会受挫，航空物流业给国家创造的产值或利润就会减少，也违背了我国发展航空物流业的初衷——通过以航空为引领的各种运输方式的无缝衔接，使客户享受到更加快捷满意的运输服务。2018 年 5 月，国家民航局发布的《民航局关于促进航空物流业发展的指导意见》（民航发〔2018〕48 号）中指出："坚持以客户为本的价值取向，聚焦影响航空物流发展的突出矛盾和瓶颈问题，扭住提质增效的'牛鼻子'……更好发挥航空物流推动临空经济发展的引擎作用，更好地适应和不断满足国家战略和人民美好生活对现代物流的需要。"因此，亟须制定一部能够整合全部物流法律法规并统筹物流发展全局的物流法律。2009 年，国务院发布《物流业调整和振兴规划》，指出“完善物流政策法规体系，进一步研究制定促进现代物流业发展的有关政策”是当前阶段应采取的政策措施；2014 年出台的《物流业发展中长期规划（2014—2020 年）》中也提出“择机研究制定物流业促进方面的法律法规”的政策措施。在这样的时代背景和政策引导下，研究制定一部符合我国国情、发挥统揽全局作用的纲领性航空物流法律，并在此基础上制定一系列专门性行业规章和地方性法规、地方政府规章等已是推动航空物流良性发展的必要之举。

第三节　航空物流的法治保障路径

航空物流是航空经济发展的主要推手，是一个特殊的物流领域，它是以航空器及机场地面配套物流设施为核心，由航空公司、航空货运代理、综合物流企业等多种企业提供的综合物流服务①。要保证航空物流的健康发展，必须明确航空物流法律、法规体系的指导思想和原则，遵循连贯性与前瞻性并存的原则，即既要和现行法律体系保持一致，又要注意到先行先试政策；合理覆盖原则，即覆盖各项物流活动；遵循与国际接轨的原则，注意吸纳国外航空物流法制建设经验。

一、航空物流法治保障的指导思想

（一）理顺航空物流法律、法规体系构建的逻辑脉络

前文已述及物流法律、法规体系应该是涵盖与物流相关的各种法律、法规文件，由不同层次、不同类别的直接或间接相关的法律、法规文件组成的有机联系的统一整体。其中既涉及民法中的财产权利、契约、民事责任等内容，也涉及商法与经济法中的法律规范。因此，在构建空港物流法

---

① 谢雨佳．空港物流若干法律问题探讨[J]．中国律师，2012(6)：61－62.

律、法规体系时，必须保证该体系层次分明、门类齐全、结构严谨，理顺不同单行法间的层次结构与逻辑脉络，确立物流运行应遵循的基本原则，避免跨部门的物流法律、法规体系内部的重复和矛盾，避免物流产业内部自律以及地方与中央物流管理过程中产生分歧和冲突，并为持续性的立法和司法解释提供一个框架体系。在研究航空物流法律、法规体系的构建目标时应定位于如何通过汇编修订现有法律和适当补充立法，疏通各单行法律规范之间的承接与递进关系，形成一个层次分明、结构严谨的物流法律、法规框架，促进物流行为规范化和物流运作效率化。

（二）建立国际化视野的航空物流法律、法规体系

各种物流法律、法规必须在市场经济的体制背景下制定。清理、调整、制定与完善物流法规，都必须以是否符合市场经济的原则为衡量与取舍标准。只有建立健全适应社会主义市场经济体制的物流法律、法规体系，才能保证我国物流业在不断完善的法律环境中健康发展。同时，为适应物流国际化，对现行的有违原则与精神的有关物流方面的法律、法规与政策必须进行清理、改进、撤销或废除，以建立一套符合国际惯例并与国际接轨的物流法律、法规体系①。在物流企业的工商登记、办理证照、统一纳税、城市配送交通管制、进出口货物查验通关等方面参照国际惯例，简化相关程序和手续，逐步建立起与国际接轨的物流服务及管理体系。

（三）提高物流法律、法规体系的集约性和系统性，增强其综合调控能力

在构建航空物流法律、法规体系时，必须充分体现现代物流的特点，不仅要建立与完善运输、仓储、装卸、包装、流通加工和物流信息等环节的各种法规，还要围绕航空物流标准化的推进与提高，制定相应的法律、法规，同时更要注意航空物流各环节有关法规之间的相互协调与相互促进，避免各种法规之间的相互矛盾，研究、清理和制定出系统的物流法

① 马晓燕．论我国物流立法的基本思路和法律体系构建的基本框架[J]．求索，2011(9)：153－155.

律、法规体系，增强其综合调控能力。立法时，还应根据自身的基础和条件，充分考虑本地区的经济发展水平、产业结构、产业优势，制定符合本地实际情况的地方性物流立法，避免盲目移植与照搬其他地区的立法。

二、航空物流法治保障的完善路径

“法治”是建立在“法制”的基础上，通过“法制”来治理社会的一种状态，包括立法、执法、守法、法律实施和法律监督全过程，是一个相互配合全面治理的系统工程。其中，立法是最基础的环节。由于航空物流涉及面广，影响面宽，相关法律制度的建立与完善不可能一蹴而就。目前，应当根据航空物流涉及的环节和方面，从以下五个方面入手，逐步完善航空物流法律制度。而关于航空物流行政执法、守法、法律实施与法律监督机制的完善，将在本书第八章关于航空港区营商环境的优化研究中详细论述。

（一）完善航空法律制度

航空物流是以航空物流园区为依托，依靠机场航线网络及航空运输优势，以信息技术及相关高新技术为支撑，向社会提供现代物流服务的物流系统。因此，完善航空物流法律、法规，是建立健全航空法律制度，发展航空物流的关键。虽然我国早在1996年就颁布了《中华人民共和国民用航空法》，并且颁布了一系列民用航空法规规章，截至2011年年底，签署、批准了27个国际公约和议定书，与116个国家签订了双边航空运输协定，初步形成了我国的民用航空法律体系，但是现有的航空法律、法规远远不能适应我国航空运输业的发展需要。民航法律的滞后性和可操作性的缺乏在一定程度上阻碍了我国航空运输业的发展，直接影响了空港物流的发展。因此，应抓紧制定诸如《民用航空运输不定期飞行管理暂行规定》《民用航空运输企业和通用航空企业经营许可管理规定》《民用航空业投资管理规定》《民用机场管理条例》《外国航空承运人审批管理规定》《民用航空运输损害赔偿标准实施办法》《公共航空运输服务消费者投诉管理办法》等一系列完善民用航空市场管理的法律规范，为企业创造公平竞争的环境，强化监管和规范市场，强化民航飞行安全和空中管理职能，为航空物流发展奠定良好的法律基础。

（二）完善航空物流企业的市场准入法律制度

由于国外物流企业的市场准入，我国航空物流市场的竞争将更加激烈。为使航空物流企业尽快适应日益激烈的竞争环境，提高国际竞争力，需要根据实际情况，制定积极稳妥的对外开放政策和规范。应依据《中华人民共和国外商投资法》并具体参考外经贸部《关于开展试点设立外商投资物流企业工作有关问题的通知》《外商投资民用航空业规定》等，在规范要求的基础上，适当放宽外商投资物流的市场准入制度。根据实际需要，对物流企业进驻的条件、投资形式、设立程序、经营范围、经营期限等问题进行法律制度的规范，尽量吸引品牌形象好、管理理念先进、资金实力雄厚的国内外物流企业入驻，同时在物流资源、物流管理、物流人才等方面制定切合本地需要的规范和政策，以解决物流产业在发展过程中资金不足和管理技术落后、人才缺乏的问题。

（三）完善航空物流运输法律制度

在航空物流的各环节中，运输环节至关重要。运输法律制度是航空物流法律制度最重要的组成部分。我国运输法律制度是按照不同运输方式进行立法的。实际上，航空物流不仅涉及民航运输，还因为多式联运涉及公路、铁路、海上运输等。因此，应当有相对统一的法律、法规，规范空港物流运输涉及的运输设备与工具，如航空器、机场特种车辆、其他运输车辆、船舶、集装箱、托盘、货柜与货架、各种装卸设备的运行审定、运输合同的签订与履行、运输市场的管理与监督等一系列活动。在这些方面如果没有相应完善的法律制度进行规范，物流设备与工具的性能及作业效率就不能提高，物流设备与工具的开发、更新就无法保证，故意或过失毁约的情况就会屡屡发生且不能禁止，运输市场就会出现混乱。虽然《中华人民共和国合同法》对运输合同、保管合同、仓储合同都有原则性的规定，但对于包装、搬运等行为没有专门规定，地方立法则应就《中华人民共和国合同法》没有规定或只有原则性规定的合同制度进行完善，提供相关合同的范本，并就物流网络设计、预测、订货管理、存货管理等物流服务合同关系进行深入探讨和研究，而不只是局限在物流的运输和仓储上，从而为航空物流的长远与纵深发展提供法律保障。

（四）完善航空物流信息法律制度

从航空物流向集成化和国际化的发展趋势来看，其发展离不开信息化的支持。在航空物流的业务过程中，需要相关的参与者，包括发货人、代理商、地面代理、物流企业和收货人等的相互协作来完成。在物流的整体运作过程中，信息流动扮演着非常重要的角色，航空公司、机场、航空货运代理等都必须建立起自己的货运信息系统。但如前文所述，我国航空物流业的信息化建设严重滞后，需要运用法律手段促进物流的信息化建设，制定诸如物流信息化促进法、信息安全法等法律、法规。在物流企业内部，强制企业内部建立信息系统服务平台，强调对销售、操作、管理、决策的信息化支持。在物流企业外部，建立物流信息交换平台，以满足物流企业之间平台信息交换的信息支撑。建立航空物流的分销平台，以解决物流市场内供求之间、买卖之间的有效协作，以保证空港物流信息的畅通无阻，促进空港物流的快速发展。

（五）构建无人机物流相关制度

1. 健全无人机物流监管制度

目前我国正在对《中华人民共和国民用航空法》进行修改，作为航空管理的基本大法，应该对无人机物流引发的各种经济法律关系进行规范和调整，可以考虑将无人机和无人机物流监管作为一个单独章节，明确无人机及无人机物流的法律属性，并就其管理、标准和准入等方面做出明确的规定。同时在相关立法中建立健全无人机物流监管体系，对无人机标准、生产、销售、使用等环节进行全方位的管理，明确相关主体的权利、责任和义务及其相互之间的法律关系，并明确社会公众在无人机物流运营中的相关法律责任①。

对无人机物流的监管既涉及航空业监管，也涉及物流企业的监管。前者需要明确无人机的经营主体，特别是对跨区域经营的无人机要实施区域协同监管，无人机物流监管主体应该就无人机物流相关的飞行规则、安全运行、驾驶员资质以及对相关操控管理人员的要求等做出明确规定。同时无人机飞行过程应该纳入航空飞行管理体系，加强空中管制和地面管控，确保能够实时准确地掌握和定位无人机的空间位置，无人机应该按照规定安装相应的管控设备，确保空管人员与无人机控制人员可以实时地进行畅通联系。

2. 建立无人机物流许可制度

首先，明确许可资质条件。根据国际民用航空公约的相关精神和基本约定，建立和设置无人机物流的相关资质许可制度是一项通行的国际做法，对此可以参考美国联邦航空管理局（Federal Ariation Administration, FAA）的相关规定和做法，对无人机物流的许可资质条件进行设定，在资金、规模、人力、技术、管理等方面对从事无人机物流的企业进行综合的考察和判定，只有符合相关资质的企业才能获准进入②，具体科学地制定相应的资格条件。

其次，明确许可标准和许可范围。从无人机物流企业的实际需求和市场需求出发，对无人机物流中使用的无人机标准和规格进行统一规范，从飞行高度、距离、自重、载重、用途等多个维度对无人机进行类型界定并制定相应的国家级标准，制定执行每种类型的无人机允许的相应技术指标，从而指导或强制规定某种类型的无人机物流中该使用何种类型的无人机。

最后，协调空域使用管理办法。我国的空域使用管理由空管委统一实施，相关重大事项由其进行审议、决定和协调。随着无人机及无人机物流

---

① 张茂林. 无人机物流发展中面临的法律困境及立法对策[J]. 法制与社会,2018(12):93－94.

② 李亚凝.综合交通运输体系下无人机安全运行法律制度研究[J]. 中国法律评论,2018(2):21－23.

的发展，空域管理体制必须进一步深化改革，有必要将无人机如何使用空域的方法、程序和相关制度写入空域管理制度中，从而在国家和地方两个层面实现按照统一的规则对无人机物流进行管理，在这个过程中应该充分利用立体化的空中航线，在提高空域使用效率的基础上保障民航、军航的飞行安全，同时给予无人机物流发展充足的空域。

3. 完善相关使用技术的规定

为了确保航行安全以及对无人机的有效控制，物流企业使用的无人机应该强制性安装使用全球定位系统（Global Positioning System，GPS）定位的地理围栏技术，以解决无人机物流中的安全问题；考虑到物流企业无人机使用的频繁性和广泛性，应该针对具体的物流企业给出属于其专属的固定无线电频率，避免相互干扰所引起的安全隐患，确保无人机物流的安全运行。

4. 明确无人机物流企业的法律责任

无人机物流属于高风险物流作业活动，必须强化无人机物流经营者即物流企业的安全保障法律责任，对无人机物流过程中可能引起的各种损害、侵权承担赔偿的责任；对于由无人机产品品质引起的损害，需要与无人机生产链相关主体共同承担连带责任。此外，对于因不可抗力引起的问题，应该设定恰当的不可抗力条款，具体规定物流企业免责的法定事项，对于第三人引起的无人机物流事故，应当适当降低或减少物流企业的相关责任。考虑到无人机物流风险的复杂性、综合性和多变性，强制性规定物流企业必须为无人机投保，这样在发生无人机物流事故时，一方面分担了物流企业的责任，另一方面可以充分保障受害人的权益。

综上所述，航空物流是一个新兴的产业，需要通过法律手段并按物流市场规律进行宏观调控、组织和管理。以航空物流园区为核心的航空物流的法律调控与管理，既涉及对航空公司、航空货运代理、综合物流企业行为的规范，又涉及对公共物流设施、物流信息服务及综合物流服务的管理。其法律规范既要有利于航空物流园区的建立，有助于航空货运的发展、货运枢纽港的形成、供应链系统的完善，又要有利于保障地区经济的发展。只有全面构建航空物流发展的法律、法规体系，才能建立开放、竞争的航空物流市场，打破条块分割和地区封锁，建立起正常的物流市场秩序，保证航空物流业沿着健康、有序、高效的轨道发展。

第四章
临空产业政策与法治

第一节　临空产业政策的法律化

一、产业政策与产业法的关系

（一）概念的辨析

“产业政策”一词，最早是日本在20世纪60年代提出的。其背景是在第二次世界大战后，日本为了复苏本国经济，通过政府对产业发展进行干预和调节，促进相关产业升级改造和产业调整，以提高经济效率。从概念上看，产业政策主要是指国家为了实现特定的经济目的，对特定的产业结构调整和资源配置方式进行干预的一切措施的总和。这里的“干预”应包括规划、培育、调节、引导、促进等一系列措施，是政府在特定时期对特定产业进行市场调整机制之外的一种外在力量介入。

在产业政策法制化的进程中，又逐步出现了产业法的概念。目前，对于产业法概念的认识，国内学界有不同的界定，对其也有不同的称谓，分别是“产业法”“产业政策法”“产业调节法”“产业经济法”等。笔者比较赞同杨紫烜教授的观点①，认为使用“产业法”的表述比较不易产生歧义。在概念上，简单而言，产业法是指调整产业政策制定和实施过程中发生的社会关系的法律规范的总称。从行文上看，为显示产业法与产业政策的密切相关性，本书也使用产业政策法的概念，其义与产业法等同。

（二）产业政策与产业法的异同

产业政策与产业法虽然是本质不同的两类规范，但又具有一定的关联性。两者均是国家意志的体现；两者的目的具有共同性，都旨在推动本国产业结构的调整，促进经济社会协调发展；产业法是产业政策制定的基础和依据，是产业政策的定型化、规范化和体系化。

在具有密切关联性的同时，两者的差异性也十分明显，主要体现在：（1）两者的制定方式不同。产业政策多由政府或者政府部门制定；而产业法则由国家机关依据法定的权限和程序来制定完成。（2）表现形式不同。产业政策的表现外观有规范性文件；但多是以“办法”“意见”“通知”“决定”等抬头出现的非规范性文件；而产业法则是具有明确法律规范的文件，实践中可以包括法律、行政法规、地方性法规、部门行政规章、地方性行政规章等。（3）效力方面的不同。产业政策虽然也具有一定的强制性，但没有硬性约束，无法产生像法律一样的约束力，但其实施效果比较明显和迅速；而产业法作为法律规范，其实施有法律措施加以保障，具有强大约束力，但其通常只具有概括性和抽象性，实施效果有限。（4）稳定性方面的不同。较之产业政策，产业法则更加稳定，而产业政策比产业法更具有变化性，能够在应对现实变化时进行灵活的调整。

当然，产业法是产业政策不断法律化的结果，两者之间的界限并非泾渭分明，而是呈现出一定程度互相融合的特征。有学者认为：“产业政策法是政策与法律相互交叉而形成的一种法律。在产业政策法中，政策是其内容，法律是其形式，或者说产业政策获得了法律的表现形式，进而具有法律的一般性质，如规范性和约束力，或者说政策本身就具有法律性质。

① 杨紫烜．对产业政策和产业法的若干理论问题的认识[J]．法学，2010(9)．

在这里，政策和法律融为一体。[①]”实践中，产业政策与产业法之间具有高度的共通性，其在目标实现、实施手段甚至语言表达风格上都具有相通性。一方面，产业政策的制定以产业法为依托和基础，另一方面产业政策对产业法的执行实施具有重要的指导意义和参考价值，两者均是经济治理的重要手段。从实现目标的效果来分析，产业政策更具有效率性，产业法更具有公平性。产业目标的经济性特性，决定了产业法不可以偏废效率性而一味地追求公平和稳定，因此，在产业法实施的过程中，须兼顾公平和效率，兼容产业政策灵活性的特点来克服法律自身滞后性带来的问题。

（三）产业法的法律定位和组成

从经济学的体系上看，产业问题常常被归入经济学的中观层次，位于宏观调控和市场规制的中间地带。而产业法由于调整的是产业政策制定和实施中的社会关系，涉及国家对产业的布局、规划、扶持、促进等问题，处理的是国家与市场的关系，一般应归入经济法的研究范畴。我国主流经济法学者均认为，产业法应是经济法的一个法的部门[②]。

关于产业法的构成，学界并无统一定论。由于产业政策在理论上包括产业结构政策、产业组织政策、产业技术政策和产业布局政策，因此，学者多认为产业法的组成结构也应由产业结构法、产业组织法、产业技术法、产业布局法组成[③]。这种划分虽然具有一定的合理性，但并不完全符合产业法的要求。国家的产业布局，从国家宏观角度来看具有全局性，无法完全为产业法所容纳；而产业技术问题完全可以置于产业结构中来分析，不宜单独设立产业技术法。因此，笔者较为赞同将产业法划分为产业结构法和产业组织法的观点。也有经济法学者认为，产业法的核心组成是产业结构法和产业组织法，应在经济法体系中对其“一分为二”，产业结

① 董进宇．宏观调控法学[M]．长春:吉林大学出版社,1999:212.

② 杨紫烜．对产业政策和产业法的若干理论问题的认识[J]．法学,2010(9);张士元．完善产业政策法律制度应注意的几个问题[J]．法学,2010(9).

③ 杨紫煊．经济法[M]．北京:北京大学出版社,1999:86.

构法宜归入宏观调控法的范畴，而产业组织法宜归入市场规制法的范畴①。

从产业法的法律体系来看，产业法中的产业结构法是指国家为了推动产业结构优化升级而制定和实施的产业政策规范，其内容大体包括对相关主导产业的发展促进政策、弱小产业的帮扶政策、夕阳产业的调整政策。产业法中的产业组织法是指政府对相关产业的市场结构和主体行为的政策调整规范，主要包括产业行为规制政策规范、产业培育政策规范、产业竞争政策规范等。

二、临空产业及其产业政策的发展

（一）临空产业概论

临空产业，也称航空产业、临空主导产业、临空指向产业等，是随着临空经济和临空经济区的发展而产生的一个概念。从概念上讲，临空产业是指与航空运输直接或者间接相关的产业，在航空港地区为中心的范围内集中，并且围绕航空港进行空间上的扩展，产业延伸和集聚，进而形成的一种新的产业形态。

从特征上分析，临空产业较其他类型产业具有鲜明的特征，具体分析如下。

（1）航空指向性和区位依赖性。

航空指向性是临空产业最显著的一个经济特征。临空产业以航空运输方式为基础，以航空港的经济辐射和拉动作用为动力，体现了航空运输与空港之间的密切联系，带有明显的空港指向性和区域依托性。所有的临空产业都不同程度地受到航空运输方式以及航空港区域的影响和辐射。因此，临空产业一方面以航空运输的人流、物流、信息流为指向进行集聚，另一方面，由于对航空港的区位依赖，临空产业呈现出经济要素分布的特定空间布局性。

① 张守文. 经济法体系问题的结构分析[J]. 法学论坛,2005(4).

（2）产业集聚性和布局的层次性。

20世纪时，韦伯在《工业区位论》一书中论述了产业集聚的概念，所谓产业集聚，是指产业在空间上的集中分布。产业集聚在某一个空间上共同发展，共享区域空间内的资源，实现规模效益。产业分工的精细化使临空产业利用空港的产业区位优势集中发展，进而形成产业的专业化，其产业的主体在地理上相互毗邻、产业内部具有关联性、技术上偏向高科技并形成集聚，具有典型的产业集聚属性。临空经济区内各产业与机场的联系以及各产业之间的联系共同形成一个有机的综合体，这个有机的综合体在机场的这种主导因素的影响下不断发展，本质上是一个以机场为内核的产业集群。

另外，以航空指向性为特征的临空产业围绕与临空指向的关联度的强弱，形成了产业上的层次性。“临空经济的产业构成多样，遵循对机场资源的依赖程度不同，分为航空核心产业、航空关联产业和航空引致产业。[①]”临空指向性强的航空核心产业主要集中在航空运输、航空服务、航空器维修、航空配件生成装配等产业；临空指向性较强的航空关联产业主要集中在航空物流、高新制造业等产业；而航空引致产业是伴随临空经济的发展被带动催生发展起来的行业，主要包括现代服务业，即金融服务、信息中介服务、房地产开发、技术服务、旅游餐饮等行业。

（3）外向性和全球化。

随着区域与全球经济一体化进程的加剧，在全球价值链体系下，国际生产与市场相互嵌入。航空运输这种快速、便捷、安全的运输方式迎合了全球生产的转移和分工合作，围绕空港区域的航空产业集聚发展必然使规模效应和范围效应进一步扩大化，促进更高、更广区域内的产业升级和改造。航空经济所形成的立体开放格局使临空产业从诞生之初就带有“买全球、卖全球”的烙印，以跨境贸易电子商务为主要平台，临空产业利用自身的区位优势和产业集聚优势，迅速地成为对外开放的桥头堡，引领外向

① 白杨敏，曹允春，王婷婷．我国临空经济产业结构调整模式研究[J]．学术交流，2013(11)．

型经济快速发展。同时，外向型临空产业的集聚发展，也会带来更大范围的辐射效应，促进一定范围区域内产业结构的调整，使产业类型更加明确地指向航空经济。

2010年之后，随着多个临空经济区的批复设立，我国的临空经济高速发展。在临空经济区的建设过程中，临空产业是顶层设计中的核心一环。从产业发展的角度来看，临空经济是以临空产业园为载体，以航空产业链为依托发展的一种新型经济形态，通过战略性新型产业的发展来实现新的经济增长①。因此可以说，临空产业的发展内生于临空经济和临空经济区的肌体之中，是发展临空经济的主要支撑力量。

（二）临空产业政策的基本理论

1. 产业政策的一般理论

关于产业政策的理论基础，经济学上一直有着比较大的争议，存在市场失灵理论、市场协调失衡理论和演化经济学三个理论。

（1）市场失灵理论。市场失灵理论认为传统经济学理论假设了一个完全竞争的市场环境，而这个完全竞争的市场在现实中是不存在的，静止假设条件的不成立和市场的不完备使市场中价格的传导机制无法发挥应有的效果，无法实现资源配置的有效性。其代表人物罗德里克就认为信息的外部性是产业政策的重要依据，对于行业的先行者，投资失败的成本与投资成功的收益不对称，无论成败都存在信息外溢效应，而市场机制未能给行业探索型企业补偿，导致实际投资低于最优水平②。因此，市场失灵理论建议应该给予新型业态的产业诸如政府补贴、税收优惠政策措施等合理补偿。

（2）市场协调失衡理论。市场协调失衡理论认为当产业存在多家企业投资进入时，受制于竞争性和规模效益递增，单个主体投资决策的效率难

---

① 耿明斋，张大卫．航空经济概论[M]．北京：人民出版社，2015：200.

② RODRIK D. Industrial policy for the twenty-first century[C]. Cambridge, MA: Harvard University John F. Kennedy School of Government. Faculty Research Working Papers Series RWP04－047，2004.

以发挥。一个新兴产业的勃兴，完成不断的产业升级和技术升级，需要基础设施的不断升级加以配合。由于基础设施具有公共物品的属性，其供给在经济上成本过高或者在法律上不被许可。这就为政府协调公共物品的供给、降低交易成本提供了依据①。

（3）演化经济学理论。可以看出，无论是市场失灵，还是市场协调失衡理论，都是从市场的内生或者外生缺陷入手，为政府介入产业发展和市场机制提供解释论的观点。而演化经济学则认为，经济增长是一个生产结构不断升级调整的过程，生产结构的动态性是经济增长的根本所在。演化经济学认为创新是动态资源配置的根源，通过产业政策可以推动创新，以克服诸如市场失灵、协调失灵、基础设施不足等问题。

可以说，以上 3 种经济学理论都为产业政策的制定提供了一定的合理解释，但演化经济学超越了传统的市场失灵理论，着眼于宏观上经济发展的一种动态平衡，对于发展中国家摆脱低层级的经济平衡，通过创新政策、竞争政策、贸易政策、小微企业扶持政策、产业集聚政策等产业政策来引导经济系统在更高层级上的发展具有重大的借鉴意义。

2. 临空产业政策的内涵及其特性

（1）临空产业政策中的“政策”。

临空产业是伴随航空经济及临空经济区的发展而诞生的。从临空产业的发展进程来看，临空产业通过产业集聚重构了产业空间的布局，有力地推动了临空区域内的经济增长，实现了区域内部的体制机制创新，提升了临空区域的市场竞争能力。

我国临空产业政策的制定制定主体多是临空经济区所在的各级地方政府，通过政府的单行文件或者综合性文件的形式对临空经济区内的临空产业发展进行安排，提出促进本区域临空产业发展的指导思想、发展目标、基本规划、保障措施等内容。例如，上海市长宁区政府在《上海虹桥临空经济示范区发展规划（2018—2030 年）》中提出了将“全球航空企业总部

① 马本，郑新业．产业政策理论研究新进展及启示［J］．教学与研究，2018(8)．

基地、高端临空服务业集聚区、全国公务机运营基地”作为虹桥临空经济示范区的产业发展目标；河南省委、人民政府 2017 年发布的《关于加快推进郑州航空港经济综合实验区建设的若干意见》中，提出“建设以航空经济为引领的现代产业基地”的目标，并构建了财税、金融、投资、土地等方面的支持政策体系，增强实验区产业的发展能力。

从我国临空产业政策的发展来看，临空产业政策的法律化程度并不高，且现有的产业政策多由各地分别制定，缺乏统一引领，也没有上升到成文法的高度。因此，本章中对临空产业政策和产业法的分析，多基于“政策”分析。但产业政策的特殊性，决定了产业“政策”与产业“法律”之间不可割裂的关系。从内容上看，产业政策的主体部分，依然是临空产业法律规范的核心组成。更重要的是，临空产业政策背后所折射出的政府与市场之间的关系，也是我们分析临空产业立法的突破口和核心点。

（2）临空产业政策的基本特征。

第一，区域性。临空产业是从临空经济区衍生发展而来的产业样态，临空产业的集聚也集中于临空经济区内，这种高度的区位依赖性使临空产业政策的制定和实施直接指向了临空经济区的相关企业。虽然临空产业不能脱离航空运输的产业链、区域经济的产业链，但其依托于临空经济区的区域性特征依然是其政策与其他产业政策最显著的区别。从政策的制定层面来看，临空产业政策多由临空经济区地方性政府或者发改委等部门牵头制定并负责具体实施。

第二，阶段性。临空产业政策的阶段性特征其实是由产业政策自身的特殊属性和临空产业的特性决定的。与法律相比，产业政策的变动性较大，灵活性较强，能对市场环境和国家政策做出迅速调整。临空产业的发展是一个渐进式的发展过程，其发展也会经历初始期、成长期和成熟期，在不同时期呈现出不同的特征。在该过程中，临空经济发展的主导因素、环境条件均不断发生变化，使得临空经济的产业构成呈现出显著的阶段性特征[①]。基于上述两点原因，临空产业政策也会进行阶段性调整，以反映不同时期临空产业结构的变化，进而呈现出阶段性和一定的时限性。

第三，综合性。临空产业政策的综合性，首先体现在政策的内容上，其涵盖产业结构、产业组织等多个方面，并且要协调与航空港和航空都市区之间的发展衔接，涉及多个社会关系的调整，具有比较典型的综合性。其次，在具体的政策实施上，产业政策适用的手段也具有多样性，会大量采用财政、金融、税收、行政许可甚至行政指导手段。最后，临空产业政策中既有调整产业结构、培育临空产业发展的实体性规范，也有产业政策调研、评估、听证、决策、实施等环节的程序性规范，具有综合性。

（3）经济法视野中的临空产业政策构成。

如前文所述，临空产业政策是国家机关（包括地方国家机关）在特定期间内介入特定临空经济区的产业发展，为促进、扶持、培育和保护临空产业的发展而制定的一系列政策性措施的总和。产业政策与产业法之间具有密切的联系。可以说，产业政策的法律化是产业政策实施的必然结果。我国有学者认为：产业法是经济法中的一项独立的法的部门，在经济法体系中居于重要地位[②]。也有学者认为，经济的有效发展、产业结构的优化，需要政策性调整和法律性调整同时进行的“双重调整”[③]。因此，从经济法研究的角度来审视临空产业政策的构成，一方面符合产业政策的基本属性，另一方面也是对产业政策的一种规范化研究。

从经济法的体系结构来看，其主体包括市场规制法和宏观调控法两个部分，分别对应微观经济活动和宏观经济活动的不同领域。一方面，临空产业体现了国家经济结构调整的思路，介于宏观活动与微观活动之间，属于典型的经济法的“中观层次”；另一方面，临空产业独有的区域性和综合性特点，决定了其在基本政策思路上的研究，既不是国家整体经济决策层面上的思考，也不是单一行政区划内经济发展的思考，也属于经济法研

---

① 白杨敏，曹允春，王婷婷．我国临空经济产业结构调整模式研究[J]．学术交流，2013(11)．

② 刘文华，张雪楳．论产业的地位[J]．法学论坛，2001(6)．

③ 张守文．“双重调整”的经济法思考[J]．法学杂志，2011(1)．

究中典型的“中观层次”。因此，从定位上看，临空产业政策的研究，是一种典型性的经济“中观层次”的研究，既要坚持经济法体系结构上的“二分法”，又要考虑其独特性。

产业政策的理论一般认为，产业政策的内容可以分为产业结构政策、产业组织政策、产业技术政策和产业布局政策。以此为依据，临空产业政策似乎也应做对应归类，分为临空产业机构政策、临空产业组织政策、临空产业技术政策和临空产业布局政策。这种分类方法也是一种具有可行性的理论分类方法。然而，这种分类并未考虑临空产业政策自身的特殊性，体现其独有的发展特质。临空产业的发展是由政府作为主要力量大力推进的，其形成大体可以划分为三个阶段：初期以机场建设为中心的空间集聚阶段、形成期以分工协作为基础的临空产业链条的形成和完善阶段、成熟期以创新为导向的临空产业、机场、航空都市三者融合的发展阶段。从临空产业的发展路径来看，产业政策的制定和实施也必然要体现临空产业发展阶段的周期性特征。因此，基于临空产业自身的特殊性，临空产业政策的构成体系宜划分为临空产业规划政策、临空产业组织政策、临空产业竞争政策。临空产业规划主要对是临空产业的空间布局和发展进行前瞻性设计，协调临空区域发展中的各种关系；临空产业组织政策主要是对临空产业的发展目标、协调发展策略、保障措施等做出安排，促进产业集群的发展；临空产业竞争政策实际上属于产业组织政策的核心，是在临空产业的发展进入一定成熟期之后，对产业主体参与市场发展的竞争行为进行的一种约束和限制。由于目前我国临空产业的发展基本处于初级阶段，因此本书后续关于临空产业的政策仅涉及产业规划和产业培育的分析，关于产业竞争政策的内容，暂付阙如。

（三）我国临空产业政策的发展

截至 2019 年 6 月，我国国家级的临空经济示范区已经增加至 14 个，其中 7 个在沿海地区，7 个在中西部地区。全国目前有超过 30 个省、自治区、直辖市已明确提出临空经济区发展的相关指导意见，已经明确规划并进行建设的空港经济区有 67 个。临空经济区的迅速发展，促进了临空经济区技术、人员、资本、信息的快速流动，带动临空经济链条上各个产业的迅速发展，使临空产业快速地融入全球产业分工体系，促进了地方经济的快速发展。

从临空产业发展的历史脉络来看，临空产业政策在临空产业发展的进程中发挥了巨大的指导性和示范性作用。无论是国家层面，还是地方层面，围绕临空经济区和临空产业的发展出台的一系列规范性文件，都为临空经济和临空产业的发展指明了前进的方向。这些临空产业政策的特征大体可以包括如下几点：（1）临空产业政策的制定主体主要是国家至地方的政府机关。例如，在14个国家级临空经济示范区中，除郑州航空港经济综合实验区的发展规划是由国务院批复的之外，其他13个的发展规划均是由国家发展改革委及国家民航局批复的；另外，有关各地临空经济区的产业发展促进政策，也多由临空经济区的管理委员会或者上一级地方政府制定。（2）临空产业政策的表现形式，主要体现在临空经济区综合性发展的规范文件或者临空产业发展的专门性规范性文件中。例如，重庆市2017年发布的《重庆临空经济示范区建设总体方案》中，对临空产业的发展，提出了“以集群为导向，大力发展临空物流、临空制造、临空商务、服务贸易四大临空产业，打造中西部临空高端制造业基地和临空现代服务业集聚区，以临空产业发展推动区域经济转型升级”。而有的临空经济区则针对本地区内临空产业的发展，制定了临空产业发展的专门性政策，比如广州白云区制定了《白云区临空产业发展规划（2009—2020）》；山东青岛市制定了《胶东临空经济示范区产业规划》；海南省海口市制定了《海口临空产业园区（南区）控制性详细规划》；等等。（3）在产业政策的层级和类型上，多以地方政府制定的产业发展规划为主。目前我国临空产业的发展仍处于初级阶段和探索阶段，还没有进入临空产业集聚性发展的成熟期。因此，针对临空产业发展而提出的产业政策，目前主要围绕产业规划来展开，但是一些临空经济区已经开始探索在“深水区”建立临空产业发展的条件要素、产业链重构的模式、市场竞争等内容。

三、我国临空产业政策中的政府功能

（一）产业政策中的“政府”与“市场”

我国理论界对于产业政策的争论由来已久。从2016年开始，国内著名经济学家林毅夫和张维迎有关产业政策的争论引起了学术界和民众的巨大关注，同时也把产业政策的问题引申到了更加广阔的视野中去讨论。理论界有关产业政策问题争论的实质，其实是在我国经济产业发展的过程中，市场与政府之间到底是一种什么样的关系。林毅夫从结构经济学的角度，认为自由市场由于自身存在信息外溢、公共物品、结构失灵的问题，要实现产业的优化升级和经济增长，需要积极有为的政府。而张维迎则从奥地利经济学派的角度，强调企业家在市场中的作用，认为产业政策是披着马甲的计划经济，主张废除任何形式的产业政策，不应该给任何产业、任何企业吃“偏饭”。中国企业家需要的是自由和公平竞争的法治环境，而不是产业政策的扶植①。

党的十八届三中全会在报告中提出了“使市场在资源配置中起决定性作用和更好发挥政府作用”。如何具体理解这句话的内涵，即如何来理解市场和政府之间的关系，如何理解产业发展中的政府定位。毫无疑问，市场在资源的优化配置、激励创新活动、推动产业优化升级方面起着核心作用；而政府则主要承担着保护产权制度、维护社会交易秩序、确保严格恪守契约、提供完备的法律制度等职能。无论是产业政策的支持者还是反对者都不持异议，观点冲撞的主要问题点在于：政府在产业发展中到底应当扮演什么样的角色？

实践证明，政府大范围地直接介入市场的发展会带来比较严重的负面效应，破坏市场自然和谐的运行体制。政府不可能凌驾于市场之上。因此，在市场自发机制的运行中，政府的主要角色定位应当是消极的、有限

---

① 银昕，徐豪，陈惟杉．林毅夫VS张维迎：一场产业政策的“世纪之辩”[EB/OL].[2016－11－15]http://www.chinanews.com/cj/2016/11－15/8062957.shtml.

的。但是，一个国家的产业发展是不可能脱离其发展规律和发展环境。理论研究者和实务人士都认识到，政府在对产业发展条件的建立、创新机制的形成方面可以发挥巨大的作用[①]。在国家产业发展中，国家对市场积极有效的干预，可以与市场机制之间形成互补和均衡：政府对产业发展初级阶段实施的统一准入政策，可以避免产业发展一开始就进入较低层次的反复和消耗；政府在产业竞争中制定的竞争规则和退出规则，可以保障进入产业的竞争者平等有序地开展竞争活动，实现有效率的优胜劣汰；政府对于重点发展产业的培育，可以通过创新驱动、产业布局、结构优化等措施来引导产业发展，充分发挥“后发优势”，实现产业发展的“弯道超车”。比如，目前国家大力实施的制造强国战略“中国制造2025”就是按照“市场主导、政府引导”的基本思路和原则来推进的。

（二）临空产业政策中的地方政府定位

我国临空产业的发展目前还处在初级发展阶段，还远没有达到如洛杉矶、芝加哥、西雅图等机场经济区的发展层级。世界著名航空中心和航空都市发展的经验表明，临空产业的不断升级优化是发展临空经济的必由之路。目前中国正迎来发展航空经济的重大机遇期，国际分工体系的全球配置正不断推进和增强中国制造业的能力，“一带一路”倡议的推进也在不断地拓展中国对外贸易和对外投资的通路，中国新型的城镇化进程不断地推动中国消费能力高速增长，跨境电子商务平台取代了传统的交易、流通模式。在这样的大背景下，临空产业的发展需要积极有为的政府来持续推进，由于临空产业带有区域性的特征，因此本部分重点分析地方性政府在临空产业发展中的定位。

1. 引导功能

临空产业具有积聚性和层次性的特征，因此临空产业集群的形成需要政府通过临空经济区的产业规划对临空产业的布局、重点产业、圈层结构

① 江飞涛，李晓萍．产业政策中的市场与政府——从林毅夫与张维迎产业政策之争说起［J］．财经问题研究，2018（1）．

做出统筹安排，引导临空产业的建立和转移，同时协调建立相关的配套设施和优惠措施，并辅以投融资机制的建立，引导相关临空产业的企业在临空经济区协调发展。

2. 服务功能

临空产业的壮大和发展，需要临空经济区提供一系列与发展相互配套的软硬件设施和环境。地方性政府在建立具有区位优势的交通枢纽中心、物流网络集疏设施、便捷化的通关和仓储设施等方面，可以发挥政府公共物品提供者的角色，建立起临空经济区和临空产业发展所必需的配套设施，为临空产业快速实现结构调整和产业升级提供聚合力。更重要的是，地方政府通过搭建公务服务平台、创新管理机制体制、建立商事主体信用体系、优化公共治理等措施，可以为临空产业的发展提供更加开放、自由的营商环境，助力临空产业融入航空都市建设。

3. 调控功能

临空产业的结构政策是临空产业政策的核心组成部分，对临空产业政策的调整与优化，也是地方政府对临空产业发展进行适度干预的表现形式。地方政府在临空产业发展的进程中，主要采用利益诱导的方式，把规划、财政、税收、金融作为调控工具，鼓励、引导、协调、促进、培育相关临空产业链条上的企业发展，发挥好产业市场调控者的作用。

4. 监督功能

地方政府在临空产业发展过程中的监督功能，主要体现在对市场主体市场行为的约束和规制，确保产业发展的参与者能够依据市场的“游戏规则”参与竞争，最大限度地降低不正当竞争行为和垄断行为对产业发展和市场的良性运行的破坏作用。在监督的过程中，地方性政府常采用硬约束的方式，对产业发展参与人的不法行为和不当行为进行行政指导、信用降等、禁止市场准入等行政处罚。

（三）临空产业政策的法律化问题

产业政策的法律化是产业政策在不断演进的过程中，与法律之间形成良性互动，逐步呈现出法的外观的一个过程。“产业政策法是政策与法律相互交叉而形成的一种法律。[①]”一方面，产业政策的法律化是产业政策的基本内容被法律吸纳，上升为法律形式的一种表现；另一方面，产业政策的法律化也是对政府干预产业活动行为的一种规范，使政府介入产业活动的行为有章可循、有规可依。

产业政策理论的研究成果表明：与规章性质的产业政策比较，只有政府法规类的产业政策在指导地区创新上具备了较好的创新动能[②]。因此，在临空产业的发展过程中，在一定的发展阶段，应适度加快临空产业政策的法律化进程，把已经形成定型化认识的产业纲领、产业目标、产业方针、产业规划以法律的形式固定下来，以此来驱动临空经济区内产业的创新性活动。对于临空产业的参与者来说，法规类的临空产业政策所具有的稳定性特质使其更容易形成对市场行为的预判，对市场的客观变化能够更加清晰地做出带有明确后果的反应，对产业参与者深入融入产业发展具有实质意义。

临空产业的法律化是临空产业政策逐步发展完善的必由之路，这条路径并非要以政府的行为来取代市场行为，其核心是要协调政府与市场两种力量在产业发展中的平衡，在规范市场主体行为的同时也规范政府的行为。临空产业政策的法律化，其终极意义是将政府（尤其是地方政府）介入产业发展的行为明确化、规范化，更加贴近市场的发展逻辑，摒弃行政化色彩浓厚的行政干预，以市场为导向，让市场在资源配置过程中最大限度地发挥核心作用。

---

① 丁道勤．我国产业政策法律化研究——以软件产业和集成电路产业发展立法为视角[J]．中国软科学,2007(8)．

② 乔志程,吴非,刘诗源．地方产业政策之于区域创新活动的影响——基于政府行为视角下的理论解读与经验证据[J]．现代财经．2018(9)．

第二节 临空产业规划法律制度研究

一、临空产业规划与法律规制

（一）产业规划的概念及法律属性

所谓产业规划，是为了解决经济社会发展过程中的经济发展不均衡问题、产业布局不合理问题，在预设目标的基础上，通过政府制定相应的规划和政策，促进产业布局合理化的一种行为。产业规划概念的使用大体可以分为宏观、中观和微观三个层次。宏观上的产业规划，是指国家从整体性、战略性角度出发，对国家经济社会发展中的产业问题进行宏观计划，如国民经济和社会发展总体规划、国家特定产业的规划、区域产业发展规划等；中观层次的产业规划，是指特定区域内产业资源配置和发展的规划，关注重点是特定区域内的主体功能区、区域产业布局等；微观层次的产业规划则重点指向一定区域内的土地利用规划。

有关产业规划与法律的关系，法学界并未有统一认识。有学者认为，规划、政策不能脱法，规划、政策也是法①。有学者明确提出规划具有法的基本特征，但以其特有的方式体现法的共性特征②。也有学者将经济与社会发展规划视为“政策和法律相称合”的社会规范表现形式③。当然，也有部分学者认为产业规划在性质上属于政策的范畴，不具有在社会主体之间配置权利义务的功能④。

笔者认同产业规划具有法律属性的观点，依据如下：（1）产业规划是具有约束力的规范性法律文件。产业规划一般由政府制定，是政府履行职责的重要依据。例如，具有宏观产业规划性质的《我国国民经济和社会发

① 史际春．规划的法治化[J]．兰州大学学报（社会科学版），2006(4)．

② 吴志攀．经济法学家[M]．北京：北京大学出版社，2007：150－156．。

③ 徐孟洲．论经济社会发展规划与规划法制建设[J]．法学家，2012(2)．

④ 薛克鹏．论计划法的终结[J]．社会科学研究，2007(3)．

展“十二五”规划纲要》中就明确规定：“本规划经过全国人民代表大会审议批准，具有法律效力。”其他国家特定的产业规划和区域产业发展规划，虽然没有经过人民代表大会权力机关的审批，但均有严格的制定程序，由相关的政府机关审议通过并对外发布，对行政机关的行政行为进行约束。(2) 产业规划具有“软法”属性。如果以传统法律具有的强制性外观来判断，产业规划确实不具有“硬法”的特征。但是在社会法领域，“硬法”与“软法”的混合已经成为一种趋势。依罗豪才教授所言，“‘软法’是指那些效力结构未必完整、无须依靠国家强制保障实施但能够产生社会实效的法律规范”①。作为公共政策的重要组成部分，产业规划具有社会效果，它不仅约束行政机关的行为，而且通过激励、促进、引导等措施，对产业内涉及的企业主体也具有一定的约束力。(3) 产业规划的社会本位属性与经济法高度契合。产业规划立足于国家或者区域产业的布局和结构的统筹，代表了社会的整体利益，是在对私益和公益进行整合的基础上的一种制度安排，符合经济法的基本价值理念。(4) 产业规划的调整对象决定了它应纳入产业法的调整范畴。从产业规划调整的对象来看，它既调整行政机关的规划行为、行政行为，对产业结构的调整进行规范，也调整市场主体的市场应对行为，对市场主体的竞争行为进行约束、限制和促导，因此，它带有明显的宏观调控和市场监管的特点，应纳入产业法的规制范畴。

（二）临空产业规划的法律化

1. 临空产业规划的制度功能

从我国目前临空产业规划的实践来看，临空产业规划主要的表现形式是区域临空产业规划，即以各地临空经济区为主体制定的临空产业规划，因此，后续论述的展开也是以区域临空产业规划为分析对象的。临空产业规划在促进区域经济协调发展中具有重要的制度功能：(1) 促进临空经济

① 罗豪才，等．软法与公共治理[M]．北京：北京大学出版社，2006：49.

区区域经济增长。产业结构的合理布局和产业要素的有效配置是临空产业快速发展的基础。由于缺乏统一的协调系统，市场自发运行过程中的盲目性及滞后性加上决策主体的多元性及分散性，容易导致临空产业趋同化和同质化，无法有效解决临空经济区发展的长远安排和短期安排之间的矛盾。因此，合理的临空产业规划能够有效地解决临空产业的产业集聚和产业布局等宏观基础性问题。（2）促进临空经济区产业结构升级。临空产业规划是临空产业发展与经济区域发展的结合。首先，通过临空产业规划的制定，可以引导市场资源进行产业转移，在临空经济区域内围绕临空主导产业建立相对完整的临空产业体系，以产业转移推进临空产业的空间布局优化；其次，通过临空产业规划对临空产业的促进措施和政策，对与临空经济密切相联系的高端制造业、物流业、服务业等新兴产业进行支持，能够促进临空经济区经济的结构升级。（3）促进临空经济区的均衡发展。通过临空产业规划的制定和实施，可以形成不同区域间和临空经济区域内部的分工协作，实现优势互补，降低生产经营成本；具有前瞻性的临空产业规划能够很好地与临空经济产业的发展规律相契合，利用临空产业集聚的特点实现经济发展的规模效应。产业集聚所产生的外部规模经济会引起区域内生产企业的整体成本下降，进而降低整个区域的生产成本、销售成本、采购成本，降低区域内劳动者的失业率①。

2. 临空产业规划的法律基础

临空产业规划的法律化，是临空产业规划制度化、规范化运行的基本保障。临空产业规划是临空产业政策的核心组成部分，其法律化也是临空产业政策法律化的重点。

（1）临空产业规划制定的法律化。首先，临空产业规划的法律化是制定依据的法律化，临空产业规划的制定不能够偏离特定临空经济区发展的基本方向和基本定位。在我国缺乏产业规划基本法等上位法的情况下，临空产业规划制定的法律依据主要来自《中华人民共和国城乡规划法》《中

① 阮建青，石琦，张晓波．产业集群动态演化规律与地方政府政策［J］．管理世界，2014（12）．

华人民共和国城市规划法》、国家及地方层面有关临空产业发展的规范性文件、国家有关特定临空经济区域发展的规划、各地有关临空经济区域发展的总体规划等，临空经济产业规划既要与上位的法律政策保持一致，也要协调它们之间的关系。其次，临空产业规划的法律化是临空产业规划制定程序的法律化，临空产业规划的制定需要履行必要的审批程序，规划的草拟、修改、提交、审批、通过、报备、公布等环节均应由明确的政府机关或者政府部门负责，按照法定的程序依法推进。

（2）临空产业规划实施的法律化。临空产业规划重在实施。在临空产业规划发布之后，应由相关政府部门负责推进实施。首先，由于临空产业规划的实施涉及的主体众多，不仅包括地方性政府的相关部门，还包括机场、空管部门、军队、临空经济区的相关企业和个人等，需要建立统一的协调机构和协调机制来进行统筹安排。其次，从临空产业规划的实施主体来看，重在严格政府责任，规范主体的实施行为，对政府履职过程中出现的不合法或者不规范的行为，从保证临空产业规划实施效率的角度，要及时纠正并依法对相关责任人问责。再次，从临空产业规划的实施手段和方法来看，它多采用激励性方式，综合运用财政、金融、税收等手段，以“软法”性法律规范为主。最后，对临空产业政策的实施效果看，要定期进行评估，提交临空经济区的同级或者上一级人民代表大会进行审议。

（3）临空产业规划制定和实施的民主化。民主与法律既是相互依存的关系，又相互渗透。临空产业规划的制定和实施，涉及临空经济区内广大民众和企业的共同利益。虽然一般来说，政府是临空产业规划的制定者，但公众对临空产业规划编制的充分参与，可以集思广益，克服规划决策部门的理论有限论和局限性等缺陷，实现规划制定的科学化和民主化。另外，民众的广泛性参与还能够有效地保障政府规范行使临空产业规划赋予的权力，防止出现“权力寻租”等问题。

3. 临空产业规划的法律调整

临空产业规划属于临空产业政策的核心组成部分之一，从法学研究的角度来看，它主要是“中观”经济法的研究范围。但实际上，临空产业规划的制定和实施，受到多重法律规范的调整：（1）临空产业规划受到国家产业（包括临空产业）类法律、法规、规章和临空产业政策的约束，同时临空产业规划不得与《中华人民共和国城市规划法》《中华人民共和国城乡规划法》等规划类上位法律规范发生冲突。需要注意的是，产业政策的法律属性决定了临空产业规划还要受到国家临空经济发展政策以及临空经济区整体发展规划等规范性文件的约束，比如《国家物流枢纽布局和建设规划》。（2）临空产业规划要受到《中华人民共和国土地管理法》《中华人民共和国土地管理法实施条例》等有关土地管理类法律规范的约束。狭义的临空产业规划主要是对临空经济区内土地的使用布局、功能分区进行设置，必然受到土地管理法律规范的调整。（3）临空产业规划要受到《中华人民共和国公司法》等商事主体法律规范的调整。临空产业规划对临空经济区内相关产业参与者进行分类选择与准入条件设定，受《中华人民共和国公司法》《中华人民共和国公司登记条例》等商事主体法律规范的约束。（4）临空产业规划使用综合性的财政、金融、税收等优惠政策对产业结构进行调控，也受宏观调控法律规范的约束。（5）临空产业规划主要约束政府行为，以政府力量推进临空产业的发展，对政府有关部门提出了相应的履职要求，因此必然受到《中华人民共和国行政许可法》《中华人民共和国公务员法》《行政机关公务员处分条例》（国务院令第 495 号）等行政类法律规范的调整。（6）临空产业规划涉及临空经济区区域内的经济和社会发展，涉及政府政务服务能力的提高，与临空经济区的营商环境的优化密不可分，也要受到《中华人民共和国政府信息公开条例》《优化营商环境条例》（国令第 722 号）和临空经济区城市管理等法律规范的调整。

从临空产业规划涉及的法律法规来看，其受多重法律规范的调整，跨越了公法和私法两大法域，体现了社会本位，符合第三法域“社会法”的根本特征，具有典型的经济法属性。

二、临空产业规划法律关系分析

如前文所述，产业规划是产业政策的重要组成部分，同时产业规划法也构成了产业法的重要组成部分。临空产业规划受多重法律规范调整，通过多重法律关系的调整，实际上形成了独特的临空产业规划法律关系。临空产业规划法律关系确立的相关主体的权利义务，是临空产业规划法治化的核心构成。

（一）临空产业规划法律关系的类型

作为“中观”经济法的组成部分，产业规划法主要调整的是规划关系。规划关系是一种行政机关（中央政府与地方政府及其相关部门）与市场主体（临空产业参与者）之间的关系，是政府在对产业进行规划的过程中产生的。临空产业规划法律关系，是产业规划关系法律调整后的结果，其侧重点是确立政府通过规划方式介入临空产业发展的“度”，厘清政府权力行使的边界。这种规划法律关系具体包括：首先，临空产业规划需要处理政府间的关系，即中央政府和地方政府之间、不同级别地方政府之间、同级别地方政府之间的关系，尤其是处理不同区域地方政府的竞争和合作关系。其次，临空产业规划还需要处理临空产业参与者之间的竞争与合作关系。临空经济产业集聚的特点要求政府对临空经济区内的产业要素要进行协调配置，临空产业集聚区内的企业之间呈现出既协作又竞争的关系。最后，临空产业的布局和结构深度融入临空经济区的发展，形成产城一体的特点，因此，临空产业规划还需要立足临空经济区域的发展，调整临空产业集聚企业与临空经济区当地居民之间的关系。

（二）临空产业规划法律关系的主体

1. 政府主体

在临空产业规划的制度中，政府是临空产业规划的制定者、实施者和推进者。

临空产业规划的制定是临空产业规划实施的基础和前提，也是临空产业规划的逻辑起点。我国临空产业规划的制定主体，视临空产业规划的层次不同而有所不同。全国性临空产业规划，应由国务院负责，具体由中国民用航空局与发展改革委员会牵头制定；省级人民政府负责制定本辖区内跨市级行政区的临空产业规划；市级人民政府负责制定本辖区或者跨县区级行政区的临空产业规划；临空经济区的人民政府（管理委员会）负责制定本辖区内的临空产业规划。临空产业规划编制完成之后，应当报同级人民代表大会常务委员会审批后，向社会公布。目前，我国临空产业规划主要体现为区域性的临空产业规划，主要是临空经济区人民政府（管理委员会）在行使编制权。

政府同时还是临空产业规划的执行者。临空产业规划的实施和推进，涉及多个政府部门的配合，包括发展改革委员会、土地管理部门、城建部门、空管部门、税务部门、财政部门、金融管理部门、海关等，需要政府协调推进临空产业规划的落实。政府及其相关部门对临空产业规划中确定的临空产业支持、产业转移、产业激励等目标和标准，通过宏观调控的方式方法进行贯彻。

2. 市场主体

临空产业规划中的市场主体是受临空产业规划约束的产业参与者，主要是各类与临空经济有密切联系的企业。这类企业主要包括临空经济区及其周边的依托临空经济发展的物流企业、高端制造业、现代服务业等企业。这类企业也被称为市场遵从主体，因为它受临空产业规划实施手段的影响，参与临空产业规划的实施，遵守临空产业规划设定的“游戏规则”。

（三）临空产业规划法律关系的内容

法律关系的内容是法律关系主体享有的权利与承担的义务。临空产业规划法律关系中的权利是规划主体为了实现临空产业的发展目标，可以从事的与临空产业规划有关联行为的一种资格或者资质；临空产业规划法律关系中的义务是规划主体必须作为或者不作为的一种责任。

临空产业规划中的政府主体享有临空产业的规划权，这项权力是政府为了促进临空产业的发展，积极干预临空产业的产业布局、产业结构、产业组织等问题而行使的一项权利，是政府履行公共管理职能的一种体现。从整体上而言，临空产业的规划权是一种间接调控权，即政府作为公共利益的代表者，通过计划、税收、财政、金融等间接调控手段，支持、引导、促进临空产业健康发展的一项权力。临空产业规划中的市场主体所享有的权利包括临空产业规划的参与权、自主决策权、监督权、建议权、救济权。参与权是指市场主体参与临空产业规划的制定与实施的权利，即对临空产业规划的制定贡献其智力成果，按照规划的设定参与规划实施的权利；自主决策权是指市场主体面对产业规划的调控行为时，有自主决定自己的产业投资行为和经营行为的权利；监督权是指市场主体对政府制定和实施临空规划过程中的行为进行监督并要求其纠正的权利；建议权是市场主体对于政府主体的违法行为或者不规范行为可以提出合理化建议的权利；救济权是市场主体对政府主体违法行为造成自身损失的，可以请求赔偿予以救济的权利。

临空产业规划的主要约束对象是政府，因此其义务指向主体也主要是政府。临空产业规划中政府的义务主要在于：（1）临空产业规划制定行为的适法性，即临空产业规划的制定要符合法定的要求和程序。首先，临空产业规划的制定不得与上位法及国家相关产业政策冲突：其次，临空产业规划的制定与审批要履行必要的法定程序，比如征求公众意见、同级人大常委会审批等。（2）临空产业规划实施行为的规范性，即政府在落实和推进临空产业规划实施过程中，应在“有限政府”的要求下，合法、合理地使用调控手段，防止行政权力的异化。政府滥用行政权力或者怠于行使行政权力的，应当承担相应的法律责任。市场主体在规划法律关系中的义务主要体现在：遵守临空产业规划的基本内容，按照规划的要求参与规划实施。

（四）临空产业规划法律关系的客体

所谓临空产业规划的客体，是指临空产业规划权利与义务指向的对象。临空产业规划的客体包括物与行为。临空经济区内的土地、资源、设施及临空产业参与方的企业财产都可以成为临空产业规划的指向对象；临空产业规划中政府的制定行为、实施行为与市场主体的市场应对行为同时也是临空产业规划的指向对象。

三、临空产业规划的基本内容

（一）临空产业规划的表现形式

临空产业规划是临空产业政策的核心组成。由于临空产业规划具有前瞻性、预测性等基本特征，因此通常是临空产业政策的第一个实施步骤。

目前，我国并没有国家层面有关临空产业发展的总体性规划，国家有关临空产业发展的基本思路主要散见于国务院及其相关部门发布的规范性文件。在 2012 年《国务院关于促进民航业发展的若干意见》（国发〔2012〕24 号）中，提出了“通过民航业科学发展促进产业结构调整升级，带动区域经济发展。鼓励各地区结合自身条件和特点，研究发展航空客货运输、通用航空、航空制造与维修、航空金融、航空旅游、航空物流和依托航空运输的高附加值产品制造业，打造航空经济产业链”的基本要求，在 2015 年国家发展改革委员会与民航局联合发布的《关于临空经济示范区建设发展的指导意见》（发改地区〔2015〕1473 号）中，提出了临空产业发展的基本思路，即“发展优势特色产业，构建高端产业体系。依托航空货运网络，发挥产业和市场优势，积极引进发展航空设备制造及维修、电子信息等高端制造业，发展壮大航空物流、专业会展、电子商务等现代服务业，促进专业化分工和社会化协作，打造各具特色的产业集群，推动产业创新升级，形成以航空运输为基础、航空关联产业为支撑的高端产业体系”。应当说，这些规范性文件提出了我国发展临空经济产业的基本方向，是后续临空产业规划制定的法律依据。

在国家层面临空产业规划缺位的情况下，目前大部分的临空产业规划均体现在地区性的临空经济区建设的规范性文件中，文中以下分析也基于区域性的临空产业规划而展开。区域性的临空产业规划大概体现为两种形式：一种体现于临空经济区（示范区）的整体发展规划中，例如《杭州临空经济示范区发展规划》《贵阳临空经济示范区发展规划》《西安临空经济示范区发展规划》等；另一种则以单行的临空产业发展规划呈现，例如广州《白云区临空产业发展规划》（2009—2020 年）、山东《胶东临空经济示范区产业规划》等。

（二）临空产业发展定位

在临空产业规划的内容中，首先应当确定的就是临空产业的发展定位，因为所有的临空产业布局与结构都是围绕产业发展定位而展开的。区域性临空产业规划在确定临空产业的发展定位时，应重点考虑以下几个要素：（1）区位要素；（2）资源要素；（3）产业政策要素；（4）产业优势；（5）创新驱动要素；等等。

区位要素由空港所在区域的位置优势、通达的交通运输体系等构成；资源要素由临空经济区内的土地、资金、劳动力等基本要素构成；产业政策要素由政府在临空经济区颁布和实施的产业政策及其效果组成，例如贸易便利化措施、政务服务便利化措施等；产业优势是指临空经济区既有的临空关联性企业的运行状况、特点及其衔接性；创新驱动要素是指临空经济区的产学研结合以及创新性人才培育体制等。

从临空经济区发展的角度，一般意义上临空产业发展的目标定位应当是打造临空核心产业集聚、临空产业链延伸、具有创新机制的航空港经济产业体系。但是在具体的区域性临空产业规划中，需要突出临空产业的“区域性”特质，结合特定临空经济区发展的特殊性。以物流产业为例，2019 年国家发展改革委和交通运输部发布了 23 个物流枢纽建设名单，其中郑州被界定为空港型国家物流枢纽，上海、深圳、临沂、金华等被界定为商贸服务型国家物流枢纽，成都、西安等地被界定为陆港型国家物流枢纽①。这些物流枢纽的确立，也将在一定程度上影响枢纽所在地的临空产业发展定位。

（三）临空产业发展类型的确定

根据与机场航空运输的依托性关系的不同，临空产业可以划分为三

① 中华人民共和国中央人民政府．国家发展改革委员会、交通运输部联合发布 2019 年国家物流枢纽建设名单［EB/OL］．［2019 - 09 - 12］. http://www.gov.cn/xinwen/2019 - 09/12/content_5429421.htm.

类：航空核心产业、航空关联类产业、航空引致类产业。由于不同区域性临空产业所处发展阶段不同、产业发展定位不同，临空产业规划中所确定的本区域特定时期的临空产业发展类型也会有所区别。临空产业是以一种产业主体的地理邻近、产业关联、组织互动形成产业集聚的形态，进而形成与机场航空运输为依托关系的产业链条。从发展模式来看，目前存在航空产业为主导、高轻产品制造业为主导、物流产业为主导、商业贸易产业为主导、多产业综合发展等产业发展模式①。

1. 产业选择原则

（1）遵循临空经济的发展规律。临空经济区的临空产业具有技术先导、产业集聚、服务多样、时间便利等优势，临空产业的选择应契合临空经济发展的基本特征，能够充分发挥临空经济的机场、空港、腹地经济三者有机互动的机制优势。（2）符合临空产业的发展定位、产业基础和发展战略。临空产业的选择，应贴近特定区域临空经济区的优势与定位，形成短期目标与长期目标的协调。

2. 产业选择确定

基于临空经济不同的发展阶段，临空产业规划的侧重点也有所不同：（1）在临空经济的形成期，机场客货运输的规模优势、航线网络的范围优势、运力资源的密度优势尚未完全体现，对广域范围内临空产业资源的吸附能力较低，机场周边产业整体临空指向性偏弱②，因此，本阶段临空经济产业发展的重心应当是具有最强临空指向性的航空核心和航空关联产业，迅速将机场核心资源优势转化为临空产业优势。该阶段应确立航空物流、航空运输服务、航空制造、航空维修、信息产业、航空金融等相关产业为发展的主导产业。（2）在临空经济发展的成长期，经济区的临空指向性增强、产业开始实现集聚、产业技术升级拓展、产业新增长点凸显。在此阶段，应不断完善临空产业链条的延伸，构建高端化、多元化发展的产

① 葛春景，郝珍珍．临空经济区产业集聚模式及发展路径研究[J]．对外经贸，2013(10)．

② 白杨敏，曹允春，王婷婷．我国临空经济产业结构调整模式研究[J]．学术交流，2013(11)．

业结构，重点发展能够突出本地资源优势的临空指向性产业，聚焦于航空产业集群、临空高科技产业集群和现代服务型产业集群的发展。（3）在临空经济发展的成熟期，由于产业高度集聚、产业外部溢出功能充分发挥，临空经济区的辐射性增强，临空产业应转向侧重高质量发展，重点培育创新型的核心航空产业集群，推进临空物流产业链条的一体化发展，提升临空现代服务产业的综合性功能。

（四）临空产业布局

临空产业规划的主要作用在于合理设计临空经济区的产业结构布局，以形成产业发展空间上的层次性。在规划中，产业开发既要兼顾临空产业发展和城市功能的需要，还要考虑有关的经济增值效应①。

圈层结构是临空产业的基本特征。临空产业的发展基于对机场的依托，按照临空指向性的不同，形成了有规律的圈层产业结构。航空产业在发展中形成了三条主要的产业链条，即航空运输产业链、航空制造产业链和航空综合服务保障产业链②，均围绕临空产业的圈层结构进行空间布局。基于圈层结构，临空产业的体系布局大体可以划分为四个空间部分：空港运营区、空港紧邻区、空港相邻区、外围辐射区③。（1）空港运营区。空港运营区主要是服务机场运营的区域，是临空产业中临空指向性最强的产业部分。基于该区域的特点，应重点布局航空运输业、航空客运货运服务业、航空食品业、航空器维修业等临空产业。（2）空港紧邻区。空港紧邻区紧邻空港运营区，是临空指向性仅次于空港运营区的空间布局部分。该区域一般布局航空物流业、高科技制造业、研发中心、金融业、酒店业、信息服务业、商业服务业等。（3）空港相邻区。一般认为，空港相邻区是临空产业规划中空间布局的重点，它一方面可以布局航空“附属”产业，

① 樊澄．临空产业规划要有时间梯次[J]．北京观察，2013(7)．

② 陈林．临空经济产业聚集特征分析和经验借鉴[J]．空运商务，2017(5)．

③ 闫永涛，吴天谋，刘云亚，等．基于圈层影响模式的空港经济区规划——以广州空港经济区为例[J]．规划设计，2010(10)．

另一方面又可以布局“吸引产业”①，通过临空产业链条的延伸充分发挥临空经济的溢出效应。该区域一般的产业布局包括会展业、总部经济、高新技术产业、休闲旅游业、住宅业、中介服务咨询业等。(4) 外围辐射区。临空经济的主要特征之一就是能够向腹地经济进行辐射，发挥其产业结构升级和调整的引导性作用。该区域一般在地理上距机场较远，与其他行政区域频邻，临空指向性较弱。该区域一般布局为空港运营区、空港紧邻区、空港相邻区提供二次服务的产业、住宅房地产业和与其他区域进行产业衔接的产业等。

第三节　临空产业培育及其法治化

一、临空产业培育的内涵理解

(一) 临空产业培育的经济学释义

现代经济学理论认为，产业要素是产业要素组织的基本单位，包括为进行生产和服务活动而投入的各种经济资源和社会资源。产业培育是指主体在进行产业要素组织的过程中，不断适应外部环境要素的变化与驱动，从而促使产业规模逐步扩大、产业结构不断优化、产业创新快速涌现、产业增长稳步提升的行为②。

从经济学的角度来看，临空产业的培育实际就是发挥政府主体在临空产业发展中的引领和规范作用，不断优化不同产业要素之间的协调和配置，推进临空经济区的产业发展。临空产业发展中的产业要素包括资源要素、主体要素和环境要素三大类，其中资源要素包括技术、土地、资本、人才要素，是临空产业发展的基础和前提，其中的技术要素是核

---

① 高传华. 河南临空产业体系构建与政策设计[J]. 开放导报,2013(5).

② 王茜,安晖,黎朝晖. 产业要素组织与产业培育方式研究——以中关村核心区云计算产业为例[J]. 经济研究参考,2017(25).

心；主体要素包括政府、企业和中介要素，是临空产业发展的驱动力和推动力；环境要素包括市场环境、制度环境和政策环境，是临空产业发展的根本保障。三大类要素中，主体要素尤其是政府主体居于核心地位，它一方面通过内部对资源要素进行组织优化，另一方面通过对外来协调环境要素。

因此，从产业政策的角度来看，临空产业的培育主要是产业组织政策的范畴，其本质是对临空产业的要素进行的组织活动。从产业培育的主体要素来看，它是以政府调控型的组织方式来影响、干预、协调、促进临空经济区产业发展的。

（二）临空产业培育的法学释义

在产业政策不断法治化的进程中，产业政策与法律之间的互动不断深入，作为临空产业政策重要组成部分的产业培育问题，也应当纳入经济法的研究视野中。

从产业法的角度观察，临空产业的培育问题，主要由产业法中的产业组织法进行调整。所谓产业组织法，是规范和调整政府对产业的规制而产生的法律关系的总和①。在法律的视域中，所谓临空产业的“培育”，实际是政府通过产业政策工具对临空产业市场主体的一种协调和干预，其本质是一种利益调控行为。它以利益促导为主要方式来组织、引导、鼓励、吸引临空产业企业按照预定的产业规划来进行产业升级、技术改造和产业结构调整。从调整对象来看，它调整的是政府（主要是地方政府）在协调和干预临空产业发展过程中产生的社会关系；从调整方式来看，它主要采用的是间接调控的方式，通过财政、税收、金融、土地、人才等手段来对临空产业企业进行利益调整；从调整层次来看，它介于国家的宏观调控和微观的市场规制之间，属于经济法的“中观”层次；从调整的目标来看，它是为了促进市场的有效竞争和规模经济，提升临空产业的技术进步和创新，推动产业有序发展。

---

① 姜昕，杨临宏．产业政策法[M]．北京：中国社会科学出版社，2008：42.

基于以上分析，笔者认为，临空产业的培育不仅是一个产业经济学的问题，还是一个产业法的问题，其核心涉及政府（主要是地方政府）与临空市场主体（主要是临空产业企业）的关系协调。在产业法的结构中，其隶属产业组织法，是在政府对临空产业进行要素组织过程中产生的，也是临空产业组织政策的核心构成。

二、临空产业培育工具的法学分析

（一）临空产业培育工具的应用

临空产业的培育，综合使用了多个调控工具进行行为操作，主要包括以下工具构成。

1. 财政政策工具

财政政策是政府通过财政资金的支出和税收政策来调节经济发展的重要方式。在产业政策目前的调控手段中，财政政策使用的频率最高，应用范围最广。

（1）财政资金支出。

财政资金支出本质上是一种无偿转移支付，是指政府利用财政资金的使用来促进产业进步和企业发展。就临空产业的培育来说，财政政策主要使用的工具包括开办补助、项目扶持、研发支持、财政奖励、政府采购等。

（2）税收政策。

税收政策是指政府在税收方面采取的激励措施，比如税收减免、优惠税率、出口退税等，以减轻特定纳税人税负义务的一种政策。实践中临空产业激励主要应用的税种包括所得税、增值税、关税等。

2. 金融政策工具

金融作为现代经济的核心，在生产要素集聚、生产率提高、产业结构优化方面具有先天优势。金融工具的应用可以有效地促进区域经济的产业结构优化升级，改变企业组织结构和企业规模①。临空产业培育的过程中，主要应用的金融政策工具包括：（1）政府与金融机构的合作。政府与金融机构合作的主要形式有通过与银行金融机构的合作，扩大对临空产业的放贷规模，创新表外业务；通过与证券、基金、信托等非银行金融机构的合作，设立本地的非银行类金融机构，创新衍生金融工具，支撑临空产业的高速发展。（2）支持企业融资活动。通过大力发展多层次资本市场，拓宽间接融资渠道，尤其对创新型的临空产业企业加大政府贴息和信用融资担保力度等。（3）政府股权投资。通过鼓励国有资本以市场化模式投资进入临空产业技术进步、科研开发产业化的环节，推动高科技的临空产业向混合制发展，通过企业并购等形式促进产业结构调整和产业资源配置。

3. 土地政策工具

作为生产要素之一，临空经济区的土地由于兼具资本和资源的双重属性，成为影响临空产业走向的重要因素，其稀缺性也意味着政府土地政策的应用效果会制约临空产业的发展，影响临空产业结构的合理性。

除在临空产业规划中对土地的使用做出合理规划外，政府应通过土地供给政策，保障临空产业的土地指标，优惠土地价格，合理调整土地用途和容积率，以有效降低临空产业企业的初始投入资金，促进企业对土地的二次开发。另外，对于临空经济区的核心主导产业，应实施租金优惠和配套补贴，降低临空产业企业的物业成本。

4. 人才政策工具

人才是第一生产力。人才也是支持临空经济区和临空产业发展的第一资源。人才政策的实施有助于实现临空产业的科技创新和科技成果转化，推动临空产业的技术创新，提升临空产业企业的科技竞争能力。高端人才的集聚也会带动临空产业的集聚，最终促进临空产业快速发展。

临空产业配套实施的产业政策主要包括：（1）安居政策。对于临空关

① 张英，吴华安，石勇．论金融政策对产业结构调整的影响[J]．商业研究，2002(4)．

联产业紧缺的高级人才可以通过提供住房安家、房屋租住、车辆使用的补助，为人才引进创造良好的条件。（2）户籍政策。这主要是针对临空经济区和临空产业企业引进的高级人才，实施优先落户、家属随迁等措施。（3）亲属待遇。主要通过解决配偶就业和子女入学等措施，对高级人才的亲属进行特殊照顾。（4）岗位薪酬。通过政府和产业企业设立岗位薪酬激励体系，形成产业、人才和创新之间的良性互动。（5）职业性教育培训。对于紧缺型专业人才，通过专业技术培训、进修访问、联合培养等方式，形成多层次的职业人才培养模式。

（二）临空产业培育工具应用的法律视角

产业政策法治化的一个主要体现，就是产业政策在实施过程中要遵循法治化的原则。“产业政策进行法律调整不仅意味着要规制被调控主体的行为，而且也意味着要规制调控主体的行为。[①]”产业政策实施的法律化，主要指向的就是产业政策工具应用的法律化，即调控手段的法律化。从经济法的角度来看，在临空产业政策工具的应用中，需要遵循以下基本原则。

1. 调控行为的合法性原则

在经济法上，由于存在主体的双重性以及权力结构的非均衡性，调控行为法律规制的重心一直都是调控主体。合法的调控行为一般应具备的要件包括主体合格、权源合法、调控合法。简言之，合法的调控行为就是享有调控权的适合的调控主体依据法律的规定，按照法定的内容和程序实施的调控。调控行为的合法性在外观上表现为：调控行为的公定力、调控行为的确定力、调控行为的拘束力、调控行为的执行力[②]。为了防止产业政策工具应用过程中调控主体滥用调控权，进而导致调控权力的异化，临空产业的培育行为必须要纳入法治轨道。对于临空产业政策中政府主体政策工具的应用，从制定主体、实施主体、法律依据、法律程序、法律责任方

① 王先林．产业政策法初论[J]．中国法学，2002(3)．

② 张守文．经济法总论[M]．北京：中国人民大学出版社，2009：161．

面，都要求贯彻合法性的要求。

2. 比例原则

比例原则来自公法。它是指行政机关在实施行政行为时，应兼顾行政目标的实现和适当性手段的选择、保障公共利益和相对人权益的均衡①。广义的比例原则包括适当性原则、最小损害原则和均衡性原则。在临空产业培育的过程中，政府的培育行为，其目的和手段必须对称和相适应，也即调控手段必须是“适当的、正当的、理性的、均衡的”②。从临空产业发展的角度来看，比例原则要求针对临空产业实施的政策工具，都应当与临空经济区的发展定位和临空产业的发展模式相匹配，强调调控行为的适度性。

3. 一致行动原则

一致行动原则最早来自德国的《经济稳定与增长促进法》。它要求联邦政府在决定采取宏观调控措施时，各部门以及各级政府都应当在法律规定的职责范围内采取一致的宏观调控行动，禁止各当事方规避宏观调控措施甚至采取逆向行动③。临空产业工具的应用由于具有综合性，需要多个政府部门之间统一、协调行动，才能发挥政策工具的合力。因此，要从根本上解决调控的有效性问题，应当明确政府部门在产业培育工具应用过程中保持协调一致，避免发生为了本区域本部门的利益而规避政策措施甚至采取逆向行动的做法。

三、临空产业环境要素培育的法治化

在产业经济学看来，临空产业的“培育”，不仅是对资源要素的组织，还有对环境要素的组织。“区域环境与其说是航空产业集聚的动力，不如

① 姜明安．行政法与行政诉讼法(第六版)[M]．北京:北京大学出版社,2015:73.

② 张守文．宏观调控权的法律解析[J]．北京大学学报:哲学社会科学版,2001(3).

③ 吴越．宏观调控:宜政策化抑或制度化[J]．中国法学,2008(1).

说是整个航空经济产生和发展的条件。①”临空产业的环境要素，涉及临空产业活动中的机制体制因素和条件，关乎临空产业发展目标的达成。

临空产业的环境优化主要包括：（1）打造临空产业园区。临空产业园区是临空产业空间的载体。由于临空经济的集聚性特征，建立资源高度集聚的工业化产业园区能够充分发挥临空产业的规模效应和协同效应。在产业政策的实施过程中，应由政府主导或者参与，形成功能错位发展的临空产业园区、出口加工园区、保税区等临空特色产业园区的集合。（2）行政管理服务的优化。应进一步落实“放管服”改革，重点优化政务服务，简化工商行政管理流程，推进政务服务的标准化，推进马上办、网上办、就近办、一次办。明确政府及其有关部门应当推行当场办结、一次办结、限时办结的服务模式，实现集中办理、就近办理、网上办理、异地可办，并对全国一体化在线政务服务平台建设、政务信息整合共享、电子证照推广应用。（3）优化产业服务平台。临空产业平台在解决产业企业共性需求，畅通信息渠道、增强市场竞争力，实现创新发展方面具有无可比拟的优势。实践中的临空产业服务平台主要包括技术服务平台、投融资服务平台、信息服务平台、物流服务平台、培训服务平台、管理咨询服务平台、法律服务平台等多种类型。

法治在优化营商环境方面具有固根本、稳预期、利长远的作用。良好的营商环境应当保障公平竞争，加强市场监管，维护市场秩序。因此，从政府依法行政的角度而言，在临空产业环境培育的过程中，要遵循公平公正监管的基本准则：（1）推动健全执法机制，推行综合行政执法，减少执法主体和执法层级，推动解决困扰市场主体的行政执法检查过多、过频问题；（2）推动创新监管方式，实行“双随机、一公开”监管，推行“互联网＋监管”，对临空产业实行包容审慎监管；（3）推动执法行为规范化，依法慎重实施行政强制，减少对市场主体正常生产经营活动的影响，要求行政执法应当规范行使自由裁量权，合理确定裁量范围、种类和幅度。

---

① 郝爱民，薛贺香．航空经济区产业发展研究［M］．北京：社会科学文献出版社，2017：68.

2019 年 10 月 22 日，国务院发布了《优化营商环境条例》，并于 2020 年 1 月 1 日起实施。《优化营商环境条例》把近年来各地区、各部门在优化营商环境方面大量行之有效的政策、经验、做法上升到法规制度，使其进一步系统化、规范化，增强权威性、时效性和法律约束力，从制度层面为优化营商环境提供更加有力的保障和支撑。可以相信，随着《优化营商环境条例》的实施，临空经济区产业培育环境将不断优化，政务服务和公共服务会更加规范化和制度化，这将有力促进政府职能的转变，引领临空产业的机制体制创新，助推临空产业的快速发展。

第五章
临空经济与贸易便利化

一般而言，学界普遍认为“临空经济”指的是以民用航空业为战略依托形成的经济发展形态，它以民用航空活动为基础，不受机场地域束缚，吸引航空制造、航空运输及相关服务等产业不断聚集并发展起来的一种经济形式[①]。在逻辑上，临空经济与陆地经济和海洋经济并列；在外延上，临空经济包括直接或间接依赖航空运输和通用航空而进行的飞机制造业、高科技产业和服务性产业活动，以及物流、快递、电商、金融、保险、租赁、商务等现代服务相关产业。临空经济的发展必然要求包括人流、物流、信息流在内的生产要素在全球范围便捷流动与有效配置，从而契合航空经济的内涵。这个时代最基本的特征就是具有高度复杂性和高度不确定性[②]，但良好的经济与贸易发展所依赖的环境是一个国家或地区经济软实力的重要体现，也是一个国家或地区提高综合竞争力的重要方面，能够为日益丰富的经济活动提供稳定的发展平台。临空经济的贸易便利化水平则直接影响航空经济发展的程度和规模，最终对某一区域的经济发展状况、财税收入、社会就业情况等产生重要影响。经济全球化时代，那些不具备比较优势的经济制度必将妨碍本国经济的国际比较竞争优势的形成，或者

① 丁勇．基于产业链视角下临空经济和航空经济的比较[J]．郑州航空工业管理学院学报，2013(3)．

② 张康之．全球化、后工业化时代的社会特征[J]．河南大学学报：哲学社会科学版，2012(5)．

导致一个国家丧失其在国际经济中的原有优势地位，这就是制度竞争①。临空经济呼唤着贸易便利化，而贸易便利化反过来又能极大地促进临空经济的发展。临空经济的贸易便利化包括规则国际化与制度法治化，规则国际化是指建立符合国际惯例和世界贸易规则的市场经济运行机制及体系；制度法治化则是指一套行之有效、公平、简单、透明的具体法律、法规和监管程序。为促进临空经济发展，应在宏观上打造一个法律健全、制度完善、公平正义、尊重产权的法制环境，为临空经济的发展提供基础性的制度保障；在微观上要对接高标准的国际经贸规则，尤其是重点发展的行业规则以及普遍适用的管理制度。因此，本章主要探讨临空经济的基本内涵与发展要求，阐述以此为基础的便利化措施的核心路径，最终提出提升临空经济贸易便利化的关键举措，以期推动航空经济质的飞跃。

第一节 临空经济与贸易便利化的关系

一、临空经济的基本内涵

临空经济也称为“机场经济”“空港经济”“航空港经济”，是指依托航空枢纽（机场）的吸引力和辐射力，促使资本、劳动力、技术、知识、管理等生产要素向机场及其周边聚集，由此形成了具有航空指向性的新型区域经济形态，成为区域经济发展的亮点。当然，其他学者也有不同的见解。黄由衡认为，临空经济是指围绕机场建立经济区，发展相关优势产业，从而成为地区增长极的新经济模式②。曹允春认为，依托机场设施资源，通过航空运输行为或航空制造活动，利用机场的产业集聚效应，促使相关资本、信息、技术、人口等生产要素向机场周边地区集中，以机场为中心的经济空间形成了航空关联度不同的产业集群，这种新兴的区域经济

① 吴越．经济宪法学导论[M]．北京:法律出版社,2007:186.

② 黄由衡．国内外临空经济研究动态与展望[J]．商业时代,2011(7).

形态被称为临空经济[①]。从相关表述来看，临空经济的发展必须具有两个关键环节：一是机场的规模，尤其是机场的等级、区位、航线分布以及运营状况，制约着临空经济的发展。二是机场周边的产业分布。即使再优越的机场区位，如果没有产业配套，缺乏企业入驻，项目质量偏低，都无法形成产业集聚，空有临空经济的名头。相应地，国内临空经济发展的模式大多也以机场物流园区、机场工业园区、机场保税区、航空城等形态出现。由于临空经济具有物流成本低、通关效率高的优势，是区域经济同机场相互融合的产物，临空经济区附近往往设置了有特殊功能的保税物流区和海关监管区，为快速物流提供制度支持。当前，我国一些临空经济区在发展过程中，以封闭式的实体经营为主，涵盖范围针对国内，在交通衔接、对外交流、产业聚集等功能的彰显上仍存在一定的不足，无法有效推动区域协调发展。

开放是引领发展的重要动力，是现代经济的重要支撑。临空经济是以民用航空业为核心和依托形成的经济发展形态，不仅强调区域性，还突出产业性，更彰显开放性。临空经济发展具有三个方面的优势：首先，优越的区位条件。航空经济发展立足经济发展水平较高的城市，这些区域经济发展动力强劲、产业布局完整、城市规划科学，能够为临空经济打造强有力的产业支撑。其次，机场运载能力强。机场客运量、货运量均达到一定规模，并且在特定范围内其他交通运输系统完备，联程联运和陆空衔接程度高，能够为货邮流、客流的转移提供多层次服务。最后，产业特色突出。临空经济立足特色产业，有明显的产业竞争优势，不仅能够吸引上下游产业的集聚，更能为出口和销售提供有力的生产基础，形成特色鲜明的产业功能区，成为优化空间布局和重塑经济地理的重要抓手，是构筑区域发展比较优势的战略支撑。

---

① 曹允春．新经济地理学视角下的临空经济形成分析[J]．经济问题探索，2009(2)．

二、临空经济的贸易功能

每当引入新的市场因素，经济就会出现较大幅度的增长，而一旦这种市场因素的能力释放由于制度的约束而无法深入下去时，经济又会陷入停滞状态[①]。临空经济克服了传统经济发展的一些弊端，是世界各国在全球范围内集聚生产要素、参与经济全球分工与竞争、推动经济发展的重要载体。临空经济这种新的经济形态与贸易活动之间具有密切的关联，国内贸易和国际贸易也是临空经济重要的一种外观表现形态。

（一）机场是贸易活动的重要支点

速度经济时代，由于机场能够拉动产业集聚、提高商品流通速度，成为全球生产和商贸活动中至关重要的连接点，亦是区域经济发展的推动力。临空经济以机场物流为出发点，克服产业的封闭性，以航线运输推进产业发展。国际航空都市以及国内航空发达的城市，带动周边航空引导性产业、高新科技产业、物流业、金融业等产业的发展，进而促进一定区域的经济结构升级转型，扩大区域经济容量与质量，提升区域和产业的国内国际竞争力。因此，作为临空经济重要依托的机场也是贸易活动的重要支点。

（二）临空经济区是贸易活动的主要承载区

临空经济的发展现实表明，临空经济的发展首先从核心的航空运输产业开始，高度依赖航空运输的产业在机场周边集聚，然后逐步向周边区域和相关产业扩散，航空港对经济的作用成效更加明显。临空经济是区位优势、设施规模、航线网络、空域运行、航空保障、综合交通、口岸通关和政策环境的综合体，以机场为核心的综合交通规划建设与运营管理，已经成为临空经济之必要条件。伴随经济全球化和产业服务化，全球服务贸易发展迅猛，在国际贸易中的地位不断上升，航空经济区在进出口贸易、转

---

① 程伟，等．经济全球化与经济转轨互动研究［M］．北京：商务印书馆，2005：6.

口贸易的基础上，开始向服务贸易领域延伸拓展，成为推动服务贸易自由化的重要载体。

（三）临空经济是外向型、开放型经济

虽然临空经济从表面特征来看表现为区域经济形态，但其本质具有高度开放性和全球性。临空经济适应了信息技术主导下的全球分工形式，适应了全球开放性的市场安排，适应了现代经济活动效率优先的需求。值得一提的是，临空经济具备开展离岸业务的先天优势，特别是跨国公司的分工深化使离岸贸易蓬勃发展：一是离岸贸易发达。离岸贸易功能的发展推动了航空经济区贸易营运与控制功能，带动了高端服务业的提升发展。二是离岸金融创新。离岸出口押汇、离岸账户资金托管、离岸杠杆融资、离岸担保、离岸再保险等新型离岸金融业务加快发展。三是多元离岸业务兴起。离岸服务外包、国际维修检测、国际融资租赁、离岸研发数据中心等新型离岸业务加快发展。

三、贸易便利化是临空经济发展的必然要求

最初经济学家认为，自由竞争的市场均衡机制是最理想的配置公共物品资源的方式，但通过实践分析，经济学家认识到，在自由竞争机制下，公共物品的需求者与提供者必须具备相当强的谈判能力、每个人对公共物品与私人物品的认知是完全的、每个人必须主动缴纳税负等许多条件。当然，现实中这些条件很难一一满足。因此，经济学家认为必须通过政治机制替代市场机制解决这些问题，就是建立民主决策机制解答经济发展的诸多难题。临空经济是一个综合性的系统，不仅要以产业部门为基础，还需要航空保障、口岸联检、税务边检、金融服务协同运行，才能保证航空经济运行良好。首先，航空经济以航空运输为载体，以其他交通方式为辅助。临空经济对航空运输最突出的要求是快速，对综合交通的需求也包含了快速的特性。国际一流的航空枢纽必然要具备国际一流的综合交通，航空运输与其他交通方式的衔接融合是核心要素。以航空枢纽为平台，使之

成为人流、物流、资金流、信息流的汇聚节点，然后通过各种资源要素的整合重组，带动航空经济的发展，进而促进区域经济调整结构、转型升级。从现实情况来看，国际一流的航空枢纽总是与国际一流的城市相伴而生，国际一流的航空枢纽也引导和推进航空经济的深度发展。其次，航空经济需要产业与资源的整合，在合理的差异化定位后，辐射区域内的产业与资源实现优势互补、协调发展，才能赢得市场的认可。临空经济引领经济转型，必须符合世界经济发展趋势，不能单纯地定位为物流的中转站，否则，临空经济就不能做强做大，不能立足于全球航空经济的竞争。总之，临空经济的发展离不开国际一流的航空枢纽，离不开高效便捷的空中大通道，更离不开高水平、深层次的开放型经济的支撑。

如前文所述，临空经济在产业基础完善和航路、航线丰富的基础上，仍然需要物流运输、汇兑结算、海关管理等便利化措施，才能够满足航空经济发展的根本需求。换言之，临空经济的核心是与贸易、服务等相关配套制度的便利，是壁垒限制的清除。唯有如此，航空经济才能契合快速的本质特征。当然，学界对于贸易便利化并没有一个通用的定义，美国前贸易代表罗伯特·佐利克认为，贸易便利化措施实质上是旨在降低交易成本和增加过境时效性的市场准入程序的延伸。世界银行将贸易便利化定义为与跨境贸易相关的物流运输和海关管理。但无论认识有何差异，表述有何不同，临空经济发展需要贸易程序的简化、加快生产要素流通的基点都不会改变。临空经济发展依赖相关国家与地区的支持政策，为了增强本国和地区航空港或航空经济区的经济影响力，各国和地区纷纷构建利于航空经济发展的政策体系，通过简化程序、增强透明、统一标准、完善规范、减少限制等一系列的措施，降低国内国际贸易活动中的交易成本，从而促进货物、服务的自由流动。在这一过程中，与国际通行规则的衔接是提升临空经济便利化的重要路径。因此，应当深入研究跨太平洋伙伴关系协议（TPP）、跨大西洋贸易与投资伙伴协议（TTIP）、中美投资协定（BIT）、服务贸易协定（TISA）及其他自由贸易区投资贸易规则的发展趋势，调整和完善我们在临空经济发展中的管理制度，为临空经济的培育营造透明化、法治化、国际化的环境。

第二节　提升临空经济贸易便利化之原则与路径

2017年2月22日，我国获批参加了WTO《贸易便利化协定》，与过去的贸易协议不同，WTO《贸易便利化协定》作为当前最权威、最全面的国际公约，代表了全球所有国家包括发达国家和发展中国家达成共同的一套单一标准，且没有降低其对发展中国家的要求。WTO《贸易便利化协定》为临空经济构建贸易便利化法治保障机制提供了必要的国际法依据，深刻影响着我国临空经济发展的现状。我国临空经济的发展必须以此为准据，简化贸易流程，消除机制障碍，提高贸易效率，加速资源要素的跨境流通，充分实现贸易的自由与便利。在提升航空经济贸易便利化过程中，必须坚定不移地秉持以下原则，只有有的放矢地改进关键制度，才能将贸易便利化落到实处。

一、临空经济贸易便利化之原则

环顾人类构建的文明，我们就会意识到，只有进行方向明确的协调行动，才会建成金字塔，形成古希腊社会，推动人类为生存抗争，从一个渺小的生物体进化成这个星球的技术主宰①。在竞争日益激烈的经济全球化时代，贸易便利化已不可避免地成为影响国家竞争力的重要因素。贸易便利化主要通过标准化与技术化方式减少不必要的交易成本，使国际贸易得以最大限度地自由发展。顺应全球双边、多边和区域合作对更为开放便利的规则的需求，临空经济在市场准入、外资国民待遇、业务经营、投资服务等方面需要高度开放宽松便利的投资环境。对贸易便利化可以从多角度理解，但以下几个原则或方向是细化贸易便利化的发力点。

---

① 米尔格拉姆．对权威的服从——一次逼近人性真相的心理学实验[M]．赵萍萍，王利群，译．北京：新华出版社，2013：139.

（一）非歧视与透明度

贸易便利化的实现需要贸易商知晓相关贸易政策法规，并在一定范围内参与贸易法规的制定与实施中，这也是正当程序之法治理念的体现。因此，非歧视与透明度原则即要求职能部门应以非歧视、易获得的方式公布贸易政策法规，并在制定与实施相关政策法规的过程中，允许贸易商等利益相关人合理参与信息获得，同时给予权利救济的保障。我国改革开放多年来的经验证明，对外资企业来讲，“规则的透明公平”比“税收优惠”具有更持久的吸引力。

受全球贸易投资便利化、金融市场国际化和行政管理法制化的影响，“准入前国民待遇＋负面清单”的管理制度逐渐成为国际投资规则发展的新趋势。目前，世界上已有70多个国家采用这一模式。准入前国民待遇要求在外资进入阶段给予国民待遇，而负面清单则将其核心关注的行业和领域列入清单，明令禁止和限制投资经营，保留特定形式的进入限制。“负面清单＋准入前国民待遇”模式能够极大地增强市场透明度，增加市场的开放程度和增进市场自由度，提高外资投入的预期确定性，在此基础上开展外商投资、境外投资管理和商事登记等方面的一系列制度创新。

（二）单一窗口原则

“单一窗口”是《贸易便利化协定》中的核心议题之一，其核心是让信息畅通地在各个部门、机构、企业之间高速便捷地流动，真正实现通关智能化、无纸化和便利化。“单一窗口”强调监管部门的合作与协调，合作即主管部门之间的合作，协调即法律与政策之间的协调，建立与国际贸易等业务发展需求相适应的监管模式，集中提升审批能力，规范审批行为，取消不必要的监管要求，清理不合理收费，加快完善跨境贸易管理体系。例如，实施企业准入“单一窗口”制度，企业准入由“多个部门多头受理”改为“一个部门、一个窗口集中受理”。质监、税务等部门推出办理便利措施，多部门并联办事，缩短办事时限。

当前，我国众多临空经济区正在同步推进单一窗口建设，为避免地方或局部性的建设因各自为政、标准功能不一而导致未来出现对全国一体化“单一窗口”的推广实施造成直接阻碍的情况发生，应从两个方面着手：一是加强顶层设计，从国家层面对系统整体框架、功能定位、信息传输方式、数据标准以及文件格式等方面全面、统一规范。为确保与国际体系的兼容应用，“单一窗口”的实施应以国际标准为基础，对相关单证和数据进行标准化约束。二是扩大“单一窗口”业务功能管理部门适用范围，除海关、口岸、海事等国际贸易主要监管部门外，还应纳入政府税费和关税及外汇管理等部门，在系统中增补与贸易有关的支付功能，真正实现通过一个窗口横向对接多个部门、纵向联合中央和地方实施统一的平台式贸易便利化管理。

（三）法制化原则

历史教导我们，个人的生产力大部分是从他所处的社会制度和环境中得来的，法律与公共制度虽然不直接生产价值，但它们是生产生产力的①。临空经济属于市场经济，除要求发挥市场在资源配置中的基础性作用以外，还需要独立的法人制度、有效的市场竞争、规范的政府职能、良好的社会信用体系以及健全的法治作为其配套运行机制。法治是保障航空经济科学发展的根本路径，法人制度、市场竞争、政府职能和社会信用的内容及法律规范体系是一切市场主体的“游戏规则”。离开了法治，市场难以做到公平公正，经济难以实现健康有序。航空经济建设过程中势必要进行一系列的立法工作，立法活动中也应坚持法治的统一性与权威性。理论上，涉及中央立法权限，理应进行国家立法，在没有国家授权立法的前提下，地方法治建设又不可能坐等中央给出完备的具体政策法律，法治设计依赖地方打破惯例的先行先试。虽然中央强调地方要大胆试、自主改，不必毕其功于一役，但法治建设的正当性绝对不容忽视，否则就会损害国家法治的权威和统一。因而，在全国人大及其常委会、国务院尚未授权之前，必须严格遵循《中华人民共和国立法法》的精神和制度推进。一般地

① 李斯特．政治经济学的国民体系[M]．陈万煦，译．北京：商务印书馆，1961：143.

方立法权限分为3个层次：一是为执行国家法律制定的规范体系而做出的细化性、阐述性规定；二是为规范地方事务性创制的规范体系；三是在国家法律出台前对非专属于国家立法范围的事项制定规范。涉及税收、海关、金融、外资等国家立法权限，属于《中华人民共和国立法法》规定的基本经济制度，在国家授权立法之前不得肆意创设新制度。临空经济区一般享有较大的经济管理权限，这有利于行政效率的提高，但必须严格限定经济管理权限范围，规范颁行应限定在经济改革的框架之内，主要涉及贸易制度、投资管理、货物监管以及土地制度等，主要集中在完善海关监管、检验检疫、税收、跨境支付、货物存储监管、保税进口、物流快递等支撑配套措施；非经济管理如教育文化、行政管理、医疗卫生等仍需要地方政府的支持，不得越俎代庖。

完善的法治保障机制，要求在法律制度和政策措施的制定、实施的全过程形成结构完整、体制健全、资源充分、富有成效的保障要素系统。临空经济贸易便利化法治保障机制旨在通过不同职能部门内部及职能部门之间的协同性法律制度和政策措施的制定与实施，为贸易商提供一个透明、可预见的口岸通关环境，保障贸易便利化目标的顺利实现。政府职能部门要积极对接国际先进理念和通行规则，持续推进“放管服”改革，该给企业的给企业，该压缩的压缩，该简化的简化，真正给企业营造一个宽松充满活力的发展空间。以出入境检验检疫部门与海关部门融合为例，根据党的十九大提出的深化机构改革、转变优化职能的决策部署，出入境检验检疫管理职责和队伍已被划入海关总署，这标志着海关进入一个崭新的发展阶段。机构整合后，进一步理顺职责关系，优化职能配置，推动海关原有管理职责和检验检疫管理职责的深度、有机融合，创新贸易监管的体制、模式、方法，制定贸易便利化改革制度实施细则，完善贸易便利化的制度环境。

二、临空经济贸易便利化之路径

现代经济方式中，复杂化与专业化正逐步加深①。临空经济吸引眼球之处便在于能够持续创新贸易发展方式，推进商贸物流综合配套创新和电子商务创新，构建“买全球、卖全球”的贸易发展格局。为了配合航空经济这一特点与发展需求，航空经济相关辅助制度必须体现便利化，不仅包含了实体领域的便利，更彰显了程序上的简便措施。

在实体方面，航空经济要求的贸易便利化的核心内容是完善对外贸易服务平台，支持跨境货物和服务贸易方式创新，积极搭建国际贸易机构集聚平台，内化为贸易中心枢纽功能；推动贸易专业细分，发展市场采购贸易、跨境贸易电子商务、保税贸易、服务贸易等新型贸易方式；建立电子商务服务、云计算和大数据、智能物流服务、网络信用体系等多领域、多形式融合机制，推动新型贸易业态集聚发展；建立跨境金融结算支撑体系，探索离岸金融业务新模式，不断完善外商直接投资和境外直接投资外汇管理；鼓励有条件、有能力的境内企业开展真实合规的对外投资。在程序方面，航空经济要求的贸易便利化的核心内容包括深化通关模式改革，促进口岸管理部门信息互换、监管互认，确保进口商品更便捷地进入中国市场；推进进出口检验检疫创新，简化进出境备案清单、国际中转、集拼和分拨等业务进出境手续；提升跨境服务能力建设，尤其是支付结算网络的形成；最终以深化改革提升贸易便利、以技术标准促进贸易便利、以公平安全维护贸易便利、以科技创新支撑贸易便利。从各国与国际组织推进贸易便利化的实践来看，口岸效率与海关跨境制度是程序问题的主体，也是衡量一国贸易便利化程度最直观有效的内容。

---

① Ad Hoe Committee. Business courts: towards a more efficient judiciary[J]. Business Lawyer, 1997, 52(5).

制度是长期经济发展的决定性因素①，当然，制度也不是一成不变的，而是根据实践的发展不断调适，以期促进经济的发展。构建合理的制度是一个不断试错的过程，是一个寻找理性与现实交集的过程，理性的谨慎选择和现实的小心求证都是不可缺少的环节②。我国各地在发展临空经济的过程中，为适应新形势、新任务的要求，针对制约经济发展的制度环节，纷纷建立健全科学合理、具体实在、切实可行的制度。例如，西安临空经济示范区为发挥枢纽转运作用，在促进物流、人流、信息流、资金流、产品流、服务流快速融通中不断降低通关时间，逐渐实现了重要的凝聚、扩散、带动作用。良好的制度不能建立在空想之上，必须考虑现实的需要，照顾方方面面的利益，并经过严谨周详的论证，最终才能得到广泛的认同。各地在推动航空经济发展上形成的行之有效的制度，应当经过对业务环节、服务环节、管理环节的不断调整，对接国际范围内通行的贸易便利化规则，提炼为可复制、可推广的正式制度，从整体上为航空经济的成长提供完善的制度环境。

第三节　典型临空经济区的贸易便利化实践及存在的问题

一、典型临空经济区的贸易便利化实践

（一）郑州航空港经济综合实验区

郑州处于陇海、京广发展轴交会处，以航空、铁路、城际轨道、高速公路、干线公路为骨架，以交通枢纽为节点，形成了“三纵两横”高速公路网、“五纵六横”干线公路网、“米”字形高铁网，客运零距离换乘、货运无缝衔接的交通网络。覆盖亚欧美澳的货运航线网络、“郑欧班列”与

---

① ACEMOGLU D, Simon Johnson S, Robinson J. Institutions as a fundamental cause of long-run Growth[D]//AGHION P, DUBLAUF S N. Handbook of Economic growth 1A. Amsterdam: Elsevier, 2005: 386 - 472.

② 苏力．制度是如何形成的[M]．广州：中山大学出版社，1999：83.

海铁联运体系形成了分拨方式最多、分拨区域最广的中部物流大枢纽，使郑州日益成为全球生产和消费供应链的重要节点，为郑州航空港经济综合实验区国内外贸易、原料采购和配送、出口加工等提供货运中转和集散便利。

2013年3月7日，国务院正式批复了《郑州航空港经济综合实验区发展规划（2013—2025年）》。这是全国首个上升为国家战略的航空港经济发展先行区，规划提出郑州航空港经济综合实验区的战略定位为国际航空物流中心、以航空经济为引领的现代产业基地、内陆地区对外开放重要门户、现代航空都市、中原经济区核心增长极。按照建设“全国航空港经济发展先行区”的导向性要求，近些年，郑州航空港实验区采取了一系列贸易便利化的措施，包括：郑州航空口岸实施7×24小时通关措施；完善郑州新郑综合保税区功能，实现口岸作业、保税加工、保税物流、综合服务四大功能全覆盖；创新贸易发展方式，推动高能级贸易主体集聚；完善贸易服务机制，推进商贸物流综合配套创新的电子商务创新；利用郑州成为全国首个跨境贸易电子商务试点城市的时机，建设E贸易、电子口岸服务平台，构建“买全球、卖全球”的跨境电商交易体系；培育国际网购物品集散分拨中心、进口特色商品集散中心；依托河南电子口岸，建设完善国际贸易“单一窗口”，推进口岸管理相关部门信息共享、监管互认、执法互助，加快通关一体化。

郑州航空港采取的贸易便利化措施极大地促进了地区经济的增长，郑州航空港经济综合实验区2018年进出口总额完成527亿美元，占全省总量的60%以上；跨境电商完成2000万单，提升了5.6倍[①]。2018年，郑州航空口岸完成国际地区旅客吞吐量171.5万人次，同比增长33%；完成国际地区货运吞吐量32.9万吨，连续4年居全国第4位。与此同时，电子商务等新业态、新模式促进商贸业加快发展，商贸物流进一步集聚了产业发展。

---

① 郑州航空港经济综合实验区（郑州新郑综合保税区）. 航空港实验区2018年度工作情况[EB/OL].[2019-03-01]. http://www.zzhkgq.gov.cn/zwyw/1606089.jhtml.

（二）上海虹桥临空经济示范区

2016 年 12 月，经国家发展改革委员会和民航局批准，上海市正式设立“上海虹桥临空经济示范区”，涵盖虹桥临空经济园区、虹桥机场东片区及虹桥机场作业运营区，占地面积为 13.89 平方千米，其中虹桥国际机场运营作业区为 7.15 平方千米。作为国家级临空经济示范区，虹桥临空经济示范区凭借特有的虹桥商务区的区位优势、世界最大的虹桥综合交通枢纽的交通优势、一流的服务与支持创新的环境优势、集聚众多著名企业总部的产业优势，成为连接整个泛长三角地区、长江流域地区的一个最具活力和辐射力的现代服务业集聚区。其发展定位是国际航空枢纽、全球航空企业总部基地、高端临空服务业集聚区、全国公务机运营基地和低碳绿色发展区。

2017 年 11 月，上海市人民政府办公厅发布了《上海市人民政府办公厅关于加快推进上海虹桥临空经济示范区建设的实施意见》（沪府办公发〔2017〕68 号），全面推进临空经济的发展。近些年来，上海虹桥临空经济区在贸易便利化方面采取了如下措施：推进军民融合，建立军民航联合管制运行协同机制，提升了空管运行效率，推动建立长三角区域机场群协同发展机制，促进区域内空域运行协同；完善航空口岸通关环境，创新异地值机监管模式，推动自助值机、自助行李托运、自助通关等业务发展；提升客运中转服务水平，推动通程联运、空铁联运，实现综合运输服务一体化发展；创新海关监管模式，探索实施了货物状态分类监管；积极推动自由贸易试验区创新举措在示范区复制推广，在符合条件的区域实施“即检即放”无纸化便捷查验模式、“空检海放”便捷化监管制度等。

贸易的便利化措施及其相关体制机制的改革进一步促进了虹桥临空经济区信息服务业、航空服务业、现代物流业产业的集聚，形成了飞机设计、航空运输、航空维修、航空物流、通用航空等航空服务产业链，航空服务业企业达 218 户，航空服务业产业集群效应明显。在总部经济方面，虹桥临空经济示范区已经吸引了大批国内外企业总部入驻，云集了联合利华、博世、伊顿、携程网等一批国内外知名企业，税收效应、产业乘数效应、消费效应、就业效应、社会资本效应不断得到强化。

（三）重庆临空经济示范区

2016 年 10 月，重庆临空经济示范区获批成为国家临空经济示范区，示范区规划总面积为 147.48 平方千米。重庆临空经济示范区按照核心引领、区域联动的发展思路，以 12 个功能平台为支撑，着力构建“一核五区”的产业空间格局：“一核”即临空经济示范核心区，“五区”即临空制造区、临空商务区、临空物流区、临空会展区、临空保税区 5 个功能片区。

在重庆临空经济示范区获批后，重庆市采取了诸多有关贸易便利化的改革。2018 年 5 月，重庆市人民政府办公厅印发了《重庆口岸提升跨境贸易便利化若干措施（试行）》，推出了提升重庆口岸贸易便利化的 19 项措施并加以实施。2018 年 11 月，重庆海关发布优化口岸营商环境促进跨境贸易便利化的 16 项工作举措。具体实施的措施包括：实行口岸作业单证电子化流转；国际贸易“单一窗口”采用云服务模式，免费提供电子单证交换服务；便利进出口许可证件办理；实行口岸物流“并联作业”；实行口岸物流“限时作业”；大力推广“一体化”通关、持续压缩口岸整体通关时间、实现 7×24 小时通关常态化、推动货物进出口“提前申报”；建立口岸物流应急处理机制，优化航空口岸设施设备等；推进跨部门联合检查作业、加大非侵入式查验比例、推广货物“先放后检”检验监管模式、实施生鲜蔬果产品“即到即放”作业。

在贸易便利化措施的作用下，重庆临空经济区口岸经济发展迅速，2017 年进出口额达 1150 亿元人民币，占到了全市的 20%；临空经济外向型、集聚型的特点逐步显现。截至 2017 年，重庆临空经济区共集聚了 649 家外贸企业、613 家外资企业，展现出口岸经济的活力。

二、典型临空经济区贸易便利化存在的问题

不能从历史中吸取教训的人必然会使历史重演。过去的经验是最好的

指导。它能使人们的行为更加理性，尽可能地避免错误的发生①。虽然各地临空经济区在贸易便利化进程中取得了不少成效，但在不同程度上仍存在制约临空经济纵深发展的问题。

（一）立法位阶偏低，缺乏统一立法

现实生活中确实存在立法规模数量宏大而法律实施效果不尽如人意的现象②。从规范性文件的性质来看，郑州航空港经济综合实验区以及上海虹桥临空经济示范区多数性的文件均以“通知”“方案”“决定”的形式出现，体现出了明显的政策性特点。经济政策不是直接由经济理论推导出来的，是综合许多学科理论并从现实出发的结果。理论不同于政策。理论来自学者对现实的思考和观察，政策来自政治的过程。有时政策与公认的理论正好相反，但这种政策也许是现实所需要的③。以郑州航空港经济综合实验区为例，河南省人民政府出台的《河南省人民政府办公厅关于支持航空港经济综合实验区发展的意见》（豫政办〔2013〕93 号）和《河南省人民政府办公厅关于郑州航空港经济综合实验区与省直部门建立直通车制度的实施意见》（豫政办〔2013〕92 号），从通关便利化政策、金融政策、产业政策、财税政策、要素保障政策、人才保障政策、其他政策七个方面促进港区经济建设发展。这些政策在实施过程中难免会根据客观实践变通，政策约束性明显不足。倘若将相关政策体系化，以地方性法规的形式予以颁行，能够极大地增强规范的权威性和刚性约束，有力促进航空经济的发展。当然，追求体系完备、逻辑清晰的规范体系可能存在一定的障碍。因此，笔者认为当前可采取“成熟一策，升格一法”的方式，各临空经济区以地方特殊战略定位出发，结合地方立法权限出台相应科学合理的制度，紧紧围绕“地方性事务”做文章，突出地方特色，并妥适结合国家有关部门的支持政策，适时将其提升为地方性法规。在诸如综合交通枢纽

---

① ADAMS C. For Good and Evil：The Impact of Taxes on the Course of Civilization[M]. Lanham：Madison books，1993：447.

② 徐汉明．法治的核心是宪法和法律的实施[J]．中国法学，2013(1)。

③ 梁小民．经济学家不能治国[J]．读书，2003(11)。

建设、快速通关制度建设、产业扶持政策、综合执法建设等立法条件相对成熟和管理经验相对丰富的事项上先行立法，注意不得违背宪法原则和精神，不得超越法定权限和范围，逐步形成可复制、可推广的规范文本。与此同时，应注重对拟定的制度措施进行压力测试，及时提炼、总结经验教训，以及增强地方立法的前瞻性和引领性，为以后创新规范的出台预留空间，避免制度规范的僵化与滞后。

（二）地方法规调整不够，政策洼地现象频发

地方性法规不得违背宪法原则和精神，不得与法律和行政法规的规定相抵触，这是地方立法的底线，是必须遵守的、不可逾越的。改革开放40多年以来，我国经济体制转型加快，法律制度建设也取得长足的进步，但是我国法律体系仍不完善，许多可操作性制度严重依赖地方性法规，法制的更新完善落后于改革发展。航空经济区建设均提出了诸多改革预案，需要规范制度的支撑与配合，凸显了立法引领和推动改革发展的思路，充分发挥立法的先导作用。为适应航空经济区建设的需要，应理顺地方性法规、地方政府规章与法律、法规的关系，省人大及常委会、省政府应及时梳理相关规范，对于扩大或者缩小上位法的禁止范围，增加或者减少上位法规定的当事人的权利和义务，超越上位法的处罚行为、种类和幅度调整等冲突规范及时停止、修改甚至废除。

实际上，规范或制度在社会上的存在，取决于它们在指导和评价人类在社会环境中的活动方面所起的实际作用①。当前我国存在诸多航空港，虽然在功能定位和历史使命上略有差异，但都有蓄势待发的经济发展改革需求，各航空港经济区之间势必会竞相出台吸引国际人才与资金的地方政策，由此产生制度竞争。由于各航空港经济区产业禀赋不同，市场环境各异，竞争与冲突客观存在，但应避免人为设置政策洼地，竞相利用公共财政资金“站下游”，以简单粗暴的税收优惠搞“政策围栏”。经济要转型，产业结构要优化，要接受激烈的挑战，应杜绝围城式的保护策略，在航空

① 麦考密克，魏因贝格尔．制度法论[M]．周叶谦，译．北京：中国政法大学出版社，1994：10.

港经济区发展中必须要有全局意识，充分利用比较优势，创造理想的营商环境，以此形成竞争优势。其中，对重点扶持的鼓励类产业，可采用直接优惠手段与间接优惠手段相结合来加大税收优惠力度，避免大量的企业以税收优惠为目标盲目向该区域聚集，短期集聚效应过后反而扰乱了市场，对经济区的长远发展极为不利。对如企业所得税等中性化较弱的税种优惠，应以投资抵免、加工折旧、费用扣除、递延分期纳税等间接优惠为主，不仅能有效降低区内企业的税负，还能有效发挥税收政策导向作用。

（三）通关效率有待提升，口岸功能较为单一

虽然不少航空经济区优化口岸营商环境，压缩货物整体通关时间，但追求快速的航空经济区通关措施仍有简化的空间。部分口岸基础设施布局不合理，仓储、堆场格局导致物流调度、分类作业管理混乱，不利于企业安排生产和制订运输计划，延长了进出口货物在场站的停留时间。部分区域常规稽查、保税稽查未建立有效的沟通机制，报关质量并没有显著提高。还有部分区域收费目录混乱，甚至存在利用或者垄断地位指定服务、强制服务并收费以及只收费不服务等行为，以及各个业务主管机构均没有协作机制，企业进出口合规成本并不低。此外，收费清单调整也不及时，审核把关不严，明显超出服务成本。

在航空经济在运输能力不断“加持”的背景之下，涉及物流范围逐步扩大，诸如车辆配件、电子产品、医疗器械、食品种苗等，但部分口岸业务规模不足，辐射能力有限，需要适时地开放业务范围，否则无法满足航空经济不断增长的需求。在此之上，相关服务平台必须发挥应有的作用，“单一窗口”推进应加快，与业务种类和规模增加相匹配。

（四）负面清单未及时更新，外汇结算管理僵化

党中央、国务院在多个重要决策文件中提出全面实施准入前国民待遇加负面清单管理制度，并逐年更新负面清单目录，便利外商投资。航空经济特区在既有优惠政策之上，应明确凡法律、法规、规章、政策未明令禁入的领域，及时对外公布，并鼓励外资投入，保障境外投资者利润的自由

汇出。部分区域在产业发展资助、贷款贴息等扶持政策上仍表现出了内外有别的态度，外资企业未能及时享有航空经济区内的优惠政策。

外汇结算制度应是很多外资企业落户航空经济区前着重考虑的事项，但一些区域外汇账户备案和外汇账户开立分别进行，办理经常项目购付汇、收结汇及划转周期过长，审批流程烦琐，给企业造成了一定的资金压力，以及使企业承担了汇率变动的风险。

第四节　提升航空经济贸易便利化的建议

国家在推动社会经济政策时并不能在空中建起楼阁，会受到原有社会经济结构的限制，特别是原有的制度所镶嵌的环境及其形成的路径依赖，使其在制定政策时受到种种限制①。在全球化的今天，人才、技术、资金等生产要素按照价值规律的作用在世界范围自由流动，迈出一国之樊篱，在国际市场参与竞争与博弈，如何吸引外资和引进技术是一个严肃且迫切的问题。现代国家间的竞争不仅是经济实力的竞争，更是文化实力、法制实力等软实力的竞争。便利化与自由化共同构成21世纪国际贸易法发展的趋势。立法不可能预见到社会发展中的所有情况，也不可能为了适应社会发展中的变化而不时改变每一个法案②。作为改革开放的先行者，应树立全球化制度竞争意识，立法必须具有国际视野，以应对新形势、新挑战，不能闭门造车。因此，我们应当注重对影响经济发展的法律制度的完善，在梳理总结航空经济发展过程中的典型问题后，笔者建议应从以下几个角度提升航空经济贸易便利化。

一、强化法治思维，实施参与立法

法律制度与经济发展的关系是一个宏大的命题，几代学人为此奋斗不

---

① EVANS P. Embedded autonomy: states and industrial transformation[M]. Princeton: Princeton University Press, 1995: 142.

② 胡克．法律的沟通之维[M]．孙国东，译．北京：法律出版社，2008：66.

息，任何单个的研究都无法为其提供确切的答案①。但是，有一点可以得到确认，即现代经济增长的本质是一种技术、产业、基础设施和社会经济体制的持续性结构变迁过程。作为一种全新的经济形态，航空经济从内生的发展需求来说，迫切地需要法治的保障。航空经济的法治保障，是航空经济制度化、规范化发展的根本要求，也是航空经济向更高层次发展的必经阶段。航空的法治建设应当坚持两个原则：一是普遍性与特殊性相结合的原则，不仅应从法治的一般理论出发审视航空经济法治建设，还要顾及现有航空经济区域立法的特殊性，立足区域优势，突出地域特色。二是不得与上位法相冲突，维持法治权威。涉及航空经济发展的地方性政策，应当履行合法性审查程序，尤其是关于产业规划、电子商务、金融财税等的政策不得突破上位法规定，保持法治的统一和权威。

党的十九届四中全会指出，建设人人有责、人人尽责、人人享有的社会治理共同体，要求坚持民主立法，完善党委领导、人大主导、政府依托、各方参与的立法工作格局，立、改、废、释并举，不断提高立法质量和效率。经过多年的理论探讨和实践探索，人们对立法民主化的价值已经形成共识，民主立法作为实现构建社会治理共同体的手段受到高度重视。立法民主化有利于社会和公众参与及监督立法过程，有利于约束立法权的滥用，有利于立法科学化的实现。但是与中央决议精神和民主立法的价值形成鲜明对比的是，我国航空经济区域的立法民主化面临着诸多方面的问题，主要集中在立法主体对于是否采取、如何采取民主化立法方式具有较大的裁量权，立法民主落入形式主义的桎梏，导致航空经济区域立法并没有充分调动各方利益。虽然目前我国已经形成了民主立法的制度架构，但是距离实现“社会治理共同体”的目标还有一定距离，在立法主体单一、政府主导立法的背景下，权力自上而下地传导，立法代表部门利益，不能有效反映公众意志，容易脱离社会实际。航空经济的建设，是对外开放和对内改革的深层谋划和推进，对于优化我国航空货运布局，推动航空经济

---

① 米尔霍普，皮斯托．法律与资本主义[M]．罗培新，译．北京：北京大学出版社，2010：271.

发展，促进区域协调发展、扩大开放具有重要意义。因此，在法治保障的进程中，应平衡各方利益，广泛听取各方意见，积极开展利益相关方的听证制度，减少利益冲突带来的矛盾，营造公平竞争的环境，建立统一大市场，互利互惠，实现各方共赢。

二、简化审批程序，规范执法行为

持续的技术创新、产业结构升级和相应的制度变迁，是现代社会经济长期增长的驱动力①。从理论上说，诸如郑州航空港经济综合实验区以及上海虹桥临空经济示范区运行的关键在于政府职能转变，政府服务市场，尊重市场，解放束缚市场配置资源的障碍，以及放松贸易和经济活动的自由权限。当前，我国航空经济特区均积极主动地开展简政放权、放管结合、规范执法，加快行政管理制度改革与创新，逐步形成与国际投资、贸易通行规则相衔接的基本制度框架，全面改变以往行政服务中的流转环节多、周期长、效率低下、收费不规范、准入成本过高、部门之间缺乏沟通、协调不力、重复提交资料等种种弊端，规划设计符合航空经济发展需要的高效工作流程。

良好的营商环境是一个国家或地区经济软实力的重要体现，是一个国家或地区提高综合竞争力的重要方面。其中，政府服务效率与质量是评价营商环境的重要指标。临空经济区域管理部门应当从以下三个方面开展工作：首先，临空经济管理部门面对审批事项多、登记事项庞杂的局面，必须梳理出减少服务对象办事时间的管理流程，明确许可事项、审批依据、审批部门、审批时限和审批条件，及时予以公布，避免重复管理或管理真空。同时，对于无价值的流程，进行大刀阔斧的删减，使审批流程精准有效。其次，精细开展“单一窗口”服务制度。全面推广“全程代理、协同办公”的并联审批方式，让政府与申请人单点接触，变政府与申请人的外部循环为政府的内循环。由牵头部门召集相关部门联合办公、联合踏勘、

① 林毅夫. 经济发展与转型：思潮、战略与自生能力[M]. 北京：北京大学出版社，2008：7.

联合验收，一次性提出有关意见，如缺席和超时未予答复则视同默认同意申请事项。对于流程中各部门需填写的申请表进行整合，实行一表制，一次采集数据。对于重复的申请材料只收取一份，形成电子档案，由各部门共享。最后，推动电子政务的发展。随着互联网技术的发展，除保密事项外，行政申请、转送、答复、审核和办理等均可以通过政务大厅、网上政务大厅、政府官网等网络渠道办理，有效节约企业的时间成本。

三、探索通关便利化措施，提升口岸效率

“社会的需求和社会的意见常常或多或少地走在法律的前面，我们可能非常接近地达到它们之间的缺口的接合处，但永远存在的趋势是要把这个缺口重新打开。”[①] 为进一步优化口岸营商环境，提升航空经济区跨境贸易便利化水平，2018 年 3 月，海关总署会同口岸管理各相关部门出台了《提升我国跨境贸易便利化水平的措施（试行）》，这是指引各航空经济区域实施通关便利化的重要参照。各航空经济区管理部门应当全面落实，有针对性地创新海关、边检执法方式，推进口岸监管创新，优化职能，提升口岸效率，进一步为广大进出口企业提供更加优质的服务，更好地促进航空经济区开放型经济的发展。

具体而言，应当从以下几个方面探索通关便利化措施，提升口岸效率：首先，推进海关、边检一次性联合检查。海关直接使用市场监管、商务等部门数据办理进出口货物收发货人注册登记，实现统一申报单证、统一作业系统、统一风险研判、统一指令下达、统一现场执法。从进出口货物一般监管拓展到常规稽查、保税核查和保税货物监管等全部执法领域。提高进口货物“提前申报”比例，鼓励企业采用“提前申报”，提前办理单证审核和货物运输作业，非布控查验货物抵达口岸后即可放行提离。优化检验检疫作业流程。减少双边协议出口商品装运前的检验数量。建立跨部门的综合管理服务平台，将其作为国际贸易“单一窗口”的载体，完善

① 梅因．古代法[M]．北京：商务印书馆，2010：15.

电子口岸信息标准，真正实现海关、检验检疫、海事、边检、税务、外汇管理等监管部门之间信息互换、监管互认、执法互助。其次，完善综合保税区保税加工、保税分拨、保税物流等功能，进一步拓展国际贸易、商品展销、维修、研发、结算等新业务，由加工型向混合型发展。支持综合保税区扩区发展，完善综合保税区口岸作业区功能，实现与机场口岸强强联合。全面推行“先进区，后报关”与“批次进出，集中申报”制度。“先进区，后报关”是指在海关特殊监管区域境外入区环节，允许经海关注册登记的区内企业凭进境货物的舱单等信息先向海关简要申报，办理口岸提货和货物进区手续，再在规定时限内向海关办理进境货物正式申报手续，海关通过风险分析进行有效监管的一种作业模式。“批次进出，集中申报”使得外贸企业由原来的“一票一报”改为“多票一报”，从而减少企业申报次数，加快企业物流速度，降低通关成本。最后，推进口岸监管方式创新，通过属地管理、前置服务、后续核查等方式，将口岸通关现场非必要的执法作业前推后移。实施口岸通关作业无纸化和许可证件联网核查核销。加快实现报检报关“串联”改“并联”。改变现有货物报检报关“串联”流程，实现报检、报关同步“并联”受理，将通关单电子数据联网核查从电子审单环节后移至报关单放行环节。电子数据比对不符的，系统转入现场人工处置，并将处置情况反馈给检验检疫部门。深化口岸查验单位协作共管，明确口岸联合检查主体，依托跨部门信息共享和交互平台实现指令对碰功能，统筹使用监管设施设备，进出口收发货人或其代理人备箱至查验区后，各查验单位按照商定的时间到场查验，做到一次作业、一次完成检查。争取国家支持，在海关、检验检疫、认证认可、标准计量、统计信息等方面与“一带一路”沿线国家和地区开展合作，探索建立与沿线国家口岸部门查验结果互认机制，提高贸易便利化水平。

四、发展跨境电子商务，建立多式联运枢纽

在全球化的时代背景下，跨境电商作为新生力量，呈现合作发展、融合发展的必然趋势，成为国际贸易的主要业态模式。我们应充分认识这一

经济发展规律，积极展示我国航空经济在跨境电商发展中的市场先机和先发优势，引导建立 EWTO（电子 WTO）的贸易制度和规则，占领新的国际贸易规则体系。推动跨境电商自由化、便利化发展，必须加快建设“单一窗口”综合服务，完善跨境电子商务信息共享、金融服务、智能物流、信用管理、质量安全、统计监测和风险防控体系，扩大出口规模，逐步规范进口业务。在跨境电子商务企业对企业（B2B）方式相关环节的技术标准、业务流程、监管模式和信息化建设等方面先行先试。随着企业和个人信誉的提高，对管制的需求就相应减少；当信誉高过一定点后，管制就不再必要，市场可以自行正常运转①。

首先，探索跨境电子商务标准化、规范标准体系。跨境电子商务标准化、规范化的操作规则对于一个新兴产业的规范性发展至关重要。没有统一的实施标准，将在无形中放大跨境电子商务的交易风险，滋生法律隐患，加大监管部门的监管难度，使跨境电子商务这种新型经济形态处于一种失序状态。从跨境电子商务的交易模式来看，其交易中的主体、行为、流程都具有标准化的可能与必要。交易主体的基础信息及其信用标准、电子平台接入标准、电子贸易单证标准、电子合同标准、通关流程标准、通关分类管理标准等共同构成了跨境电子商务标准化体系的组成部分。航空经济区域积极探索涉及跨境电子商务多个交易要素的标准化文本，规范和促进地方性跨境电子商务的发展。其次，积极推进跨境电子商务综合试验，完善国际商贸物流体系，探索建设跨境电子商务商品物流分拨中心，为全国跨境电子商务企业提供供应链服务。不断完善跨境电子商务出口监管措施，探索跨境电商负面清单制度、相应的企业备案和商品备案制度、风险评估及分析制度、质量追溯和监测制度、企业信用管理制度、生产国标准等。最后，按照适度超前的原则，建设设施先进、网络完善、支撑有力、运行高效的空陆货运联运枢纽。加强航空货运基础设施建设，大幅提升空港货运作业能力。加快航空货运仓储设施建设，完善快件集中监管中

---

① 张维迎．信息、信任与法律[M]．北京：生活·读书·新知三联书店，2003：18.

心、海关监管物流园和转运基地等设施，全面提升货运保障能力。创新发展先进运输组织方式。推进“一票到底、货畅其流”的多式联运服务。建立与国际接轨的多式联运信息化、标准化体系，加强与沿海、沿边及国外主要口岸的衔接，提高多式联运一站式通关服务效率。推广集装箱运输、托盘化单元装载和智能化管理技术，提高物流效率。

五、建立金融支撑体系，推进对外贸易升级

临空经济以民用航空业为依托，涉及航空运输业和航空制造业，不仅包括了客流、货流，而且聚集了产业链条上的知识、信息、技术、资金为要素资源的服务业，例如飞机租赁、高端精密仪器、精密设备租赁等特色金融租赁业务。在临空经济发展过程中，离不开跨境金融体系的支持，涵盖了金融业的跨境结算、资金融通、金融服务的金融体系能够为临空经济的发展提供更加国际化的路径。为支持临空经济发展，应着重发展以下金融支持制度。首先，积极争取国家政策支持，深化外汇管理改革，简化跨境资金汇兑审核和直接投资外汇登记手续，完善结售汇管理，促进贸易投资便利化。探索开展支付机构跨境电子商务外汇支付业务、跨国公司外汇资金集中运营管理以及跨国公司双向人民币资金池业务等试点，推动国际结算中心建设。其次，大力开展离岸金融业务，探索建立离岸金融结算中心和离岸金融业务新模式，开展以供应链融资为核心的航空物流金融服务、保理及保理资产证券化业务。积极发展航空金融服务和跨境人民币等业务，着力打造区域性国际金融中心。最后，降低金融服务机构设置门槛，繁荣金融服务业。推动金融服务业对符合条件的民营资本和外资金融机构全面开放，积极引进境内外金融机构。支持设立信托公司、金融租赁公司、财务公司、消费金融公司、货币经纪公司等非银行金融机构，创新发展飞机、高端精密仪器、精密设备租赁等特色金融租赁和融资租赁业务。积极引进国内外有实力和影响力的金融（融资）租赁公司设立分支机构，开展业务经营活动。

坚持货运优先、以货带客，培育引进大型货运承运商和物流集成商，

改善和优化机场空域结构，增加空域资源。大力拓展航线，发展联运业务，加快陆空联运体系建设，开展多式联运物流监管中心试点。推动“机、公、铁”三网联合配套集疏，融入全球物流网络，打造全国重要的国际航空货运枢纽和国际物流中心。此外，探索设立大宗商品交易和资源配置平台，大力发展国际贸易，加快培育贸易新型业态和功能，抢占全球贸易价值链制高点。推动跨境贸易电子商务服务试点规模化运营，打造有影响力的大型跨境贸易电子商务平台。

六、创新争端解决机制，快速化解贸易类经济纠纷

临空经济不能再单纯以税收优惠以及政策洼地获得发展，而应积极探索管理模式创新，在贸易、投资、金融、管理、司法改革的基础上，以国际化的水准搭建平台。除了社会转型引发的不同利益诉求的利益主体之间的纠纷数量激增①，现代经济方式复杂化与专业化正逐步加深，司法职业亦应专门化②，否则，司法就无法发挥定分止争与权益保障之功能。在司法活动中，确定事实是一个可能出现许许多多错误的困难过程。《淮南子·汜论训》有云：“苟利于民，不必法古；苟周于事，不必循旧。”随着临空经济区的开放不断深入，临空经济领域中各种贸易类经济纠纷，尤其是涉外贸易类经济纠纷必然增多，纠纷也会日趋专业化和复杂化，超出一般法院审判能力。因此，不断提升临空经济区法院处理贸易类经济纠纷，尤其是涉外贸易类经济纠纷的能力是实践所需，也符合商事领域高效解决纠纷和保护当事人权利的国际潮流。

以税务纠纷为例，临空经济活动涉及国际税收管辖、国际税收协定以及国际反避税协议等敏感的跨国税务纠纷，且争议的主体多为跨国公司，对国家与国家之间正常的贸易往来产生重大的影响。传统的涉税争议的解决模式已经落后于实践发展的需要，必须适时改造涉税争议的解决模式，

① 杨超．试论转型期利益关系的协调与政治稳定[J]．毛泽东邓小平理论研究，2004(5)．

② Ad Hoe Committee. Business courts：towards a more efficient judiciary[J]. Business lawyer，1997，52(5)．

应以涉税争议解决的组织专门化弥补传统涉税争议纠纷解决模式与实践的差距。因此，必须以国际化视野未雨绸缪地组建符合国际一般做法的专业税务法院，及时解决国内和国际涉税争端，有利于保护国家税款的及时征收，也有利于纳税人权利保护，为临空经济发展提供良好的法制环境。专门法院的设立在我国并非新鲜事物，先前成立的诸如铁路法院、森林法院、水上运输法院虽然已被取消，但积累的有益经验值得我们学习。从法理上讲，建立专门的税务法院并不存在障碍，《中华人民共和国宪法》和《中华人民共和国人民法院组织法》为知识产权法院的建立提供了法理基础。临空经济作为深化改革的前沿阵地，可以设立专门的税务法庭，积累实践经验，等条件成熟时再建立规范系统化的税务法院。总之，对于临空经济发展过程中涉及的专业性强的经济纠纷，应当根据纠纷产生的领域，及时搭建起化解纠纷的专门性机制，避免规则体系面对复杂、专业的纠纷时失灵，推动临空经济的深度发展。

第六章

临空经济与知识产权制度创新研究

临空经济区的知识产权法律制度的创新，一般是该地区迫切需要打破传统法律制度的制约而不断进行的制度革新。从目前来看，临空经济的发展主要适用全国统一的知识产权法律制度，缺少特色的、专门适用于该区的知识产权法律制度。临空经济区知识产权问题的研究，要立足该区域的基本特点。从经济形态上看，临空经济是与陆地经济和海洋经济并行的“临空经济”。从产业角度进行剖析，其是以民用航空业为战略依托形成的经济发展形态。在基本内容上，临空经济由以民用航空业为核心的航空活动引起的经济联系构成，包括直接或间接依赖航空运输和通用航空而进行的生产制造业和服务性产业活动。在实际范围上，临空经济的核心层包括客货航空运输、通用航空、机场建设与管理、空中交通管理、飞机维修、航空油料供应、航空销售代理等，其上下游主要包括飞机和高端设备制造、新材料新技术研发和应用、航空金融租赁、空港产业园、航空物流、航空旅游等。而临空经济的辐射范围，可以深入国民经济的各个领域。在主要特征上，临空经济是现代经济、服务经济和绿色经济。根据以上内容，分析临空经济中涉及的知识产权，主要包括专利权、商标权和相关的权利限制等内容。

航空物流业、快递业和制造业是机场提供的飞机支援服务的重要环节，是航空核心产业。围绕机场直接进行的相关工业产品的生产，是航空产业链的核心组成部分。例如，机场跑道和其他资源是运输过程中的重要服务设施。同时，航空核心产业还包括为航空运输业提供担保服务的航空相关产业，直接为航空制造业活动和机场内的运输活动提供支持服务。其目的是确保飞机制造商和航空公司的正常运营，如飞机维修业。这些行业的发展直接依赖航空制造和运输活动，而航班的飞行活动也受到这些行业的限制。试想，若没有航空材料供应，没有飞机零部件制造，没有飞机整机装配，没有民航专用设备制造，没有航空技术服务，没有适航审定，没有航空维修等，民航业和临空经济也就无从发展。这一系列航空核心产业和航空相关产业都与知识产权密切相关。

第一节　临空经济发展中的知识产权制度创新

临空经济的发展离不开自主创新。创新的核心是掌握关键技术领域的知识产权，提高产业的国际竞争力。目前，航空经济区的加工贸易型发展模式制约我国产业竞争力的提升。自 20 世纪 90 年代以来，我国通过大量引进外资，承接了全球产业转移，逐步融入全球生产网络，在临空经济区形成了巨大的生产加工能力，而出口的产品相当一部分是在华外资企业生产并返销母国的。目前，中国两头在外的加工贸易占进出口的比重仍在 50%左右。由于处于国际产业链低端，利润空间小，从事加工贸易的企业对国外市场的依赖性和敏感度非常高，国际市场一旦出现了波动，即可能面临生存危机。在临空经济产业方面，虽然高技术产业增长速度很快、规模很大，但存在很大的“虚高”成分①。因为我国临空经济产业发展在很大程度上依赖加工贸易。要从根本上扭转这一局面，在国家战略层面必须大力鼓励自主知识产权创新，实现创新驱动型发展模式。临空经济发展中涉及知识产权的范围较广，在此仅就相关密切的内容进行阐述。

---

① 马治国，张楠. 中国自贸区知识产权保护研究[J]. 科技与法律，2018(6).

一、临空经济产业中的专利权保护

专利法中使用的术语“发明和创造”指的是人类在利用自然和改造自然过程中，所创造的、具有积极意义的，并表现为技术形式的、新的智力成果①。在我国被授予专利权的专利类型包括发明、实用新型和外观设计三大类。

当前临空经济核心产业中，可以获得专利法保护的产品和技术很多，主要有五个方面：第一，供应的航空材料，如金属、合金材料、有机非金属材料、无机非金属材料和复合材料等；第二，制造的飞机零部件，如飞行仪表、控制系统、雷达系统等；第三，制造的民航专用设备，如空中交通管制设备、地面服务专用车辆等，以及航空相关行业中汽车高端组件研制，如汽车电子和控制系统等的制造；第四，航空电子信息研发制造，即制造各种电子信息产品和零件，如微电子、光电元件和电子通信设备；第五，生物科技及医疗器械制造，如使用生物及其细胞成分，使用基因工程、细胞工程、发酵工程、生物芯片技术、组织工程技术等。只要上述产品或方法具备了我国专利法规定的专利授予条件，即根据授予发明和实用新型专利的三性标准，或符合授予外观设计专利的四性标准，申请人就可以提出专利申请，通过审查后获颁专利权证书。

此三类发明创造，无论是对产品、方法或者其改进提出的新的技术方案的发明，还是对产品的形状、结构或者其结合提出的实用的新的技术方案的制订，抑或是对产品的形状、图案或者其结合以及色彩与形状、图案的结合做出的、富有美感并适于工业应用的新的外观设计，其受到专利法保护的权利，笔者试图将其界定为临空经济中的传统专利权。与此相对应的，就是非传统的平行进口、临时过境、贴牌加工等专利权相关权利。

---

① 吴汉东．知识产权基本问题研究［M］．北京：中国人民大学出版社，2005：383.

二、临空经济发展中的平行进口问题

航空经济既是一个创新型的产业，又是一个与进出口关系密切的开放型行业经济。因此，与其他性质的区域经济相比，其涉及的平行进口问题较多。

（一）航空经济区关于平行进口的规定

平行进口专利产品问题是一个非常复杂的法律问题。与贸易有关的知识产权协定（Agreement on Trade - Related Aspects of Intellectual Property Rights，TRIPs）第 6 条规定，本协议规定的纠纷解决程序中，在符合上述第 3 条和第 4 条规定的条件下，本协议中的任何内容均不得用于解决与知识产权权利用尽相关的问题。也就是说，只要遵守国民待遇和最惠国待遇，WTO 各成员对权利用尽问题可以自行其是，TRIPs 不做统一规定。平行进口属于权利用尽的跨国界问题，各国是否承认平行进口的合法性，以及平行进口应当符合的条件等方面，具有很大的灵活性①。《中华人民共和国专利法》第 69 条第一项明确规定平行进口专利，即专利产品或依照专利方法直接获得的产品，由专利权人或由其许可的单位或个人出售。使用、许诺销售、销售或进口该专利产品不被视为专利侵权。根据法律规定，这里所谓的平行进口的核心问题是考察在一国已经销售的专利产品，再出口到另一个国家，当进口国拥有产品专利权的人和出口国的是同一人时，进口国的专利产品的销售、许诺销售、使用是否侵犯了专利权人的合法权利呢？根据权利穷竭理论，专利产品在全球范围内首次销售而专利权用尽，则平行进口必然为合法行为。我国 2008 年修改的专利法增加了平行进口的内容，这无疑对贸易往来和消费者都大有裨益。由于平行进口的直接原因是不同地区的价格差异，我国临空经济区的专利平行进口，目前也适用上述专利法的规定。但是对临空经济区的专利平行进口来说，必然会

---

① 连丰，车晓蕾，孙艳霞．专利权平行进口问题与思考[J]．科技经济导刊，2018(9)．

涉及数量众多、情况各异的实际案件，这就需要通过制定专门性规定对专利平行进口问题予以明确，细化具体规定，尤其需要对一些例外规则做出法律和政策的精细化考量。

此外，我国仅对专利平行进口做了规定，对于商标平行进口未做规定，其是否合法，一时难以言说。但由于它涉及知识产权的基本理论，如权利穷竭原则、区域原则以及国际贸易等其他复杂关系，这都需要我们对商标平行进口进行深入研究。

（二）平行进口规定的完善

对于航空经济区中商标的平行进口，须考虑该地区经济成熟后，其跨境电子商务呈现的爆发式增长模式对其产生的影响。航空经济区的发展将加速跨境电子商务的发展，电子商务也是未来该区的重要发展方向之一。这给知识产权保护带来了新的挑战。跨境电子商务中产生的商标平行进口的特征在于交易网络虚拟化以及交易主体的交易特征。这就使得商标平行进口的演变愈加复杂，面对这种复杂化的趋势，本书认为，我们可以建立商标平行进口的白名单清单，以控制跨境电子商务爆炸性增长对商标平行进口产生的不利影响。建立商标平行进口的白名单清单，指导跨境电子商务公司向主管机关登记备查其公司信息和商品信息①，使得到正规授权的货物能够通过快捷通道加快通关速度，为存在争议的货物的权利确认提供便利。同时，国家对商标平行进口应给予适当的政策支持，对金融和技术实力强，具有良好的商业信誉和社会责任的企业予以鼓励和支持，使其发挥领导和榜样作用。对相关法律法规要不断地加以完善，逐渐实现市场的全面开放。面对网络虚拟化的特点和交易实体的隐藏性，可以建立互联网一体化管理模式，将平行进口商品从进口到注册登记等流通的各个环节有效地联系起来，从而便于平行进口货物的管理和监督，促进建立良好的市场秩序。

---

① 马治国，张楠．中国自贸区知识产权保护研究[J]．科技与法律，2018(6)．

三、临空经济区的临时过境问题

（一）临空经济区关于临时过境的规定

当运输工具临时通过一个国家的领土时，在其装置或设备中使用专利技术以满足其自身的需求不被视为专利侵权。关于临时过境的规定源于《保护工业产权巴黎公约》。《保护工业产权巴黎公约》第5条规定，当船舶、飞机和陆地车辆等交通工具因为某种意外而进入某国时，运输工具本身使用的专利技术不被视为侵权。如果一国专利法中无此规定，国际间的交流将存在极大的困难，因此《保护工业产权巴黎公约》规定成员国都须遵守这一规范。事实上，即要求任何一个参与国际贸易的国家均须对该规范认可。《中华人民共和国专利法》第69条第三项明确规定临时过境，即根据所属国家与中国签订的协定或其参加的国际条约，临时通过中国领陆、领海和领空的工具，或者根据互惠原则，将专利用于其设备均为出于运输工具自身的需要，不视为侵权①。

获得国家发展改革委员会和民航局正式批复的14个临空经济区体制机制建设加快推进，投融资、贸易、物流、监管改革深入实施，成功复制了上海自由贸易区多项海关创新制度和检验检疫创新制度。根据《中国（上海）自由贸易试验区总体方案》的规定，允许企业将货物直接进口到进口舱单上的区域，然后向入境货物清单上的主管海关办理申报手续②。根据方案规定中“外国货物进出该地区的临时管理”，从国外进入自由贸易区的货物只是进口货物，不是出口货物，该地区的海关部门对专利权的实施存在相当大的法律障碍。当犯罪分子利用这一规定，例如假冒专利商品将其带入该区（非正规进口）或在该区内进行假冒产品的生产和销售时，将使假冒产品生产者有机可乘，而监管部门难以取证和监管。因此，临时过境不被视为侵犯专利权，而是用以满足运输设备本身安装和使用专利的需

---

① 王宏军．自贸区知识产权保护的立法创新探索[J]．长白学刊,2017(5).

② 杜颖．中国(上海)自由贸易试验区知识产权保护的构想[J]．法学,2014(1).

要，以及临空经济区内大量非法制造、仓储和运输专利侵权行为的存在，将对我国现行的海关保护条例和海关法对航空经济区的边境执法提出更高的要求。

（二）临时过境规定的完善

为提高临空经济区贸易的执法水平和改善贸易环境，实现全球经济协调发展，可以参考《京都公约》、欧盟《海关知识产权保护条例》、美国《对外贸易区法》和其他先进的国外立法经验，进一步修订我国关于临空经济区知识产权临时过境的《中华人民共和国知识产权海关保护条例》和《中华人民共和国海关法》。

首先，《中华人民共和国海关法》必须理清临空经济区内特殊海关监管区域的执法权，规范程序、明确权利和义务等。换句话说，海关为临空经济区的“关税区”提供便利或免除通关手续，有权在边境执法转运货物。其次，从法律层面的规制来看，《中华人民共和国海关法》是临空经济区临时过境的较高级别法律之一。其中，第 71 条和第 72 条对进出口货物和转运货物规定了多维度的权利归属。《海关知识产权保护条例》仅赋予进出口货物知识产权边境执法权，因此权限范围过于狭窄。《中华人民共和国知识产权海关保护条例》第 2 条规定了应加强转运货物的边境执法权，以提高不同层级法律制度的统一性和完整性。最后，鉴于转运货物知识产权的临时过境，条例应对执法程序和标准规则进行详尽规定。无论进出口货物边境执法的主题、备案范围、处罚或执法程序、指导方针和法律责任如何，都有必要进行完善。同时，还可以借鉴欧美国家在转运货物执法方面的经验，包括海关当局的分配和进出口贸易的举证责任。因此，根据进出境货物的进出口货物规定，转运货物另行立法，形成符合国际贸易形势的多元化知识产权保护模式。

关于过境货物知识产权执法问题：第一，临空经济区需要明确是否有必要对过境货物实施知识产权执法。由于过境货物不进入过境国市场，其本身存在特殊性，再加上知识产权的地域性，这些原因造成了对过境货物知识产权执法的障碍。第二，若不赋予海关此项执法权，则有可能出现例如域外不法分子在境外恶意抢注过境国的注册商标，过境货物有可能进入过境国市场，从而影响过境国市场秩序并导致航空经济区成为侵犯知识产权的域外地的情况。从这个角度来看，对过境货物进行海关知识产权执法是合理的。海关应平衡货物运输过程中货物便利化与知识产权保护之间的关系。本书支持临空经济区内向海关授予过境货物知识产权执法权。另外，由于进入中国市场的可能性、是否恶意侵权等因素会影响海关执法行为，这要求临空经济区制定具体的执法原则。根据实践需要，临空经济区还需要完善地方性法规、部门规章等来明确《中华人民共和国海关法》中“认为必要”的情形，为海关执法提供具体的法律依据。第三，应当明确采取何种执法标准、执法措施。目前，我国法律规定了对侵权的进出口货物知识产权执法，但过境货物侵权的认定标准是否需要区别于进出口货物的认定标准，从而使执法标准、执法措施和进出口货物有所差异，这都是需要临空经济区来制定相应解决措施的。

四、品牌战略中贴牌加工问题

（一）临空经济区贴牌加工的商标侵权

贴牌加工是指加工方根据加工合同为制造商处理特定商标商品。加工完成后，货物交付给定制方，加工方根据合同获得加工费。根据定制方的身份不同，贴牌加工可分为国内贴牌加工和涉外贴牌加工两种。如果委托者与加工厂商同时是一国境内的企业或者个人，那么此种贴牌加工方式构成国内贴牌加工。如果委托者为一国境外的定做者，而加工厂商为一国境内的厂商或者个人，那么此种类别则构成涉外贴牌加工。国内贴牌加工，因为其委托方是中国的公司或个人，因此要求贴牌加工厂商生产制造的商品大部分是已在国内注册了商标的产品，如非故意，基本不会引起商标权利的纠纷等情况①。但是，与国内贴牌加工方式不同，涉外贴牌加工的委

① 蔡智勇．关于建立自贸区统一知识产权服务平台的探讨[J]．科技创新与应用，2017(36)．

托方在国外。尽管要求贴付在被要求加工的货品上的标志或者商标大多数情况下已于定做人所处的国境内进行了注册，但是它们不一定在我国境内获得了商标权，因此仍有可能出现侵犯我国境内注册商标权人权益的情况。从这个角度来看，涉外贴牌加工的行为更有可能侵犯商标权。

目前，随着临空经济区的发展，大量的贴牌加工企业纷纷落户国内，过多的商标纠纷影响了商品的出口。此外，贴牌加工商标的侵权纠纷必须通过海关行政程序和司法程序处理，处理需要很长时间，在争议处理过程中，货物被扣押，企业因未能按时完成合同交付而承担仓储费用和违约赔偿金。这将不可避免地增加企业的运营成本，影响长期合作伙伴关系的连续性，并造成更大的经济损失。

（二）贴牌加工法律规定的完善

1. 严格审查海外客户的商标权利状况

商标权的明确对于贴牌加工贸易的顺利实施起着至关重要的作用，尤其是中国企业在签订合同前明确商标权的权属。首先，中国企业必须严格审查委托方要求使用的商标的合法性，并明确双方在商标许可过程中的法律责任和义务。例如，有必要检查商标注册人和授权许可人是否一致，商标是否向中国海关总署提交，以及委托方的商标注册证书是否在国家合法注册取得等。其次，《商标注册用商品与服务国际分类尼斯协定》明确禁止在同类但属性不同商品上使用与驰名商标一致或类似的商标，否则构成对驰名商标的侵权。因此，中国企业需要对驰名商标的使用保持警惕，确定委托方提供商品使用的驰名商标具有合法性后，再与其签订委托合同。

2. 明确贴牌加工的认定标准

鉴于贴牌加工处理中涉及的政治、经济和法律平衡的复杂性问题，建议严格控制确定此行为的标准，防止以贴牌加工手段实施商标侵权行为。为避免此类情况的发生，本书认为，贴牌加工行为应符合以下条件：（1）外国定作方应享有商标权，或明确授权转委托间接赋权；（2）此商标在中国已被注册且所有权人明确；（3）涉案案件在中国的商标认定与涉案案件的商标认定完全一致；（4）涉及的商品是外国商标的批准商品类别；（5）涉案商品应全部返销到境外；（6）收货人是涉案人员的外国商标所有人或合法第三人。如果完全采用上述“贴牌加工”的狭义条件，有些情况不属于“贴牌加工”的范围，并且行为涉及复杂的外围环境因素，根据商标用途、它是否具有识别商品来源的功能就能推理得出它是否构成对我国商标权的侵犯结论，那么对于贴牌加工的“一刀切”认证标准的表现和识别的行为及异化的原因则是有失偏颇的，从而应当综合考虑国际贸易贴牌加工问题的各种因素。

3. 贴牌加工诚实信用豁免原则

对于贴牌加工“符合诚实信用原则予以豁免”规定给予双层要求，即符合诚信原则的，不视为侵权；反之，则构成侵权。对于前者，海外商标在中国被其他人抢注，而国内加工企业的贴牌加工不被视为侵犯中国抢注人；对于后者，海外商标权人急于注册中国商标，并要求国内加工企业通过贴牌加工进行生产和销售。此时，已确定贴牌加工行为构成对中国商标权的侵犯。因此，国内加工企业的侵权不是由海外客户的恶意抢注行为引起的，而是由合理审查义务引起的。该义务不以《中华人民共和国商标法》为依据，是考查其是否符合《对外贸易商标管理规定》的第 10 条，即“该规定明确要求外贸经营者有义务核实商标的相似性”①。因此，当海外客户违反诚信原则并急于打击中国商标时，需要引入国内加工企业合理审查义务的概念。由于国内加工企业未履行合理的审查义务，因此被判商标侵权。

鉴于有一些不法分子经常钻法律漏洞，利用临空经济区海关较为宽松的监管而实施商标侵权行为，欧美一些国家做出规定，凡是经过本国国境的货品都需要采取必要的知识产权边境措施对其进行审查。不过在审查义务上，欧盟和美国存在一定的差异。美国公开宣布可以对过境的货品采取

① 张涛．OEM 与加工贸易管理方略[M]．广州：广东经济出版社，2002：37.

边境措施，对于过境的货品，即便它们没有最终实现入境，但是它们也应受到制约，属于没收的范围。而欧盟则规定有条件地采取措施，此条件限定为对境内有商标侵权风险的货品和行为。相较而言，欧盟的立法更加灵活，同时平衡了利益和侵权的关系。综上可以看出，上述国家对航空经济区的涉外贴牌加工中有关的过境行为是有义务采取一定措施的，只是在该区有关该行为的“地域性”问题，世界上有两种不同的立法模式，各自具有鲜明特点。美国式是典型的客观形式主义，只要过境，该加工行为便是侵权，需要被采取相关的边境措施。欧盟式则是“中庸式”的平衡主义，尊重商标权利的“地域性”，同时有限定性条件地认定侵权和采取措施①，值得借鉴。

对于临空经济区涉外贴牌加工的“地域性”认定标准的立法，我国与国外既有联系，又有区别。联系反映在临空经济区这一特定领域的知识产权保护“区域性”的特殊性，国内外都关注到不能突破其地域性对区域内的涉外贴牌加工行为采取过度的海关保护。但与此同时，国内外对于此方面的立法也存在一定的差别。美国是客观式的，即只要过境、入境就会被采取措施，其地域性的判断标准是一种较为霸道的、形式主义的地域性判断标准。而我国还考虑了是否在境内销售。从立法的原理和倾向来看，我国与欧盟有类似之处，欧盟的立法原理也有值得我们学习的地方。可以说，我国有关地域性的立法是一种倾向于中庸的、有限定性条件的立法模式，并且更关注其是否有侵权风险。

第二节　临空经济发展中的知识产权战略创新

2008 年 6 月 5 日，《国家知识产权战略纲要》（以下简称《纲要》）由国务院以国发〔2008〕18 号文件正式颁布实施，明确到 2020 年把我国建设成为知识产权创造、运用、保护和管理水平较高的国家，5 年内自主知

① 李钟书．浅议中国企业 OEM 活动中的法律问题[J]．经济论坛，2006(11)．

识产权水平大幅提高，运用知识产权的效果明显增强，知识产权保护状况明显改善，全社会知识产权意识普遍提高。

《纲要》的指导思想中提出了“激励创造、有效运用、依法保护、科学管理”的十六字方针。同时，《纲要》指出，实施知识产权战略的目标是提升我国知识产权创造、运用、保护和管理能力，建设创新型国家，实现全面建设小康社会。切实贯彻十六字方针才能确保目标的实现。通过实施国家知识产权战略，全面完善知识产权制度，让一切创造活力竞相迸发，让一切创新才华充分施展，让一切创新成果得到尊重，已经成为关系国家前途和民族未来的必然选择。实施国家知识产权战略要紧密结合科教兴国战略、人才强国战略和可持续发展战略，坚持激励创造、有效运用、依法保护、科学管理。激励创造是基础，积极运用是目的，依法保护是关键，科学管理是保障。激励创造和有效运用知识产权是实施知识产权制度的目的和结果。

临空经济的发展对知识产权制度产生了一定的推动作用，但知识产权制度反过来既可能促进临空经济的发展，也可能阻碍临空经济的发展。为此，本节既要讨论知识产权制度的促进作用，又要研究如何运用知识产权战略，以促进临空经济高质量发展。

一、知识产权对临空经济发展的促进作用

知识产权制度在临空经济发展中具有非常重要的作用，这是因为知识产权制度是保证技术创新成果权利化、资本化、商品化和市场化的基本前提之一。在知识经济时代，无论是构建促进知识创新的氛围，还是有效地推动知识的传播和利用，都离不开切实有效的知识产权制度的保护。知识产权制度对临空经济发展的促进作用主要体现在该制度的激励功能、配置功能、引导功能、保障功能等方面。

（一）知识产权制度对临空经济发展的激励作用

1. 保护临空经济区的科技创新

法律是社会关系的调节器，“是在社会中占统治地位的阶级在认识和确认其根本利益的基础上，协调社会各种利益并保护被确认为合法利益的手段”①。知识产权制度创立的目的同样在于对涉及知识产品的各种利益予以认识并加以协调。所谓利益，是一个客观范畴，它是人们受社会物质生活条件制约的需要和满足需要的手段和措施。“利益决定着法的产生、发展和运作；法律影响着利益的实现程度和发展方向。②”法律由利益决定，对社会关系中的各种客观利益现象进行有目的、有方向的调控，以促进利益的形成和发展。

在知识产权法律关系中，通常会涉及多类主体的利益，如知识产品创造者的利益、知识产品传播者的利益及利用者的利益。知识产品的创造活动是其他几种利益产生的基础。如果法律不保护创造者的利益，则其他几类主体的利益将成为无源之水、无本之木。那么，如何保护创造者的利益呢？人们通常通过知识产权设立的激励创新机制来实现这一目标。

美国理论界和实务界大多认为，知识产权制度设立的主要目的是激励发明创造。美国宪法第1条第8款明确规定，其赋予发明人专利权的目标是“促进科学及有用技术的进步”。这是因为，发明者在发明过程中需要投入资源和劳动，即花费时间、劳力、设备等物质，在市场经济条件下，个人不会对发明进行投资，除非其这样做的预期收入超过其实际支出。知识产品的创造过程十分艰辛，知识产品的保护也很不易，因为它们具有“公共产品”的特点。所以，政府创立知识产权，旨在赋予作者和发明人对其思想的控制权和发行权，以鼓励他们投资进行新的构思和创作。因此，知识产权的经济学理论不在于奖励创造者的劳动，而是在于保证他们（及其他创作者）获得合适的激励，致力于创造活动。

---

①② 孙国华．论法与利益的关系[J]．中国法学，1994(4)．

以上理论在法律上表现为，各国通过知识产权立法授予知识产品创造者对知识产品在一定期限内的垄断权，同时保护该垄断权不受侵犯。通过这些手段，知识产品创造者无意识的、偶然的发明动机被激发为有意识的、不间断的、持续的活动。知识产权制度就是以利益驱动机制刺激人们智力创造活动的持续性，可以说，知识产权制度是当今国际社会公认的推动和保护科技创新和发展的基本法律制度和有效机制之一。临空经济区是机制体制的创新区，创造性的科技活动非常活跃。只有对知识产权进行充分的保护，才能使临空经济区的发展具有后续持久的动力，才能不断提高临空经济企业创新性技术改造的能力。

2. 促进临空经济区科技成果转化

知识产权制度可以通过促进科技成果的转化来激发创新。推动创新技术的商品化和市场化是科技创新的根本目的，科技成果只有商品化才能使知识产品创造者的利益获得最终的实现，而知识产权制度正是将这一目的的实现作为根本出发点的。知识产权制度通过对科技成果产权的确认和保护，推动了创新成果的市场化，从而建立了一个知识产品传播和利用的市场。在这一市场中，正当的产权交易遭到了鼓励，而非法的产权交易遭到了限制或制裁。最终，科技成果得以顺利实现市场化，从而激励了新一轮的科技创新活动。以专利制度为例，发明人在申请专利的过程中需要耗费大量的金钱和时间，若授权后没有实施，还要交纳昂贵的年费，这就迫使专利权人想方设法地积极推广应用其发明创造成果，尽可能快地实现其专利技术与市场的结合，从而体现了专利制度对于科技成果向现实生产力转化的激励。知识产权重在应用，临空产业以科技型、高端技术型产业为主，合理的知识产权转化机制有利于将科技成果快速应用于生产实践，创造出良好的经济效益。

3. 提高临空经济区的整体社会效益

知识产权制度在激励创新方面带来了巨大的社会效益。知识产权制度以保护创新，促进社会的科技和文化发展为己任，而技术创新能够降低产品成本、提高生产力、优化工艺流程、节省原材料、创造信息产品和新的市场。大量经验证据表明，技术革新促进了经济的增长。它使信息的思想、方法和发明融入生产力，改进了工艺，为市场提供了更好的产品①。社会也可以从技术创新活动中获得直接的好处。临空经济区的高级发展阶段是港产城高度融合的一种形态，知识产权带给经济生活的便利必将提升整个临空经济区的社会福祉。

（二）知识产权制度对临空经济区科技资源的配置作用

发明人的发明成果只有在市场上经过交换，才能成为科技产品，其效用和利益才能得到最大化，才能实现商品化。知识产权制度的确立，为知识产品进入市场确立了规范的法律程序，规范了知识产品的交易制度，从而使科技资源可以顺利进入市场。反之，如果科技成果仅仅被束之高阁而不予以使用，好的创新成果不仅不能在市场中发挥其应有的效用，而且容易造成科技资源的浪费，最终被更先进的新技术替代②。所以，知识产权制度在市场经济中可以促进科技成果的广泛传播和有效利用，促进科技资源的合理配置。这具体体现在如下几个方面：

首先，知识产权制度可以有效降低科技创新主体的研发成本。由于知识、信息和技术具有很强的公共属性，完全竞争的市场机制会导致重复投资、过度生产和恶性竞争，造成资源配置的效率损失。为了避免这一后果，专利制度确立了公开性原则，即专利权取得的前提条件是发明人将发明成果以一定形式公开，使这一领域的中等技术人员在阅读了公开资料后都能实施该专利。该原则的确立，使绝大部分技术和信息处于公知的状态，避免了创造者重复投资，并使其获知最新创造成果而引导其创新活动。通过这一机制，可以有效地防止重复研究、过度竞争等负面效应。以专利文献为例，世界上每年 90% ~95% 的专利成果都能在专利文献中找到，查阅专利文献可以缩短约 40% 的科研时间，节省 60% 的研发费用。美

① 李晓峰．全面推进我国自贸区知识产权改革创新的对策与建议[J]．中国发明与专利，2018(2)．

② 杨静．自由贸易协定知识产权条款研究[M]．北京：法律出版社，2013：67．

国的一次关于科技创新的调查表明，不重视专利信息，凭空构思，只有1%～3%的方案能够成功。知识产权制度可以进一步降低成本，避免人力、物力、财力的浪费，缩短科技创新时间，实现自身资源利用效益的最大化，从而实现科技资源的有效配置。

其次，知识产权制度促进了科技成果的交易，从而促进了科技资源的有效利用。知识产权制度明确界定了创新主体的产权，使科技创新资源合理归属于各个创新主体，为科技资源的交易和合作奠定了法律基础。例如，各国知识产权法都详细规定了在个人发明、职务发明、合作发明、委托发明等各种场合下的知识产权权利归属，从而为知识产权的交易提供了法律保障。当知识产权受到侵害时，各类主体可以通过诉讼方式及时保护自己的知识产品。

简言之，知识产权制度的设立，有效地调整了知识产品的创造者、传播者和使用者之间的利益关系，对创新资源做了合理的配置，使科技创新系统的互动机制得以协调进行，最大限度地减少技术创新系统各要素之间的摩擦，以推进科技成果的传播与利用。在临空经济的发展过程中，完善的知识产权体系能够对经济区内的科技资源进行优化配置，对生产要素进行合理的组织。知识产权科技资源调配功能的发挥也在一定程度上影响着临空产业企业的产业升级和技术改造效果。

（三）知识产权制度对临空经济发展的保障作用

当今世界的竞争主要体现为技术与智力资源方面的竞争。人们创造的知识产品具有公共物品的一些特征，因此很难对其进行保护。从经济学的角度来看，一项公共物品要想为私人享有而成为私人物品，最有效率的方法就是通过制度来规范。知识产权制度的创立，合理地界定了知识产品的归属，对知识产权人的利益给予了保护，从而有效地保障了科技创新的因素。

首先，知识产权制度通过授予智力成果创造者权利保护了创造者的积极性。人们通过设立知识产权制度使知识产品的创造者得到了一定程度的保护，知识产权人通过行使其专有权，获得了一定的财产利益和精神利益。就此而言，科技成果创造人的积极性得到了法律的呵护，社会也可以从知识产品的创造中获得较大的好处。

其次，知识产权制度通过设立知识产权交易制度而帮助创造者实现其利益。发明人进行科技发明的主要目的是实施该技术而获得利益，因此，必须存在一个产权交易制度才能使产权得以真正实现。为此，各国在知识产权法律中都详细规定了知识产权的转让和许可使用制度，从而帮助科技成果的发明者依据法律的规定来转化其成果、应用其成果，最终实现其利益。

最后，知识产权制度通过对侵权人的惩罚保护了创造者的利益不受侵犯。知识产权制度不仅应对科技成果创造者的权利进行确定，还应当对这种权利的侵犯者予以惩罚来规范科技创造市场。知识产权制度详细规定了各类侵犯知识产权的行为并规定其具体的法律责任，主要包括民事责任、行政责任和刑事责任。民事责任主要有停止侵权、消除影响、赔偿损失等；行政责任主要有没收违法所得、罚款等；刑事责任主要是有期徒刑或者拘役并处或者单处罚金，它是最严厉的处罚方式。通过以上责任制度的确立，科技成果发明人的利益得到了一定程度的保护。

由此可见，知识产权制度正是通过法律手段以积极和消极两个方面来规范无形的智力成果的，为包括技术创新在内的知识经济的发展提供条件和保障，促使了良性技术创新机制的健康运行，形成了一个科技发展的公平竞争的环境。临空经济区具有高新技术企业集聚的特征，知识产权是企业产权的重要组成部分，也是企业核心竞争力的重要体现。知识产权的新问题、新纠纷经常发生于经济外向型的临空经济区内，如果不能通过知识产权的确认制度和纠纷解决制度解决这些纠纷，必然会挫伤高科技企业技术创新的积极性，影响临空经济的高质量发展。因此，作为支撑临空经济发展的重要一环，需要在知识产权的实践层面深入落实产权保护的理念和规则，为临空经济区的创新型生产和服务活动夯实基础。

（四）知识产权制度对临空经济发展的引导作用

科学技术发明创造是社会进步的动力，其地位日益重要。由于科技创造活动千变万化、多种多样，对社会产生的作用和影响也是多方面的。一项好的科技创造推动社会经济文化的快速发展，但一些可能危害社会公共利益的科技发明不但不会对社会发展产生积极作用，反而影响社会的进步。所以，并不是任何创造性智力成果都能理所当然地得到法律保护，也不是所有的发明创造都是有利于人类发展。知识产权制度设立的目标是鼓励人们进行创造活动，但它作为一项法律制度，对何种创造成果进行保护也有其原则和规则。知识产权制度通过对知识产权进行管理来规范和引导科技的健康发展，即通过全方位地监督知识产权权利的取得、利用等行为来引导科技走上健康的轨道。

首先，知识产权制度通过设立审查程序来加强对有害知识产品的控制。例如，绝大多数国家都在专利法中规定了审查制度，规定危害社会公共利益的发明创造不能取得专利权，从而引导人们从事对社会有利的发明创造，而减少不健康的发明创造，保障了社会的健康发展。如我国专利法第 5 条规定："对违反国家法律、社会公德或者妨害公共利益的发明创造，不授予专利权。"日本《专利法》第 32 条也规定："有碍公共秩序、良好风俗或公共卫生的发明，不授予专利权。"通过这样的规定，知识产权制度可以引导科学技术向给社会带来福利的方向发展。

其次，知识产权制度通过知识产品的公开程序促进知识产品的传播和利用。人类的发明创造都是在前人的创造成果的基础上完成的，没有人一出生就能拥有知识并进行智力创造，即使是天才也必须经过知识的学习、吸收和利用才能具有创造力。所以，知识产权制度不能仅仅保护权利人的利益，对于社会公众的利益也应当兼顾。在专利制度产生以前，人们总是倾向于对自己的发明创造成果进行严格保密，以保证独享利益。该做法不仅造成了科技信息传播的迟滞，还会产生重复劳动和重复研究生产的现象，不利于发明创造的及时推广、应用和科技的发展。为此，目前各国的专利制度都规定专利发明创造完成者要想取得在一定时期内排他的独占专利权，必须向社会公开技术内容和专利文献信息，让广大公众认识和了解。这样，权利人不必花费很大的成本就能保护其独占权，社会公众也能对最新的创造成果加以了解而开展新的研究，从而避免创造活动的重复性和盲目性，以推进科技的进步。所以，“专利制度的优点就在于它不仅保护了所有者，而且还鼓励他去公开自己的发明，从而维护了科学思想的自由流动”①。由此可见，专利制度中公开程序的设立，促进了创造性成果在社会公众之间的交流与利用，从而合理地配置了科技资源，促进了科学技术的进一步发展。

临空经济区作为体制机制的创新区，更应重视企业智力成果的保护，在实践中不断摸索企业知识产权保护的新措施、新办法，并将成熟的经验进行提炼总结并加以推广，形成临空经济区尊重知识产权、保护知识产权、应用知识产权的社会氛围和社会风气，以产品创新和技术改造引领临空经济的新发展。

二、基于临空经济发展的知识产权战略

为了促进临空经济的发展，航空港区应在知识产权国际化进程中，在立法、执法方面上采取合理的策略。

（一）知识产权创新战略

鼓励企业实施创新战略，加强企业的知识产权保护。虽然临空经济产业中的企业有关科学技术的研发数量和水平高于我国其他区域内的企业，但仍然有相当一部分企业并不了解知识产权是企业资产的重要组成部分，是企业经济价值提升的重要源泉。因此，临空经济企业应当从根本上转变重发现轻发明、重申请专利轻专利应用的观念，增强知识产权保护意识，防止知识产权流失。特别是企业高层领导要从观念和意识上认识其重要性和紧迫性，从管理上要系统全面地组织和策划，为企业的知识产权工作提供资源和制度上的全方位支持。企业在提高知识产权保护意识的同时，面对国际竞争市场也应学会制定企业知识产权战略，将利用知识产权与企业

---

① 吴汉东. 知识产权基本问题研究[M]. 北京：中国人民大学出版社，2005：167.

经营战略结合起来。具体而言，临空经济区的相关企业应当详细制定和运用有效的企业知识产权战略，包括专利战略、版权战略、商标战略等。企业应当设立专门的知识产权保护机构，吸纳专门的知识产权人才，树立知识产权保护观念。企业在加强知识产权保护的同时，还应当注意培养自主创新能力。面对日益激烈的国际竞争环境，企业自主创新是未来的发展道路。临空产业企业在引进、吸收国外先进技术的同时，应当开展自主研究活动，对行业中重大关键技术予以开发，逐步形成自己的知识产权。

（二）知识产权管理战略

构建临空经济区知识产权一站式综合服务的公共平台。从广义上讲，知识产权公共服务涵盖了广泛的内容，应包括知识产权法律和政策的建设以及政府财政支持。然而，这主要是从知识产权的取得、应用和信息支持的角度来理解综合知识产权服务的公共平台。从服务功能来看，知识产权公共服务可分为应用代理协助服务、咨询服务、信息服务、展示交易服务、权利保护服务、融资和产业化服务。发达国家已经建立了完善的知识产权公共服务体系，如大学产业合作研究中心高科技园区和孵化器，国家技术转移网络和国家实验室技术转移联盟。在知识产权公共平台建设方面，中国已经完成了一系列基础性工作，如国家专利信息服务体系已初步建成。三级专利信息公共服务体系框架包括国家、区域和地方专利数据信息服务中心；最初建立了一个三维培训系统，用于传播和利用覆盖全国不同地区和行业的专利信息。还有专利技术展示交易中心、知识产权援助中心、知识产权主题展览等公共服务平台。此外，重点行业和一些研究机构也有公共服务平台，如中国科学院知识产权平台。但是，与发达国家相比，中国知识产权公共服务体系的发展依然滞后。临空经济区对知识产权公共服务平台、知识产权信息供给、知识产权价值评估、知识产权成果转化提出了更高的要求，对交易中介服务、知识产权融资服务、维权援助服务等方面提出了一站式综合服务要求。随着临空经济区市场的逐步开放和知识产权业务的增加，可考虑在区内建立专门的知识产权公共服务平台，为航空经济区内的单位提供知识产权的一站式综合服务窗口，提供从权利获取、转化转移实施、融资到权益保护的一站式服务。

（三）知识产权应用战略

为了促进知识产权创造从数量向质量转变，各临空经济区应制定并完善专利资助办法，同时制定知识产权示范企业、企事业专利工作试点与示范单位、知识产权试点与示范园区评定与管理办法，计算机软件著作权登记、集成电路布图设计登记资助管理办法等，使政策的重点向质量倾斜，规范企事业单位知识产权工作。

1. 完善知识产权运营机制

在临空经济区注册、使用和交易知识产权时，依据当前国际发展趋势，建立健全知识产权运行机制，改革创新中国临空经济区知识产权体系。IP 运营平台的功能也应不断完善。为了实现知识产权市场化，有必要采用先进的技术手段①，这对建立知识产权交易中心至关重要。同时在其职能中增加分析咨询和司法鉴定，以确保知识产权交易的公平性和合理性。

2. 建立知识产权服务机制

在建立知识产权服务机制时，应有效整合周边资源，有机结合高端服务、专业服务和基本服务水平，促进服务模式多样化。为确保知识产权服务机制的有效运作，需设立一个专业的管理团队。此时，应不断吸引知识产权改革创新人才，控制国际知识产权改革创新动力，寻求临空经济区知识产权改革创新经验。

3. 设立知识产权保护战略

建立多元化的知识产权纠纷解决机制。探索委托调解、行业调解、专家调解等调解方法，支持服务机构和行业协会开展知识产权纠纷调解②。完善司法保护、行政监督、仲裁、第三方调解等知识产权多元化纠纷解决

① 孙益武．自贸区知识产权执法的国际协调[J]．WTO 经济导刊，2014(1)．

② 徐俊．自贸区对知识产权保护的影响与司法对策[N]．人民法院报，2013－01－08．

机制。临空经济区所在地政府应制定人民调解工作指导方针，加强知识产权纠纷人民调解工作规则，编制调解案件汇编。同时，还应扩大维权渠道，降低维权成本，促进仲裁和司法鉴定机构的建设和发展。建立知识产权信用制度，完善知识产权救助制度，将侵犯知识产权的信息纳入社会信用记录制度，加强对不信任行为的处罚。

4. 增强行政管理集中化

随着政府机构改革完成，目前，中国知识产权的专利权、商标权和著作权属于两个不同的行政机构，即专利审查授予、商标注册登记都归国家知识产权局管理，著作权归国家新闻出版总署管理。随着临空经济区知识产权业务的增加和知识产权业务的实践要求，笔者建议在临空经济区建立知识产权管理中心，统一完成知识产权事务的行政管理。专利中心、商标中心和版权中心管理各自领域的知识产权保护问题。目前，国家知识产权局已在北京、四川、湖北、河南、江苏等地设立。专利审查协作中心的分中心也可以考虑在临空经济区增加一个新的审查协作中心。国家知识产权局商标局也可以参照国家知识产权局的惯例，在临空经济区内设立商标查询，审批登记分中心①。

5. 加强海关分类监管

此外，海关也是临空经济区内的知识产权行政保护机构，是一个非常重要的机构。临空经济区可参照自由贸易区实行“一线”放开②，“二线”严管③。该政策要求国外货物可以自由进入航空经济区，不受海关监管。而对于货物在国内临空经济区内外间流动，海关必须监管。那么对于一线放开来说，由于货物可以任何形式自由交易，这些活动不需要海关批准。

---

① 吴明熠. 自由贸易区知识产权行政监管制度研究——以中国(上海)自贸区为研究对象[J]. 南海法学,2019(1).

② 一线放开是指要求境外的货物可以自由地、不受海关监管地自由进入自由贸易区,自由贸易区内的货物也可以自由地、不受海关监管地自由运出境外。

③ 二线严管是指货物从自由贸易区进入国内非自由贸易区或货物从国内非自由贸易区进入自由贸易区时,海关必须依据本国海关法的规定进行监管、征税。

从货物进入临空经济区的角度来看，海关监管职能被削弱，区内允许企业依赖进口单据直接入区后再凭入境清单由主管海关签订申报手续。但较为宽松的海关监管方式可能导致侵权货物进入园区，并通过加工、装配等手段粉饰非法商标。另外，有些商品只在自由贸易区流转，不进入中国市场，因此不属于中国的进口商品。如果货物是非法的，海关如何中止放行？我国学者认为临空经济区的过境货物不能等同于进口货物，对于临空经济区内过境货物的知识产权执法，仍然要坚持知识产权保护的区域性，应该在航空经济区采取严格和分类相结合的方式。

6. 提高司法保护力度

关于知识产权案件的处理，有必要建立统一的知识产权司法机构。首先，临空经济区法院应负责审理知识产权纠纷。与航空经济区有关的投资、贸易、金融、知识产权和房地产领域的民事和商业案件，同时可以根据各航空经济区的实际建设和运营情况对案件范围进行必要的调整。目前，其接受的案件范围仅限于民事和商业案件，刑事案件仍由普通法院管辖。因此，未来可维持这一机制，临空经济区法院对知识产权纠纷案件予以审理。其次，在临空经济区设立专门的知识产权法庭或知识产权法院的派出法庭。应结合在我国司法制度改革中探索的知识产权法院的建设①，考虑在临空经济区建立专门的知识产权司法机构。从目前世界各国的经验来看，建立知识产权法院最重要的是解决两个问题。例如，美国联邦巡回上诉法院的成立是为了消除专利案件审理结果的不一致，并消除这种差异对创新的负面影响。另外，简化知识产权行政管理部门与法院之间工作联系过程。德国即属此例。德国专利局（后更名为德国专利商标局）成立抗告委员会和无效委员会，不接受专利审查办公室或各职能部门（如专利局或商标局）的决定，可以宣告向无效委员会提出的请求无效。抗告委员会和无效委员会的决定是最终决定，不得再提起诉讼。在一个案例中，有人指出德国专利局是一个行政机关，而不是法律意义上的法院，其捍卫抗告

① 冯晓青．知识产权法理论与时间[M]．北京：知识产权出版社，2002：103.

委员会和无效委员会的决定是行政行为而不是司法审判；德国专利局的决定是最终决定，不可撤销。然而，另一个问题是，德国行政法院的审判是三审的最终审判，这导致诉讼时间拖延。为了解决这个问题，德国通过了有关工业产权保护领域修改过渡的第六部法，其将德国专利局的抗告委员会和无效宣告委员会完全独立，从而取消了行政法院的司法审查。从目前的现实情况来看，我国设立了16个专门的知识产权法院，但鉴于临空经济区的特殊性，应该在该区建立一个特殊的知识产权法院，或者作为普通知识产权法院的特别支部，综合审理航空经济区民事、刑事和行政案件。总之，考虑临空经济区内的知识产权纠纷解决机制应该多样化，仲裁、调解等方法具有难得的优势，应该努力构建一个合适的平台，本书认为应该在临空经济区设立知识产权专门法院或建立知识产权法院的一般法院或专门法院派遣法院。

纵观以上，通过对临空经济区知识产权战略制度的创新，我们将积极深化对外开放，以贸易自由化和便利化为主要目标，建立具有国际惯例和国际竞争力的国际商业区。在制定临空经济区知识产权管理条例时，应明确该区的知识产权管理制度、保护制度和执法制度。它还允许和监督各自管辖范围之外的知识产权争议解决机构，尽快制定航空经济区知识产权制度建设和工作计划，发布知识产权行政管理权利和责任清单，明确知识产权行政审批、监督管理等知识产权管理部门的权责范围，并及时传播知识产权法在日常运作中的应用。

第七章
临空经济与金融业务创新研究

金融开放的评价指标体系是一个多层次、多指标的系统决策问题。对于金融开放，本研究认为，第一，金融开放的政策选择步骤不是彼此割裂的，而是相互衔接、相互交叉的，是一个统一体，是在国内宏观经济、财政与金融的整体状况下进行的，因此不可以做绝对化的理解。这是金融开放的国内前提条件。第二，金融开放是有条件的，这包括两层含义：一是这些步骤中具体内容的实施都是以一定的条件为依据的，在条件没有完全具备之前，政策贸然出台或提前实施开放都可能产生不利的后果；二是在具体条件基本成熟之后，政策依然原地踏步或继续实施管制，同样会有严重的后果①。第三，金融开放要做到国内与国外协调，必须采取审慎渐进的步骤，密切关注开放进程中出现的问题，居安思危。在实施过程中，这些步骤的具体内容大都有一个“渐进”展开的过程，“渐进”意味着每一项具体内容都是一个错综复杂、循序渐进的过程。既要谨慎缜密，不急于求成，又不可因噎废食，坐失良机；既要看到国内状况，又要看到国外状况；既要看到当前局面，又要预测到未来态势；既要看到有利的一面，又要看到不利的一面；既要看到显现的情形，又要看到潜在的影响。总之，对于经济转轨型国家而言，其历史与现实的复杂性决定了金融开放进程中

① 鄢尚军. 浅议企业资产证券化融资的风险及应对[J]. 环渤海经济瞭望,2019(3).

国内与国外的协调问题是一个系统的、长期的、渐进的过程。

金融创新概念是由熊彼特提出的，当时是指新产品的生产、新技术或新的生产方法的应用、新市场的开辟、原材料新供应来源的发现和掌握、新的生产组织方式的实行等。金融创新正是循着这一思路提出的。中国学者认为，金融创新是指金融内部通过各种要素重新组合和创造性变革创造或引进的新事物，并认为金融创新大致可归为七类：金融制度创新、金融市场创新、金融产品创新、金融机构创新、金融资源创新、金融科技创新、金融管理创新。本书认为，金融创新中最主要的是金融市场和金融产品的创新，即通过扩大金融市场，丰富金融产品，更好地向社会提供多元化、多层次的金融服务。因此，本章主要针对我国正尝试开展的新的金融业务，探讨临空经济发展与金融创新的关系，论证金融创新的法治保障问题。

第一节　临空经济发展中的资产证券化创新

资产证券化是临空产业企业直接融资的重要途径。临空经济的发展离不开融资支持，融资活动既包括间接融资，即银行贷款，又包括直接融资，即通过面向社会公开发行证券，吸引社会投资。在此，讨论资产证券化虽然不是一个新命题，但是在证券化过程中常常出现一些新的问题，如知识产权证券化等是临空经济发展过程中必须认真考虑的。大体上，资产证券化可以分为有形资产证券化和无形资产证券化。

一、有形资产证券化

资产证券化是资本市场中一种重要的融资方式，可以扩大企业的资产流动性和资本存量。一方面，临空企业利用资产证券化的融资模式，能够快速形成有利的资金流，拓展更多的企业融资渠道。另一方面，临空企业可以通过资产证券化改善资产流动性，促进企业管理更加科学，使得企业资本的应用效率更高①。同时，企业资产证券化不仅可以达到融资的目的，还可以促进企业科学的管理发展进程。但在企业资产证券化过程中产生的风险，依然需要引起企业足够的重视，以科学有效的规避策略防止风险的发生，确保企业资产证券化融资的安全性。

（一）资产证券化融资面临的风险

1. 资产风险

在企业资产证券化融资过程中，企业提供的资产往往是与企业自身流动性相关的资产。在资产证券化融资过程中，企业资产质量决定了资产证券化融资的成败。相对于资本市场而言，企业流动性较差的资产并不代表缺乏潜力与价值，但如果其表象过于缺乏，会导致投资者将考虑资产未来创造的收益，同样也增加融资成功的难度和概率。

2. 法律风险

由于资产证券化还处于摸索与实践阶段，并未形成完善的体系建设，其时代发展特征较为明显。由此也导致了法律规范上存在一定的缺失，对于法律的发展动向无法进行准确的预判，这也将导致无法依赖基于合同的资产证券化的融资，或无法完全适用法律条文，导致合同在本质上存在难以预料的风险。同时融资欺诈案例屡见不鲜，都是导致投资者胆怯、气馁的重要因素。

3. 评级风险

企业信用评级是实现资产证券化融资的重要基础，我国受资本体制等因素的影响，企业的信用评级体系还不够全面、完备，于是企业不得不依靠第三方评级机构进行评级，但由于信用评级采用的标准及评级调查很难做到真实、全面，企业信用评级具有极大的不确定性②，既影响了企业信用体系的建立，也对企业融资行为造成了阻碍。

---

① 付文昊，吴弘毅，李伟．中小企业资产证券化融资困境及对策[J]．合作经济与科技，2019(3)．

② 陈涛．我国商业银行不良资产证券化的法律障碍及对策[J]．金融理论与实践，2012(7)．

（二）应对资产证券化融资风险的策略

1. 临空企业要注重自身的资产管理

临空企业必须将提升自身资产的管理能力作为资产证券化融资的前提，在日常的经营和管理中树立战略意识，健全企业资产良性管理机制，优化企业内部资产，确保企业资产的保值增值。减少企业不良资产的产生率，尤其是企业流动性差的资产更需要运用精细化管理，以提升其未来的预期收益，实现高质量发展，确保企业整体资产管理质量进一步提高。就临空企业资产证券化融资而言，提升企业资产管理能力和市场竞争力，促进融资，能更加有效地预防融资风险的发生，促进企业长期稳定发展。

2. 建立健全融资法律体系

目前，企业资产证券化融资在我国出现时间较短，从相应的法律层面来看，融资行为的法律规范性还有所欠缺，企业融资行为中的一些不正当行为与垄断行为，也使得企业资产证券化融资存在一定风险。由此，在法律层面对企业资产证券化融资进行规范尤为必要，政府相关职能部门应出台相应的法律条款，在借鉴国内外成功经验的基础上，结合我国市场融资的实际，加快法治建设的脚步，为企业资产证券化提供有利的法律环境，增强对非法活动的冲击效应。

3. 促进企业信用评级机制发展

信用评级已经成为当前企业融资中的基本前提，企业信用的形成与评级将直接影响企业的市场经营与地位，就我国企业信用评级体系不完善的问题，需要依照有效的经验与国内的企业信用评级实际相结合，尤其是企业信用评级长效机制的建设，应依托政府相关的法律法规，进一步确定企业信用评级的标准与要求①，以体系化的信用评级对企业资产证券化融资进行引导，使企业认清信用评级的重要性，形成良好的信用市场，在有效突破融资风险的同时，促进企业和市场的调控和发展。

---

① 王元璋，涂晓兵．试析我国资产证券化的发展及建议[J]．当代财经，2011(3)．

近年来，随着全球经济一体化发展态势的形成，企业资产证券化为临空企业的发展提供了有效的融资途径，增强了企业的市场适应力与资产利用率①。与此同时，也更需要企业在资产证券化融资的过程中，对融资风险做到有效规避，以促进融资的顺利进行。

二、无形资产证券化

在我国，临空企业大多属于创新型企业，拥有较丰富的知识产权，为融资提供了新的保障。目前，无形资产证券化的目标资产，主要是指传统知识产权和新型知识产权。为了创新知识产权融资的渠道，美国和日本等国成功地开发出一种新兴的知识产权融资方式——知识产权证券化。在资产证券化的历史上，"鲍伊债券"是世界上第一个典型的知识产权证券化案例，这在当时被誉为"证券化的革命"②，具有里程碑式的意义。它把局限于抵押住房贷款、信用卡贷款以及应收账款等方面的资产证券化又向前推进了一大步，也使著作权、专利权和注册商标等知识产权都纷纷进入资产证券化的行列。

2018 年 12 月底，奇艺世纪知识产权供应链资产支持证券作为我国首单知识产权供应链资产证券化，在上海证券交易所成功发行。2018 年 12 月 25 日，其在上海证券交易所正式挂牌上市，共募集资金 4.7 亿元。海南省率先在探索知识产权证券化的道路上取得了实质性突破，对于解决中小微企业专利闲置、资金短缺、融资难、无形资产转化为产出能力弱等问题，探索出了知识产权证券化的模式和路径，对推动全国知识产权证券化具有开创性意义。

（一）知识产权证券化的含义

1. 概念

知识产权证券化是资产证券化过程中的一种创新形式，体现的是知识

① 胡威．资产证券化的运行机理及其经济效应[J]．浙江金融，2012(1)．

② KLEAR J C. Applicability of private equity fund structure in the furtherangce of intellectural property securitizations[J]. Colum. Bus. L. Rev. 2002(3):796－822.

资本与金融资本的有机结合。认识知识产权证券化，既要依据资产证券化的交易架构，又要考虑其运作流程。本书认为，知识产权证券化是指发起人将能够产生预期现金收入的知识产权转移给特殊目的机构，由该机构以知识产权产生的未来现金收入为基础，面向市场发行可流通的证券，达到融资的目的。

2. 分类

以基础资产作为标准，可以将知识产权证券化分为知识产权权利证券化、知识产权债权证券化和知识产权担保贷款债权证券化三大类。

（1）知识产权权利证券化。知识产权权利证券化，是指证券化交易的资产是知识产权本身，包括版权、商标权和专利权等，不包括将知识产权商品化后产生的其他权利。由于在实施证券化之始，各类知识产权本身的未来收益尚不具有确定性，仅仅是商品化的法律权利，而证券化需要的未来现金流量又主要依托资产池管理者对知识产权资产的经营状况，因此在实际操作中，将权利作为基础资产的情形很少，即使存在，其风险也相当大。

（2）知识产权债权证券化。该证券化的基础资产是知识产权债权，而非知识产权本身。债权形成的前提是知识产权商品化，商品化的内容主要指知识产权的实施、许可使用和转让等。通过知识产权商品化产生了一种衍生的权利，如专利通过许可使用产生的收益形成了收益权，影视作品形成电影票房收益权等，这一收益权就构成知识产权债权证券化的偿付基础。其偿付基础的范围虽然小于知识产权权利证券化，但由于其未来收益比较稳定，因此成为知识产权证券化的主要类型。

（3）知识产权担保贷款债权证券化。知识产权担保贷款债权证券化，是指金融机构针对以知识产权提供担保的贷款，并将此类债权实施证券化，实质上体现了信贷资产证券化。有学者将其纳入知识产权证券化的范畴，笔者认为其应该属于金融资产证券化类型。

通过上述分类分析，“知识产权证券化”的本质并非知识产权本身权利的证券化，最贴切的定义应该是知识产权资产的证券化，核心内容是知识产权商品化和债权化。

（二）知识产权证券化的风险

风险和交易总是相伴而生的，资产证券化也不例外。由于资产证券化是一种结构性融资方式，其交易风险依据交易结构在投资者、信用增强机构和发起人等参与人之间进行合理性分配和控制。风险主要表现为现金流量风险、制度风险和适格化风险。

1. 现金流量风险

证券化交易中，投资证券以证券化资产产生的现金流为偿付基础，即投资者的收益取决于证券化中现金流的表现。从形式上看，基础资产支撑了资产证券化，但从实质上看，现金流构成了基础资产的核心，进一步讲，现金流分析才是资产证券化理论的核心原理[①]。可见，稳定的现金流是证券化成功的关键，在知识产权证券化中，影响现金流的主要因素是知识产权价值的不确定性和其在商业运用上的特殊性，并可能引发现金流量风险。

（1）品质表现风险。在证券化交易中，知识产权的经济价值直接影响现金流量的表现，甚至事关证券化的成败。而知识产权的价值在很大程度上难以直接认定，需要借助资产评估机构，其评估的结果直接对投资决策产生影响。可见，知识产权价值评估的合理性对于资产证券化的实现而言意义重大[②]。

首先，知识产权的价值完全具有可评估性，不仅有国外先进的评估制度和方法可资借鉴，而且我国随着知识产权制度的完善和对知识产权运用的重视，知识产权价值评估的机构和制度建设都有所加强，陆续出台的一些规章制度和文件都为知识产权价值的评估提供了政策依据。

其次，知识产权的价值仍然存在不确定性。主要表现在：一是知识产权评估制度和体系还未真正建立，评估结果的可信度一直困扰着知识产权

---

① 何小锋．资产证券化：中国的模式[M]．北京：北京大学出版社，2002：87．

② 范晓波．论知识产权价值评估[J]．理论探索，2006(5)．

的多元应用；二是知识产权的价值并非以成本为基础，而是以预期收益为依据，但是我国关于知识产权的评估方法基本上是简单移植了有形资产的评估方法，如成本法、市场法和收益法等，存在很大的不科学性和局限性；三是知识产权证券化要求资产评估的重点是预测资产池未来现金流量，预测的依据既需要收集基础资产的历史资料，又可以参照相似资产的价值评估结果，遗憾的是知识产权作为基础资产的财务数据很难获得，其收益的产业环境又存在客观的不可预测性，因此预测数据的准确性受到很大的威胁。

（2）许可合同特殊性的风险。知识产权许可使用是知识产权重要的商业化方式，其许可费用构成证券化的基础资产。但是由于知识产权许可合同具有相当大的特殊性，因此会给知识产权证券化带来一定的风险。

考察知识产权许可使用合同，就许可使用费的支付方式而言，主要存在两种形式：第一种是一次性支付合同期限内的使用费。这一方式，对于许可人而言，虽然直接回避了使用人支付能力问题的风险，但是对于使用人而言，一方面一次性支付资金压力较大，另一方面又担心使用费一次性支付后许可人可能怠于向被许可人提供改进技术或相关的服务。因此，实践中采用此种方式的较少。第二种是分红性支付。这一方式的特点：一是许可使用费不固定，完全取决于使用人的实施收益；二是降低了资产评估不准确的风险，实现了使用收益与知识产权贡献率的完美结合；三是可以有效激励知识产权人不间断地提供技术服务或不断改进技术，取得最佳使用效益，实现双方共赢。其不足之处也比较明显，一方面加大了知识产权人的工作量，其既要关心技术使用情况，又要监督使用人的收入状况；另一方面，许可使用费的不确定性，给知识产权证券化带来了不可预测的风险。

2. 制度风险

资产证券化是一种经济现象，更是一个法律过程。因为知识产权证券化过程中，其资产交易、真实出售、破产隔离等过程中均离不开法律的支撑[①]。基于此，世界很多国家都做出了制度性安排，专门用于规制证券化交易中存在的问题。知识产权证券化作为一种新兴的证券化融资方式，其客体的特殊性，必然会导致一些新的法律问题出现。

（1）权利瑕疵风险。这一风险主要表现在权利确认环节。首先，在著作权的权利确认方面，我国和世界各国一样，采取了创作保护主义原则，作品一经完成即受到著作权保护，无须登记和审查，加上著作权法保护作品的表达形式，使著作权的不确定性极高。不仅任何人都可对作品是否享有著作权提出质疑，而且相同内容的不同作品，可能因表达形式不同而可以同时受到著作权法保护。其次，专利权和商标权的取得虽然是经主管机关审查、核准并授予的权利，但是这一确权制度不仅配套设立了异议规则，而且规定了无效宣告制度，一旦专利权或商标权被宣告无效，其法律后果是此权利自始即不存在，那么被证券化的基础资产将不复存在，证券投资者的损失将不可避免。

相对于其他类型的资产，其权利瑕疵的风险可以通过律师和注册会计师的尽职调查环节达到很大程度上的化解。在知识产权证券化过程中，在构建资产池环节，虽然通过专业调查对权利存在瑕疵的资产进行了剔除，但是处于模糊地带的知识产权仍然不可避免，需要化解的风险客观存在[②]。

（2）权利归属风险。各国知识产权制度对其权利归属都做了规定，但权利冲突和纠纷依然存在，引起的诉讼案件逐年增加，可见这一风险存在的长期性和严峻性。

职务知识产权的权利归属风险主要体现在著作权和专利权领域。首先，关于职务作品的归属法律规定了两种情形：一是为了完成单位工作任务创作的作品，个人享有署名权，单位享有其他著作权，因此被称为法人作品；二是主要利用了单位的物质技术条件完成的作品，可以适用合同约

① 徐英军．资产证券化交易的法学检视[J]．金融理论与实践,2018(1).

② 袁晓东．我国专利资产证券化的制度环境研究[J]．科技与法律,2007(5).

定，一般情况下是个人享有著作权，单位享有两年的优先使用权。其次，关于职务发明的专利权归属也做了两项规定：一是为了完成单位任务完成的发明，单位享有专利权，个人享有发明权、获得奖励权和获得报酬权；二是主要利用本单位物质技术条件完成的发明，约定优先，没有约定的，个人享有专利权，单位享有无偿使用权。以上规定虽然比较完善，但成果权归属毕竟具有选择性，一旦出现纠纷，权利人不能持有权利，就直接导致证券化的基础资产被抽离，对证券化的影响极大。

委托或合作完成的知识产权的归属风险。首先，委托完成的智力成果，其权利归属一般遵循两个原则，即“合同优先”和“创新优先”，如委托专利首先适用契约优先原则，没有契约的权利归受托人，但委托人享有无偿使用权，委托作品也是如此。其次，关于合作成果，合作作品是要求“合意”和“合作”完成的作品，著作权共同享有，可以分割的合作作品，分割后各自享有。合作专利涉及申请权、实施权、处分权问题，一般要求协商一致行使权利，合作任何一方可以单独实施或实施普通许可。这两种特殊权利归属往往是争议的焦点，因此，在知识产权证券化中，必须对权利的属性和合作契约进行核查，厘清权利归属，以免因权利争议影响基础资产的稳定性，从而造成知识产权归属的风险。如在美国流行歌手的音乐著作权证券化交易中，就因著作权共有人不愿参加而遭受波折。在部分共有人未经其他共有人同意而将其共有的知识产权进行证券化的情况下，其他共有人可以提出异议，进而否定资产转移的合法性，特殊目的机构将不能合法持有该知识产权资产，因而现金流会受到影响。

由上述分析可见，临空经济区企业针对职务专利、委托专利和合作专利，必须与相对方签订协议，明确技术研发成果的专利申请权以及所有权的归属，才能避免出现相关风险。

（3）知识产权公示制度的缺陷及风险。知识产权公示的内容主要包括权利的确认和转移两大类。首先，针对权利的确认，上文已经做过论述，设立公示制度，意在接受社会监督，在公示过程中引入异议程序是为了体现权利确认的公正性。其次，知识产权转移中的公示，不仅宣告了新的权利人，而且明确了权利转移的时间效力。转移公示主要有三种情形：第一，权利转让，专利权和商标权都自知识产权机关登记之日起生效。第二，知识产权许可使用，我国法律没有硬性要求，因为权利没有转移，许可的仅仅是使用权。第三，知识产权质押的公示。由于质押是知识产权融资的重要环节，因此，我国法律为了防止融资风险，特别规定了质押公示方式，质权自登记时设立。值得关注的是，我国著作权法不仅规定了权利确认的"署名推定"原则，对著作权转移也没有登记要求，这成了知识产权公示制度的一大缺陷，而且将著作权游离于公示监督之外，也不利于防范著作权纠纷。

（4）诉讼风险。当证券化的知识产权之有效性及其权利归属遭到他人的挑战，而争议各方亦不能通过谈判和协商的方式解决时，则可能导致知识产权诉讼的发生。

3. 适格化风险

知识产权的范围十分广泛，包括著作权及邻接权、专利权、商标权、商业秘密权、植物新品种权、地理标志权、集成电路布图设计权以及商号权等。上述知识产权是否都可以证券化呢？从理论上讲，只要具有可转让性，能够产生可预见的稳定的现金流，就存在证券化的可能性。有学者认为，除了地理标志权和商号权，其他知识产权都可以实现资产证券化。本书认为，一方面，知识产权可证券化的范围还有必要探讨；另一方面，临空企业在知识产权证券化过程中，需要选择适格的知识产权作为证券化的目标资产。

（1）商业秘密能否证券化。《中华人民共和国反不正当竞争法》2019年修正版规定，商业秘密是指不为公众所知悉、具有商业价值并经权利人采取相应保密措施的技术信息、经营信息等商业信息。从其构成要件不难看出，一是受保护商业信息必须处于秘密状态；二是技术信息和经营信息必须具有价值性，都存在可以利用的价值，无论是现实价值还是潜在价值；三是对这些商业信息，申请保护者必须采取与商业信息价值相适应的保护措施。根据上述分析，我们必须承认商业秘密会产生一定的现金流，但是否就可以认定它能够成为适格的证券化基础资产呢？本书认为，商业秘密自身的特点决定了它不宜证券化，理由如下：第一，从商业秘密的概念来看，其范围既具有模糊性又具有开放性，很难明确界定，其界定困难影响到权利的不确定性，因此，将不确定的权利纳入资产池，势必给证券化交易带来一定的风险。第二，商业秘密权具有特殊性，一是它不具有排他性，只要属于自主开发，其权利保护不分先后；二是商业秘密一旦公开将不受法律保护。上述两点都将使其权利状态趋于不稳定，从而使其面临证券化的风险。第三，证券化交易一般要求公开基础资产的种类和内容，此公开客观上必然与商业秘密的保密性要求冲突，表现在商业秘密被公开后即失去了法律保护的权利，其价值自然无从谈起，证券化也就失去了可能①。由于上述原因，各国在知识产权证券化实践中，几乎无一将商业秘密权列为可证券化的范围。

（2）准知识产权的适格性。对于即将成为知识产权的技术、准作品及未获得批准的使用中的商标等，可否提前进行证券化呢？从理论上看，准知识产权并非现实的知识产权，虽然其已经进入规划，但毕竟是一种假象，缺乏任何现实基础。

从上述分析可见，准知识产权作为基础资产进行证券化的风险很大，但本书认为有的准知识产权的种类具备适格性，如正在制作的影视作品，将其证券化的必要性在于电影行业前期制作成本较高，质押融资受阻，其证券化可以通过金融创新推动电影产业迅速发展；其可行性在于我国电影票房收入持续快速地增长，以其未来收益为基础的资产进行证券化风险较小。

（三）知识产权证券化制度设计

知识产权的客体是智力成果，智力成果是信息的集合，而信息是无形的。由此导致知识产权具有可重复授权性及授权的可分割性两大特点，也给知识产权证券化带来了严重的风险隐患。知识产权统一登记制度的建立

① 潘成林．我国知识产权证券化的法律障碍与对策[J]．改革与战略，2009(1)．

是消解这一隐患的有效措施和制度保障。

1. 明确证券化基础资产适格性的法律标准

可证券化的资产必须具有两个构成要件：第一，稳定的收益性。即通过授权转移能够产生预期的稳定的未来现金流。第二，可转让性。此为基础资产有效转移的客观要求，因此，制度设计必须允许权利人合法转让资产。可见，不可转让的资产不能纳入证券化范围。

2. 建立知识产权实质调查制度

在证券化交易结构中，发起人须将资产分割，隔离破产风险，而资产转移的有效性则与基础资产的权利状态息息相关。权利状态的不稳定性极易引发相应的法律风险，而化解这种风险的重要手段之一就是对拟证券化的知识产权资产进行实质调查。实质调查的内容包括：一是权利的有效性，主要针对专利权和商标权是否存在权利瑕疵以及被撤销的可能性进行分析。二是权利的范围和剩余的保护期限，因为知识产权的权利范围和保护期限将直接影响其经济价值。专利权的范围一般可以根据权利要求书和说明书等资料来进行判断，而商标权的范围则根据核准注册的商标和核定使用的商品为限。知识产权保护的剩余年限一般应长于或等于证券化的期限。三是知识产权的权属状态，重点对拟证券化的资产是否存在因职务作品、职务发明归属方面的争议进行调查。四是对使用权进行分析，针对知识产权的权利人是否可以自由行使权利进行调查，因为特殊情形下知识产权的权利人行使权利会受到一定的限制。五是考察知识产权许可协议，如协议的效力，协议产生债权的可转让性，许可人的实质义务及违约责任。

3. 构建知识产权公示制度

公示制度有助于扭转交易双方信息的不对称，利于潜在交易人方便地获取权利信息。

（1）著作权登记制度。首先，权属登记。我国著作权法实行创作保护主义，取得原始著作权的前提是创作，登记备案不是著作权取得的法定要求，世界上多数国家都采用了“自愿登记原则”，难以发挥公示的作用。

其次，权利变动的登记，其变动主要指著作权中财产权利的变动，包括继承、转让、质押等形式。《中华人民共和国著作权法实施条例》第25条规定："与著作权人订立专有许可使用合同、转让合同的，可以向著作权行政管理部门备案。"此备案依然不具有法律的强制性，也难以实现权利变动的公示效果。

关于著作权转让和许可登记的效力，有登记对抗主义和登记生效主义两种立法模式。登记对抗主义是指著作权的转让和许可非经登记不得对抗善意的第三人；登记生效主义是指著作权的转让或许可非经登记，不能发生权利变动的效力。虽然登记生效主义下的法律关系更为简单，但本书建议我国的著作权登记仍应采用登记对抗主义。一是多数国家已经采用登记对抗主义的立法模式；二是登记对抗主义更能体现立法对当事人意愿的尊重；三是从交易成本来看，登记对抗主义更为合理。

（2）专利实施许可合同公示制度。我国现行法律制度对专利权的转让和质押都规定了登记的公示方式，第三人完全可以通过查询登记记录来获取相关的交易信息，但对于专利许可使用未规定相应的公示方式，因此有必要构建一套合理的专利实施许可公示制度。

第一，独占实施许可合同的公示。由于独占实施许可合同不仅限制许可人使用，而且不允许第三人使用，因此，合同对第三人的利益产生重大影响。如果公示方式缺位，则第三人可能会遭受不明的损害。目前，多数国家都明确规定独占实施许可合同应进行登记，日本等国采用了登记生效主义立法模式，如《日本特许法》规定，独占实施权的设立、转让、变更等非经登记，不发生效力。美国、法国、英国和我国台湾地区等都采用了登记对抗主义立法模式①。笔者建议，我国在专利独占实施许可合同的公示上应采用登记对抗主义立法模式，一方面兼顾了交易成本，另一方面避免采用登记生效方式对私法自治过度干预。

第二，为了平衡普通许可实施权人与独占实施许可权人以及专利受让

---

① 赵腾宇．专利证券化中的信息披露制度法律完善[J]．金融理论与实践，2019(5)．

人之间的利益关系，我国也应该规定排他许可和普通实施许可合同的公示方式，具体规定可以参照独占许可公示的方式。

建立统一的知识产权登记制度是防范知识产权证券化风险的重要路径。在网络环境下，实行网上登记，不仅可以降低权利人的权利成本以及登记机关的管理成本，又有利于维护交易安全。

综上所述，临空企业既要重视有形资产证券化，又要充分利用科技创新的优势，积极尝试知识产权证券化融资，依据现有法律制度，防范证券化过程中可能产生的各种风险，确保融资目标的实现。

第二节　临空经济发展中的融资租赁业务创新

早在党的十八届五中全会上，习近平总书记就强调“促进科技和经济结合是改革创新的着力点，也是我们与发达国家差距较大的地方”。当科技型中小企业通过研发、申请并获得专利后，马上就需要有足够的资金购买设备或配套技术以实现科技成果的转化及产业化，当企业多元化选择融资渠道时，融资租赁这一新型融资方式成为目标选择，因为融资租赁不仅具有节省税收、提高设备生产率、优化企业资产结构、促进科技成果转化、改善企业负债状况等方面的优势，而且对企业的财务要求比银行要低，融资审批程序更加快捷①。自 2014 年四达时代集团签订首份知识产权融资租赁合同以来，知识产权融资租赁作为一种新型科技文化融资模式受到了企业和政府的高度关注，有些地方政府已经出台了支持知识产权融资租赁的优惠政策。但在现行法律法规尚不明确的情况下，知识产权融资租赁不仅面临标的物的适格性挑战，还面临着法律属性的确定、权利人合法利益的保障等问题。因此，在临空经济的发展过程中，非常有必要针对融资租赁尤其是知识产权融资租赁中蕴藏的法律风险进行深入研究，并为其规范发展提出对策与建议。

---

① 田云．租赁资产证券化发展现状及面临的主要问题[J]．债券，2015(7)．

一、融资租赁在我国的实践

融资租赁这一交易形式最早出现在1950年前后的美国。由于融资租赁这一交易模式集融资与融物于一体，使得企业在获取租赁物使用权的同时减轻了融资负担，故备受瞩目。在国际市场上，融资租赁这种金融交易模式曾一度成为继银行信贷以后的第二大融资方式。但是，融资租赁合同的性质一直是国际学术界争论的焦点，分别出现了买卖契约说、租赁契约说、借贷契约说以及独立合同说等观点。买卖契约说代表人物为德国学者埃本罗特，认为融资租赁是一种分期付款的买卖契约。租赁契约说代表人物为德国学者弗卢梅，认为融资租赁交易其实是一种特殊的租赁交易，与传统的租赁交易并不存在本质上的区别。借贷契约说则由法国学者卡伦、德国学者博格格雷费等倡导，他们认为融资租赁具有融资性特征，其交易主体间构成一种借贷关系。独立合同说则从融资租赁的融资融物一体性进行论述，认为融资租赁是一种独立的合同。该观点成为各国商事法律将融资租赁合同看作一种独立合同并对其进行专章规定的理论渊源。

我国引入融资租赁的时间可以追溯到20世纪80年代初，在经过近10年的初步发展后，90年代遭遇了一段发展停滞期。进入21世纪以来，融资租赁业务呈现迅猛发展的势头，业务量不断增长，并开始出现知识产权的融资租赁这种崭新的业务类型。从现实状况来看，知识产权融资租赁交易的试水体现出了极强的政策导向性，国内最早提出应尝试以商标权、专利权和著作权为客体开展融资租赁交易的政策性文件是《北京市服务业扩大开放综合试点实施方案》。北京市文化科技租赁股份有限公司则是开展这类融资租赁交易的急先锋。我国的知识产权融资租赁多表现为以知识产权为客体开展的售后回租交易。其交易主体只有两方，交易形式表现为许可方（出租方）从手握知识产权的被许可方（承租方）手中取得该项知识产权后，以许可（有些资料中仍称为租赁）的形式授予被许可方（承租方）使用权，使得被许可方（承租方）在保有知识产权使用权的同时获得一笔融资①。但由于理论界在知识产权能否作为融资租赁交易客体的问题上仍然未能达成一致的意见，且我国法律对此的规定也极为模糊，故知识产权融资租赁交易缺乏法理与学理上的依据。

二、融资租赁方式在临空经济发展中的作用

（一）化解企业资金“瓶颈”问题

对企业即承租人而言，融资租赁给予承租人选择设备类型和厂家的自主权，掌握设备随时更新的主动权，这在新技术发展迅速的今天有利于降低承租人技术更新、设备无形损耗加剧的风险；融资租赁使承租人无须一次性支付巨额资金购买设备，而是按期支付租金，这可以降低承租人在固定设备上的资金投入，把资金投向收益率更高的其他资产，提高资金的使用率和收益率；融资租赁的标的物通常是技术含量高、价格高昂的设备（如医疗设备、信息处理设备、飞机等），大部分需要进口，由出租人购买则可以避免承租人的利率、汇率风险；因融资租赁有租赁标的物作为担保，它的手续要比银行贷款简单。

2004 年北京新奥混凝土有限公司和北京新航建材有限公司因为参与奥运、地铁、首都机场三期建设等重大工程建设，急需添加价值 6000 万元的建筑运输设备。这么多资金从何而来，传统的方法都已经用遍了，仍然没有效果，万般无奈之下新奥混凝土有限公司和北京新航建材有限公司，找到了北京国际信托投资有限公司，双方达成了这样的协议：北京国际信托公司出资从北京中联建设机械租赁公司“购买”7 台混凝土输送泵和 60 台混凝土搅拌车，租给北京新奥混凝土有限公司和北京新航建材有限公司使用。6000 万元融资项目得到了圆满的解决。

大企业如此，中小企业也一样。融资租赁能在一定程度上帮中小企业解决资金压力。某工厂手上有业务订单，却没有足够的资金增加设备，这

① 范胜申．科技型中小企业基于知识产权的融资租赁模式研究[J]．经济论坛，2017(3)．

时，工厂可以让融资租赁公司出资来购买设备，工厂则以支付租金的形式向融资租赁公司租用设备，分期付款。在此之前，双方约定好付款年限和付款方式，也可以协商满年限后设备的产权是否转移。通过这种形式进行融资，工厂不会因资金压力用不起设备而停产，同时，也不必在短期内承受高额设备购买费用，在很大程度上减轻了中小企业的融资负担。对生产企业来说，购买一台设备付出的成本很高，而以融资租赁的形式使用设备，租赁费用还可以作为费用支出进行抵税①。

临空产业企业多是高新技术型、资本密集型企业，所需资金投入巨大。作为重要生产要素的资金短缺，将会严重影响临空产业企业的成长。除传统的融资业务之外，探索融资租赁方式的创新将为临空产业企业开拓一条重要的融资渠道。

（二）为投资者提供收益更高的安全投资渠道

对于投资者即出租人而言，租赁设备的所有权和使用权在租期内是分离的，这有利于融资租赁风险的锁定、分担和控制，若承租人无法按期支付租金，出租人可收回租赁设备，并依据与供货人的回购协议处理设备，因此是一种安全的投资方式。据中国设备租赁专业委员会会长覃业竣介绍，目前工程机械设备的采购，40% ~50%是用来租赁的，个别设备比例可以达到70%。如果按照年800亿元采购额计算，用来租赁的设备至少320亿元，比金融租赁全行业总资产200亿元还多120亿元。事实上，设备租赁的利润率是非常高的，有的设备半年就可以收回投资，最长的也就一年半，而一般设备的经济使用寿命最少在5年以上，工程机械设备寿命则更长。

鉴于融资租赁的高收益性和高安全性的特质，在临空经济的发展过程中，应在临空经济区内通过设立融资租赁平台来撮合融资租赁交易的实施，为投资人提供交易场所和交易规则的市场化安排。

---

① 魏莹．论融资租赁在我国中小企业中的应用[J]．品牌，2011(12)．

（三）促进金融机构的业务创新

对于融资租赁，一位业内人士做了个形象的比喻：融资租赁就是“借鸡下蛋，卖蛋买鸡”。对于初创型的小企业来说，融资租赁可以很好地解决融资难的问题。租赁公司根据选定的租赁标的，同卖方签订购买合同，并从银行融资向生产厂商全款购买，然后再出租给承租人，在承租人支付完全部租金后，将租赁标的的所有权转移给承租人。与传统的银行按揭方式相比，融资租赁增加了租赁公司的环节，而正是这多出来的中间环节，给银行和用户带来了好处。银行面对的不再是众多分散的用户，而是相对集中的租赁公司，这既为用户以较少的投入而迅速获得设备使用权提供了便利，又为银行及其资金提供了一条安全的放款通道。因此，融资租赁在实践中还具有撮合资金需求方和供给方交易的功能。

可见，在临空经济发展过程中，应鼓励银行以及非银行类金融机构探索多样化的融资租赁业务，不断创新融资租赁形态；应在临空经济区内放松设立融资租赁公司的准入门槛，鼓励临空经济区企业依法依规采用融资租赁方式进行投融资。

（四）促进供货商产品销售

融资租赁可以扩大其产品的销售范围，提高市场竞争力。如徐工集团作为国内工程机械行业龙头企业，通过市场调查发现设备买不如租的观念正逐渐深入人心，为了适应市场需求，他们改变经营理念，为抓住工程机械租赁市场机遇，提高市场竞争力，将融资租赁作为一种促销方式①。在四川发生地震后，中交桥梁技术有限公司拟购买18米桥检车，根据四川省政府要求，在两个月之内用于四川灾区的所有桥梁的检测，时间紧、任务重。18米桥检车是随车起重机公司生产的专用于桥梁检测的高端产品，该产品单位价值较高。而该客户此次购买该设备由于时间紧迫，资金没有筹措到位，有心办理银行按揭贷款来购买，但该贷款目前只对个人客户，并

---

① 冯曰欣，刘砚平．我国融资租赁业发展现状及策略研究[J]．东岳论丛，2016(3)．

不针对企业。就在客户忧心忡忡时，徐工租赁融资租赁部人员给客户介绍了新型的销售模式——以租代售。即在对客户进行严格的资质评审后，客户先行支付设备总额一定比例的首付款后，既可以实现该设备的使用，还能在以后的一定期限内逐月偿还租金，期满后，设备所有权转移。在对该客户进行充分的资质评质评审，确定等级标准可行后，公司与用户签订以租代售合同，办理设备的保险、合同的公证等手续，很好地解决了企业难题。

因此，融资租赁业务活动的拓展，对于临空经济区来说，不仅能够解决内部的融资难问题，还能够为临空经济区高端制造业、高附加值的产品制造商拓宽营销渠道。

（五）降低交易风险

任何一项投资都是有风险的，融资租赁的风险来源于许多不确定因素，是多方面并且相互关联的，在业务活动中充分了解各种风险的特点，才能全面、科学地对风险进行分析，制定相应的对策。通过融资租赁公司可以降低贷款人和出租人的风险。例如，长江租赁有限公司与国家开发银行签署了 10 架 ERJ145 飞机的项目借款合同。在这个项目中，中国信保的介入功不可没。在传统的融资租赁项目中，承租人的违约风险需要出租人独自承担。而在这个项目的操作结构中，中国信保充分发挥其在信用风险管理方面的独特优势，利用其推出的租赁保险业务对承租人进行承保。可以说，这个飞机租赁融资项目开创了国内飞机融资的新模式，既解决了承租人融资难的问题，又有效地降低了贷款人和出租人的风险。

可见，融资租赁作为一种金融业务形态，其合理的应用能够充分发挥资金融通的效能，服务于临空经济的高速发展。将融资租赁纳入临空经济的金融创新体系中，可以更好地释放其金融功能。

三、临空经济区的融资租赁制度创新

（一）制定融资租赁业务实施细则

为防范现行规范的法律风险，临空经济区应当在不断总结实践经验的基础上制定融资租赁业务实施细则，放弃以往过于原则化的政策规定，完善融资租赁业务的运作程序，明确各方的权利和义务，建立法律纠纷解决机制，提高法律规范的可操作性。在制定临空经济区融资租赁业务实施细则时，立法者应当始终坚持以下两点：一是制定并完善金融租赁行业总体规划。总体规划必须使促进融资租赁业务发展的各项政策规定符合临空经济区的区位环境。因而在制定融资租赁业务实施细则时，必须坚持总体方案的立法思路。二是参考自由贸易区保税区条例对融资租赁业的要求。对于功能相似的自由贸易区和航空经济区，在其相关方案、条例已经较为成熟的情况下，临空经济区的制度建设可以对这些方案和条例予以适度借鉴。而自由贸易区条例是该区内效力位阶最高的法律规范，在制定融资租赁业务实施细则时，必须依照该条例有关规定逐项进行落实。临空经济区同样需要以该区条例为基础制定细则并予以落实。另外，应当充分结合航空经济区内各片区的特点，贯彻落实各片区错位发展的思路，做到有所侧重。

（二）降低融资租赁行业市场准入门槛

为了促进航空经济区金融租赁业的蓬勃发展，有必要在法律允许的范围内降低行业市场的准入门槛，使更多公司进入市场，刺激整个行业的发展。我国现行公司法虽然取消了公司的最低注册资本限制，但考虑到融资租赁公司的高风险性，国家并未对其降低市场准入门槛①。融资租赁公司相比其他公司尽管存在自身的特殊性，但其本质上仍然属于公司法的调整范围，故在设立条件上也应降低标准。航空经济区应适当降低金融租赁行业的市场准入门槛，主要是降低最低注册资本标准，通过这种方式，可以实施公司法的立法概念，减少对市场主体的过度干预，实现审慎监管，防止金融风险的发生，同时鼓励中小企业加入融资租赁行业，以充分激发行业竞争力。

---

① 余正宏．融资租赁公司之创新融资渠道——租赁资产证券化[J]．中国总会计师,2014(9).

（三）实行差别化税收优惠政策，加大财政扶持力度

临空经济区应在现有的税收优惠基础上，实行多样化的税收优惠政策，加大财政扶持力度，形成区内多元化协调统一的税收优惠制度体系。一方面，基于目前对不同融资租赁行业实行的纵向差别税收优惠政策，应引入金融租赁行业横向差异化的税收优惠政策。即根据融资租赁企业的不同规模制定不同的税收优惠政策，给予中小企业更大的税收优惠待遇，以此来扶持其实现迅速发展①。另一方面，在临空经济区融资租赁业的发展进程中，应充分借鉴以美国为代表的西方发达国家的先进经验，在行业发展前期给予较大的税收优惠待遇，直到行业进入稳步前进时期再逐渐取消这些优惠政策。首先，可采用加速折旧法将融资租赁固定资产的折旧年限缩短至法定期限的70%，减轻承租方的前期税赋负担，使其获得延迟纳税的优势，增强公司未来的竞争力。其次，可以推进税收抵免优惠政策，出租方可以从应纳税的收入中抵免设备投资的部分支出，同时，税收抵免将以租金的形式提供给承租人，从而促进双方分享利益。最后，可以采用减税的优惠措施，激发出租方的投资热情，促使承租方加速设备更新换代，改善企业的经营条件，促使双方将投资冲动转化为切实的投资行动。

（四）完善融资租赁登记公示制度

为确保交易安全，降低交易成本，促进临空经济区金融租赁业的稳步发展，有必要尽快完善融资租赁登记公示制度。结合临空经济区的区位优势，本书对建立融资租赁登记制度进行了以下设计：首先，借助互联网建立航空经济区融资租赁登记信息系统。依托互联网平台方便快捷、信息海量的强大功能，实现航空经济区融资租赁登记信息的实时共享，有效降低系统建设的成本，提高整体工作效率。其次，通过立法确定航空经济区融资租赁登记公示制度的法律效力。国家通过制定法律法规为融资租赁登记公示系统的有效运行提供强有力的法律支持，确保登记公示具备法定对抗

① 杨崇慧．科技型中小企业如何利用好国际融资租赁[J]．江苏科技信息,2006(4)．

效力。再次，采用登记对抗主义效力模式。对抗性登记意味着当双方达成共识时，出租人的权利生效，但是如果未登记，那么将不对抗善意第三方。该模式不仅可以有效维护交易安全，还可以充分尊重各方的自主权，较为适合航空经济区金融租赁业的发展需求。最后，扩大适用融资租赁登记公示系统的地域范围。由于融资租赁标的物大多为机器、设备等动产，具有流动性强、难以实时跟踪监测的特点，因此，在互联网平台的基础上，临空经济区融资租赁登记公示制度不应局限于该区，而应突破地域限制推广至全国。

四、临空经济区知识产权融资租赁业务创新

（一）知识产权融资租赁的概念

知识产权融资租赁是近年来中国出现的金融租赁交易，其将知识产权等无形资产作为融资租赁对象。在实践中，其主要表现为知识产权的使用方通过融资租赁的形式获得相应精神产品的使用权①。它主要是在无形资产交易领域使用传统的金融融资租赁交易，有利于拓宽知识产权资本化渠道，更好地实现知识产权的经济效益。现有资料显示，“知识产权融资租赁”这一概念在我国最早由政策性文件提出。2015 年 9 月 13 日，商务部和北京市政府联合发布了《北京市服务业扩展开放综合试点实施方案》，其中指出：在文化教育服务领域，有必要试行版权、专利和商标权等无形文化资产的融资租赁。而在此前，学界曾提出过“知识产权融资许可”“知识产权融资性售后回许可”“知识产权转让回许可”等相关概念，而这些概念实际上都表现为将融资租赁的交易模式②，比如售后回租等运用于知识产权交易中的探索。

（二）知识产权融资租赁的特征

知识产权融资租赁作为近几年融资租赁行业的新业态，其交易客体、

① 刘汉霞. 我国知识产权融资租赁的现实困惑与法律规制[J]. 知识产权,2017(8).

② 曾大鹏. 融资租赁法制创新的体系化思考[J]. 法学,2014(9).

交易形式等方面与传统融资租赁相比，都体现出了独特性，具体来说体现在以下几方面。

1. 知识产权融资租赁的标的物具有无形性

融资租赁的标的物也被称为融资租赁的对象，是指融资租赁交易所指的对象，通常表示为具有经济利益的客观存在物。在传统融资租赁交易中，租赁物通常为有体物，主要表现为设备、车辆、船舶、航空器等能够带来经济效益的动产，在特定的交易行为中，基础设施、房地产等有时也可能成为融资租赁。与传统融资租赁标的物相比，知识产权融资租赁的对象具有无形性特征。由于知识产权是权利人对其创造性智力劳动成果和工商业标记享有的权利，因此知识产权融资租赁也被视为一种无形资产融资租赁。

2. 知识产权融资租赁交易构造具有独特性

从交易构造的角度来看，知识产权融资租赁与传统的融资租赁模式一样，虽然也由两份合同与三方主体构成，但在这类交易中，交易主体间实际上构成的是一种“融资性许可”的关系。在此类交易中，出租人（许可人）根据承租人（被许可人）指定具体某项知识产权，与知识产权权利人进行交易后，知识产权以许可形式许可承租人使用。虽然这类交易也体现为“三方两约”的形式，但出租方与承租方之间的法律关系并非传统意义上的租赁关系，而应当被视为一种知识产权运用上的授权许可关系。但无论如何，这些以知识产权为客体的交易都体现了与传统融资租赁交易类似的融资融物一体性①，知识产权这类无形物在这些交易中也充当了融资介质，故这些交易行为从某些角度上可被看作知识产权交易领域融资租赁交易模式的尝试和创新。

3. 出租方在知识产权融资租赁交易中具有高风险性

作为一种无形财产的知识产权，其融资租赁交易与传统融资租赁相

① 金正宇．知识产权融资性售后回租许可法律分析[J]．中华商标,2011(11)．

比，出租方需要承担更大的风险。

首先，出租方在融资租赁开始之前处于危险之中。第一，作为交易相对方的承租方，其资信、运营、财务、知识产权权利客体价值等各方面，是确保出租方安全交易的前提。由于这些信息的真实材料都掌握在承租方手中，出租方无法开展事先细致调查。第二，鉴于融资对象知识产权的特殊性，出租方还需要审查承租方拥有的知识产权权利是否合法、权界是否清晰、归属是否明确、是否涉及侵权纠纷等。只有经过了如上审查，才能在融资进行前将出租方的风险降到最低。第三，出租人对象的所有权是融资租赁交易正常运作的基础，但在实际交易中，由于出租方和承租方在知识产权转让合同中未明确履行登记备案手续，所以出租方还没有成为知识产权的合法权利人，而使出租方在支付知识产权转让费后面临着巨大的风险。

其次，在融资租赁过程中，出租方有风险。出租方在上述融资租赁开始前有效避免了风险。出租方将其所取得的知识产权许可承租方使用并办理相应的登记备案手续（或以出租形式），而承租方以售后回租的方式，既已获得资金，又成为该知识产权的被许可方，此时处于优势地位的承租方很可能做出不按时支付许可费（或出租费）且侵害出租方合法权益的行为，给出租方带来巨大风险。

最后，融资租赁交易因知识产权被撤销终止，给出租方带来风险。当撤销此类知识产权时，相关行政机构可能会撤销某些知识产权如专利权、商标权等，双方合作的基础已经消失，双方之间的交易必将结束。而此时作为知识产权受让方的出租方支付了足额的转让费，在与承租方的融资租赁合同到期前，却因知识产权被撤销，而无法获得合同有效期内剩余时间的许可费用（或出租费），使其合法权益受到侵害。此外，传统的融资租赁交易允许承租人在交易终止后支付较优惠的象征性价格获得租赁物的所有权。这一做法在知识产权融资租赁交易中也存在可行性，但由于某些知识产权价值变化快、更新换代迅速，故以象征性价款取得其所有权的做法也存在一定的风险性。

（三）知识产权融资租赁运行模式

知识产权融资租赁是以知识产权为对象的融资租赁交易，即使用无形资产作为金融租赁交易中的媒介。它主要体现为融资租赁交易模式在知识产权领域的应用，最终形成承租人（即使用人）在获得知识产权许可的同时获得融资利益。此特征使其与知识产权质押贷款和知识产权许可使用等交易形式截然不同。虽然从形式上划分，融资租赁可分为 20 多种交易形式，但从目前中国融资租赁的交易实践来看，由两方当事人构成的售后回租交易和由三方当事人构成的较为传统的直接融资租赁交易，仍是目前在中国从事融资租赁业务的两种最常见的租赁业务①。这两种模式在知识产权融资租赁交易中的应用问题值得探讨。

1. 售后回租

目前，售后回租交易是中国最常见的融资租赁交易模式。此类交易中，承租方先将自己所拥有的财产出售给出租方，出租方再将这一财产以租赁的形式提供给承租方使用。学界普遍认为，售后回租交易形式体现了 4 个特征：一是交易主体具有对向性，即售后回租实际上由两方主体构成。其中，租赁客体的提供方与承租方相混同；二是在交易构造上，售后回租交易涉及买卖合同与租赁合同，出租方负有支付租赁客体转让价款的义务，承租方有义务在租赁期内支付租金；三是在租赁期内，出租方是租赁物所有权人，承租方保留使用租赁物的权利；四是就租金的构成而言，租金总额一般包括出租方购买租赁物品支付的价格和交易的利润回报。

2. 直接融租

直接租赁也是涉及两份合同和三方主体的传统融资租赁交易形式。《中华人民共和国合同法》第 237 条规定，在此类交易中，出租人首先根据承租人的选择与供应商签订买卖合同。取得交易标的，再将交易标的租赁给承租人。其特征如下：一是涉及三方主体、两份合同。三方是租赁对

① 李鲁阳．融资租赁的监管［M］．北京：当代中国出版社，2007：137.

象的提供者、出租人和承租人；两份合同分别是转让租赁对象所有权的买卖合同，以及出租人和承租人签订的租赁合同。二是承租方依照合同约定向出租人支付租金，租金总额实质上应当由出租人获得交易物所支付的对价以及进行交易的利润组成。在支付全额租金后，承租人可以根据双方协议以名义价格获得交易对象的所有权。三是出租人在支付标的物的转让价款后，取得交易对象的所有权，并在租赁期内保留其所有权，承租人按租赁条款取得使用权。

理论上，这种典型的融资租赁模式也可以运用到知识产权交易中。以这种形式进行的知识产权交易体现在许可人根据被许可人的指定获得相应的知识产权后向被许可人授予知识产权。其交易表现为以下特征：一是涉及三方主体、两份合同。三方是知识产权的提供者、许可人和被许可人；两份合同则分别为知识产权转让合同、许可人（类似传统融资租赁中的出租人）与被许可人（类似于传统融资租赁中的租户）签订的许可合同。为了使交易更为类似传统的融资租赁交易，许可合同原则上应当为独占许可合同。二是被许可人依照合同约定向许可人支付许可费，许可费总额实质上应当由许可人获得知识产权所支付的对价以及进行交易的利润组成。支付完全部许可费后，被许可人可以根据当事人之间的约定以象征性的价款取得交易客体的产权。三是在许可期间内，许可人原则上应当成为交易客体的产权人（如同传统融资租赁交易中出租人成为租赁物的所有人一样）①。

由于知识产权可分为著作权、专利权和商标权，因此价值实现的形式存在差异。在该交易形式下许可人取得某些知识产权的代价过于昂贵，而类似专利权这样的知识产权又存在价值变化大、更新换代迅速的特征②，这使得许可人在交易过程中容易背负较大的经济风险，交易客体无法起到类似传统融资租赁物的担保性功能，故这一交易形式在现实中缺乏实践基础。本书认为这一交易模式最有可能适用于以商标权为客体的融资租赁交

① 刘筠筠．知识产权质押若干问题研究[M]．北京：中国政法大学出版社，2016：77.

② 吴汉东．知识产权精要：制度创新与知识创新[M]．北京：法律出版社，2017：103.

易。商标的价值实现形式虽然具有多样性，但本质上是由现在及未来能为其使用者带来的收益决定的。与更新换代较为迅速的专利相比，使用商标的时间越长，打造的品牌效益越大，价值升值的可能性越大，对用户的经济利益就越大；与权利体系复杂的著作权相比，商标权权利层次较为简单，产生确权纠纷的风险较小。

（四）知识产权融资租赁制度创新

虽然知识产权融资租赁在我国发展具有现实基础和政策支持，但现行的制度环境并没有为其提供明朗的生存空间，使其交易实践充满变数，既影响交易参与人的利益，也累及法律的稳定预期和实施效果，潜藏极大的法律风险。临空经济区作为改革的先行区，应努力探索知识产权融资租赁在制度上的创新。

首先，传统融资租赁制度中应体现知识产权融资租赁的内容，即在制定融资租赁业务实施细则时，对知识产权融资租赁做出明确的规定，降低知识产权融资租赁行业市场准入门槛，实行差别化税收优惠政策，加大财政扶持力度，完善知识产权融资租赁登记公示制度。

其次，加强中介服务的巨大作用。设立专业的知识产权分析和评估机构，由该机构评估该知识产权无形资产购买价格。该机构收取服务费并承担部分未来知识产权交易的风险。因此，银行等金融机构愿意进行知识产权融资。同时可以考虑为知识产权交易中的诉讼风险、商业风险和法律风险设计有效的风险分散工具，即知识产权保险。以知识产权和知识产权侵权责任为投保标的，主要解决侵犯知识产权造成的民事责任赔偿和财产损失问题。无论是提供中介服务的分析评估机构，还是知识产权保险，都是专门针对知识产权融资过程中的风险而设计的商业服务机制。另外，曾经出现过另一种具备融资租赁特征的知识产权交易模式，即以软件为客体的融资租赁交易。实际上表现为出租人先取得软件的使用许可，然后将此许可证出租给租户使用①。我国学者杨千雨（2014）将这种交易称为“融资

① 钟林雄．试论中国的融资租赁立法[J]．当代法学，2000(2).

许可”。美国学者史蒂文·O. 魏泽（1999）根据《美国统一商法典》第2A条的规定提出了一种软件交易模型，涉及的三方是软件许可人、资金提供人和最终用户。其主要分为以下几个步骤：（1）软件许可人与资金提供者签订软件非独家许可协议；（2）资金提供者全额支付许可人许可费用；（3）资金提供者将最终用户——从属授权人以分许可的形式引入软件的非独占许可中；（4）最终用户（从属授权人）向资金提供者定期支付许可资金，如果最终用户（从属授权人）没有付款，则资金提供者有权终止分许可。这实际上为知识产权许可交易提供了一种新的交易思路，即资金提供者根据最终使用方的指定，一次性向知识产权的权利人交付许可使用费，并取得相应的分许可授权，随后采取所谓的分许可授权形式将许可合同的利益转移给最终使用方。这类交易模式主要有以下特点：一是知识产权主体不变，融资方一次性支付许可费，并经过知识产权权利人同意后，有权将知识产权作为交易对象许可给最终用户；二是融资方的分许可行为应当经知识产权人的同意，且融资方原则上只能根据知识产权人允许实施分许可的次数实施相应的分许可；三是这一交易模式本质上表现为资金供给者（融资方）根据最终使用方对知识产权或信息财产的选定，经权利持有人的许可和特别授权，将许可合同权益或再许可转让给最终用户，最终用户支付转账费用的融资方式。这类交易模式仅仅表现为一种许可利益的转让，却在实际上起到了与融资租赁交易类似的融资及融物效果，被广泛运用于软件许可交易当中。然而，这些交易是否适合被确认为融资租赁法律关系仍存在争议。

综上所述，知识产权融资租赁是融资租赁的崭新业务形态，它能够打通技术创新与资金融通之间的壁垒，与临空经济培育新型高科技产业和先进制造业的目标高度一致。进一步完善知识产权融资租赁的规则设置，催生其快速发展，一方面有助于提高临空经济区知识产权的附加功能，另一方面也能够推动临空经济区现代金融服务业水平的不断提升。

第三节　临空经济发展中的信托业务创新

一、临空经济区信托业务发展路径

临空经济的外向型特点以及对信托行业的包容性，会给信托公司的业务开展带来优势。目前，临空经济区的部分信托公司正在研究未来信托产品能否通过临空经济区实现更为顺畅的海外投资，以及从事海外的募集和发售。但是基于相关政策尚不明确，信托公司的努力仍处于探索状态。未来信托业在临空经济区的业务开展途径主要包含以下 4 种。

路径一：成为临空经济区利率市场化的桥梁。

在实体经济中，信托一直在利率市场化中发挥着重要作用。航空经济区的两项重要工作内容就是金融创新和利率改革，因此，信托可以在航空经济区建立多渠道资本市场，进一步实行利率自由化。此外，利用以往信托投融资经验，信托可以为临空经济区的企业提供多元化的融资平台，发挥其独特优势，支持实体经济发展。

路径二：深化跨境金融服务。

在临空经济区政策发展方向上，信托可以建立符合国际化和合法化要求的跨境投资和贸易法规则体系，主要包括以下方面：一是在现有的合格境内机构投资者（Qualified Domestic Institutional Investor，QDII）实际运营经验下，进一步为客户提供全球资产配置的财富管理解决方案，实现信任“走出去”；二是引进外资，拓宽资金渠道，实现信托投资者国际化，把握合格境外机构投资者（Qualified Foreign Institutional Investor，QFII）商机的潜在扩张，从而引进信托[①]；三是为临空经济区的海外机构提供金融服务，如投融资、人民币流通等，为海外机构提供信托服务；四是在现有 QDII 和

---

① 周乾．自贸区统一信托业监管规则的构建初探[J]．理论探索，2015(1)．

QFII 业务的基础上，进一步探索离岸金融服务[①]，促进跨境融资便利化，进一步实现信托业务的国际化；五是全面提升信托等金融机构的竞争力，建立区域或全球资产管理中心。

路径三：满足临空经济区内企业多元财务需求。

鉴于临空经济区的特点，信托可以探索该区域内企业的多元化服务机制。建立中小企业金融服务机构体系，深化中小企业金融服务，在控制风险的前提下，确保区内中小企业健康成长。全面完善中小企业金融服务，达到鼓励相关产业发展的目的。

路径四：各项金融创新。

信托可通过自身制度优势进行各种金融产品的创新，从而扩大投资领域的开放，促进贸易转型、发展及方式转变。例如，拓宽信托业务领域，将把传统业务领域积累的投资经验和管理能力拓展到更广阔的领域[②]。信托公司可以将各种金融创新与临空经济区建设联系起来，探索相关行业的商机，支持区域经济建设。

二、临空经济区信托制度创新

（一）信托流转中的制度创新

虽然多年来信托资产的总规模持续增长，但问题产品的数量不断增加以及缺乏流动性的弱点已经变得突出，这些都是信托行业必须面对的事实。这不仅限制了行业的转型和发展，而且限制了产品的升级。业界普遍认为，缺少信托登记制度是主要原因。为了解决这个问题，临空经济区有必要探索并建立信托受益权流转机制，通过受益权流转“盘活”资产。

信托受益权，是指信托受益人根据相关法律、法规和信托文件规定获取信托利益的权利，信托受益权可以依法转让和继承，但信托文件有限制

① 周小明．信托制度：法理与实务[M]．北京：中国法制出版社，2012：87.

② 徐卫．解读信托法律关系中的信任[J]．海南大学学报：人文社会科学版，2009(3).

性规定的除外。为保护信托当事人合法权益，规范信托登记行为，建立完备的信托登记平台，探索信托受益权流转机制，临空经济区应参照自由贸易区《信托登记试行办法》的相关内容，出台相应规则，规定“信托受益权登记应记载的事项，申请人申请办理初始登记和变更登记时应提交的材料，以及信托终止后申请人申请注销登记应提交的材料”等内容。有此规定后，信托产品的信息披露将更加全面，信息对投资者和金融家来说将更加对称。同时，它还可以增强信托产品的流动性，这对振兴信托资产和整个行业的发展将起到积极作用。

同时，业内人士还认为，信托产品流通市场的建设是解决信托业发展深层次问题的措施之一。建立信托产品流通市场将促进长期投资信托产品的开发和分配，有助于提高投资型和收费型企业在业务结构中的比例；有助于风险分担机制，通过市场释放信托产品的风险；有助于通过利用市场监督的力量来提高信托产品的安全性①。随着信托受益人流转机制的完善，如果信托受益凭证能够进入市场，也有望实现信托产品从非标资产向标准化资产的转化。而适用该政策的信托登记机构不局限于临空经济区登记的平台，还应包括国家注册平台，这样信托受益权的转让才能更加顺利进行。另外，建设全国性信托登记平台亦是大势所趋，一方面，便于监管者查看信托产品信息；另一方面，信息也可以向机构投资者开放，以提高透明度。这避免了国内信托受益权的转让一般只通过委托信托公司或通过第三方平台进行。此两种方式存在一定问题，前者的供需量很小，无法扩大规模；后者则是因为没有统一的标准和市场，交易不够活跃，因此设立全国性信托登记平台至关重要。与此同时，信托公司自己正在进行各种创新以解决流动性问题。例如，之前华宝信托推出的“流通宝”，其是一个具有固定收益特征的产品转让流通平台。但是，与目前的信托资产规模相比，无论是第三方平台还是信托公司本身，平台的交易量仍然太小。这些交易平台更多的是信息流通的功能，对于增加流行性效果甚微。原因主要

① 王涌．中国信托法的基本问题[J]．中国法律，2012(5)．

是国内没有统一的标准，很难形成全国市场。北方某交易所的负责人表示，信托受益权的流通必须得到基本制度的支持。但是，目前还存在缺乏管理制度和信息不对称等问题。此外，部分信托公司确有自己的算盘，它们可能不会很热情，毕竟注册平台可能涉及一些负面信息。这需要一个特殊的系统来规范，并且在后期不断地改进。

（二）信托登记中的制度创新

本书在考察中国信托法律背景和信托业现状的基础上，探索在临空经济区内建立试点信托登记平台，并对进一步完善临空经济区的信托登记制度提出相关建议。

1. 信托财产或信托产品登记平台法律性质分析

从登记的基本内容来看，信托登记大致可分为 3 类，即信托产品登记、信托文件登记和信托财产登记。这 3 种登记的主要内容和有效性各不相同。

信托财产的登记一般被理解为信托财产的转让登记，信托财产转移的登记不可避免地涉及信托的基本内容的登记，如委托人和受托人信息登记。对于信托财产的登记，《中华人民共和国信托法》第 10 条规定：“设立信托，对于信托财产，有关法律、行政法规规定应当办理登记手续的，应当依法办理信托登记。未依照前款规定办理信托登记的，应当补办登记手续；不补办的，该信托不产生效力。”虽然信托法规定了严格的信托登记有效性原则，但法律只做了原则性规定，目前尚不清楚哪个机构负责信托登记，并且没有具体的规则。

从日本、韩国和我国台湾地区的信托法律和信托惯例来看，建立信托登记制度势在必行，因为信托的设立、管理和终止都可能涉及财产登记事项。例如，设立信托时对信托财产的登记，如受托人在信托管理过程中获得的信托财产是依法登记的，受托人依法将信托财产转让给受益人的登记，信托终止时剩余信托财产转移给权利归属人时的登记等。

信托产品登记是指登记机构对信托机构开发和形成的信托产品予以登

记。注册内容主要包括信托产品的名称和基本信息等①。客观地说，登记不但便于公众查阅，而且有利于信任运营商推销他们的产品，互相交流和学习。

信托文件登记由登记机构对信托文件予以登记。即由申请人提供信托文件，在登记机构办理登记，登记机构根据文件中内容的可公开性，确认将可公开的主要内容以摘要形式记载于登记簿中，通过此公示方式，实现信托财产潜在购买人查阅资料的目的。

信托财产的登记是信托法明确规定的法律概念，是落实信托破产隔离职能的重要载体。即使信托公司存在经济纠纷或破产，也不会影响信托财产的独立性和安全性。信托产品和信托受益权的登记更像是信托财产受托管理中的一种信息聚合载体。其主要目的是加强对商业信托业务的监管，增强信托受益权的流动性。但是，信托产品登记有利于信托财产登记向前发展。同时，信托产品登记系统一旦建立，信托产品份额转让业务也有望实现阳光运营。

比较 3 类理论分类登记形式，借鉴自由贸易区《信托登记试行办法》的有关规定②，建议临空经济区的登记中心只能起到登记信托产品的作用。从该办法的调整对象来看，信托登记主要是指信托受益权的登记，该办法的目的在于建立统一的信托受益权登记平台并向社会提供查询服务，为下一步信托受益权的转让及加强信托产品的流动性提供制度基础。由此可见，临空经济区在界定信托登记平台法律性质时，应从调整方案的角度来看，信托登记主要是指信托受益权的登记。这种方法的目的是建立统一的信托受益人登记平台，以期为社会提供咨询服务，为下一次转让信托受益

① 孟强．信托登记制度研究[M]．北京：中国人民大学出版社，2012：216.

② 《信托登记试行办法》第 4 条规定："信托机构申请办理信托受益权登记，以及相关主体查询信托受益权信息事宜适用本办法。"第 5 条规定："本办法所称的信托受益权，是指信托受益人根据相关法律法规和信托文件规定获取信托利益的权利。信托受益权可以依法转让和继承，但信托文件有限制性规定的除外。"另外，根据其他相关规定，信托产品登记仅具有公示力，信托产品登记主要提供的是供社会公众查询和推介信托产品的功能，并且，该登记中心并不能对登记的事项进行实质审查，真实性由申请人负责。

权和增强信托产品的流动性提供制度基础。

2. 临空经济区探索建立信托产品登记中心的难点分析

从实际的角度来看，随着泛资产管理时代的到来，保险和券商资产管理产品正在加速二级市场的建设。在此背景下，有必要建立统一的信托产品登记中心，发展信托产品流通市场。但是，这个统一过程并非易事。目前，制约中国全国性信托产品登记中心统一的原因多种多样，从法律政策与行业制度角度来看，主要体现在以下两个方面。

第一个方面，信托法规还需做细致化规定。首先，《中华人民共和国信托法》对信托受益权的转让和登记只有原则性规定，具体操作上缺乏详细的管理规定；其次，虽然《中华人民共和国信托法》规定信托受益权可以依法转让，但根据我国现行有关规定，受托人在处理资金信托业务时不得发行受益凭证，需要明确受益人凭证的合法性。

（1）关于信托受益权登记和转让的规定的改进。信托受益权的转让已得到信托法的承认，但中国信托受益权的转让并不像预期的那样顺利。《信托公司集合资金信托计划管理办法》第29条规定："在信托计划期间，受益人可以将其持有的信托单位转让给合格投资者。信托公司应当办理受益人转让受益权的相关手续。信托受益权分割和转让的，受让人不得为自然人。机构持有的信托受益权不得转让或分割给自然人。"由于上述限制，信托产品的现有受益权转让仅限于机构投资者，转让平台的活力受到了严格限制。不难理解这样的设计，因为集合资金信托的中小投资者人多面广，抵御风险和承受损失的能力很弱①。因此，控制风险、保护投资者利益已成为集合资金信托的首要设计原则和监管的基本目的。

本书认为，信托受益权规定可以转移，能够发挥市场的风险规避功能，使信托风险被分散。基于对上述原则和目的的尊重，对信托受益权转让的过度限制，就与制度设计的初衷不符，对信托受益权的转让构成了实质性障碍。在现代经济生活中，没有任何正当理由以任何方式阻碍转让信

① 赵廉慧．信托法解释论[M]．北京：中国法制出版社，2017：300.

托受益权，不符合市场经济的本质。在维护国家利益和公共利益的前提下，任何民商事主体都有权处置其财产权，包括机构和自然人，上述规定限制了向自然人转让或分割受益权，从根本上不符合法律规定。

此外，《信托公司集合资金信托计划管理办法》第5条第3项规定，单个信托计划中的自然人数不能超过50人，但单笔委托金额在300万元以上的自然人投资者和合格机构投资者的数量不受限。实际上，自然人认购参加信托计划是很常见的，受让人仅限于合格的投资者，目的是保护没有风险识别和负担能力的投资者，但只要受让人是合格投资者，与建立信托计划时相比，没有必要制定更严格的规则，然后将受让人限制为机构或自然人。

（2）需要澄清信托受益人凭证的合法性。受托人在处理资金信托业务时不得发行受益凭证，受益证书的合法性不明确是阻碍信托产品注册和流通的另一个障碍。在信托法律关系中，信托受益权利反映在信托受益凭证上。信托受益凭证是信托公司向投资者发放的特殊证明书，用以表明受益权，并且是信托受益人权利的书面证明。根据《中华人民共和国信托法》的规定，信托受益权可进行量的分割，按比例分成持股单位，也可进行定性分割。返还现金流的顺序是通过设定优先受益权和劣后收益权来确定返还现金流的顺序。但事实上，中国目前的信托发行受益凭证书的合法性尚不明确，这与发达国家的金融法治实践有偏离。

日本于2006年对《信托法》进行了重大修订。在转让受益权方面，结合《金融商品交易法》，受益权不仅可以快速、频繁地转让，甚至可以满足像股票一样转让的需求；设立了发行受益证券信托制度，受益证券可以作为有价证券进行流通①。日本《金融商品交易法》将有价证券范围扩大到追加发行受益证券信托的受益证券，并将受益证券信托以外的信托的受益权视为有价证券。因此，任何信托受益权均受日本《金融商品交易法》的规制，信托受益权成为金融商品的一种形式。美国关于证券的范围

① 松尾直彦，杨林凯．日本金融商品交易法制中信托的定位[J]．公司法律评论，2012(8)．

列举更宽泛，《美国1933年证券法》第2节（1）对“证券”的定义采取了非常广泛的方式，除股票、债券和各种衍生品外，还包括“投资合同”概念。此外，还有2007年韩国《资本市场统合法》抽象地定义了“金融投资商品”的概念，对较为广泛的金融投资商品都纳入该法的适用范围，统一监督。

与美国、日本及相关国家的做法不同，中国的信托和证券法律法规对信托受益凭证的性质没有规定。信托受益凭证的发行和交易也没有规范。缺乏相关法律支撑无疑使信托受益权的发行和流通处于无序状态。

第二个方面，信托业交易机制建设滞后。通过针对我国信托受益权流转平台的现实观察，可以发现尽管目前市场上已经开展信托产品登记的尝试，但是这些模式仅能为个别信托产品的转让需求提供信息，远未达到全国性的信托产品登记功能。仅就运用相对成熟的信托产品登记模式而言，目前实践中信托受益权转让的模式主要有两类。第一种模式是信托公司根据自己的产品和客户设立受益权转让数据库，以形成公司内部产品流转，其核心是为转让其权利的投资者提供受益权定价服务。这种模式也存在局限性，即其只提供由自己公司管理的信托产品，受让范围仅限于公司内部客户。第二种模式是区域金融交易所。例如，北京金融资产交易所建立了信托产品交易服务平台，提供产品登记、信息披露等，为信托受益权转让提供需求报价、交易匹配和变更登记服务。但是，北京金融资产交易所挂牌转让的信托受益权仅适用于机构投资者。除北京金融资产交易所外，天津金融资产交易所和鲁锦陆金所等其他交易所也从事此类业务。这种交易平台的缺点是其业务类型通常较广泛，除信托受益权外，还包括不良资产、融资租赁业务、保险资产管理业务等，缺乏针对性。此外，由于信托行业缺乏全面支持且存在信息不对称等问题，同时区域金融交易所的服务范围要比信托公司更大、更广，因此其交易量仍然有限，并没有真正构成全国统一市场。

本书认为，上述现实模型反映了我国信托产品二级市场仍处于不发达状态。全国性信托产品登记中心应该是信托交易机制的组成部分。反过来，交易机制中缺乏相关制度的构建也阻碍了统一信托注册平台的构建。总之，与银行、证券和保险业相比，信托业的发展和与行业相关的制度体系建设一直很缓慢。其中有行业历史发展的原因，也有该制度在英美法系引入民法体系中遇到困难的原因。从目前的情况来看，信托市场的交易机制不及其他金融产品，无论是产品流通还是产业服务体系都有待完善。

鉴于以上限制性条件的存在，在我国临空经济区设立统一的信托交易平台，还存在很大的制度性障碍。但是机遇永远与挑战并存。我国信托业既有的实践和发展已经为改革先行区的临空经济区提供了必要的经验，应当鼓励临空经济区在体制机制上进行尝试和突破，破除制度壁垒，用创新性思维来拓展信托业的发展。

3. 探索建立国家信托产品中心的现实路径

要实现信托产品统一登记，必须克服法律和政策障碍、制度建设的“瓶颈”，重新审视和考虑信托业务的私募特征，为信托产品的标准化设计和统一注册提供坚实的基础。建立统一的信托产品登记中心需要宏观经济政策和微观制度支持。

就宏观经济政策支持而言，应试点建立临空经济区信托登记中心作为国家信托产品注册平台。除建立临空经济区信托登记中心平台外，统一产品登记中心也需要得到全国各地的认可，这还需要政策来推动顶层设计，例如赋权试点的临空经济区登记中心逐步向全国性登记中心的法律地位过渡，完善相应信托产品托管结算系统的基础设施建设。

就微观制度支持而言，临空经济区信托登记中心仍须改进其信托产品注册的服务功能，如设立信托产品标准评价体系。可以通过设计反映主要信托产品特征的要件设计和编制目录产品，将非标准化信托产品转化为标准化数据和信息，使投资者便于决策，由此分析框架内复杂信托产品的风险收益特征。再如，为做市商引入交易机制，选择具有强大背景、卓越绩效和良好合规性的信托公司作为交易平台的做市商，对相对多元化的信托产品使用做市商制度或“一对一”查询价格交易，根据需要适时调整价格和其他条件，从而促成做市商和合格投资者之间达成协议，促使交易顺利完成。这对于目前处于起步阶段的信托产品交易市场而言可能更为安全。

此外，利用适当的 IT 技术，建立数据库和电子交易系统，有利于信托产品信息的收集、保存、查询并提高交易效率。中国信托业目前欠缺与股票和基金交易类似的信托交易平台。试点的临空经济区信托登记平台可以使整个行业受益，对于信托公司来说，它可以提高信托公司产品报数的效率，减少后台维护人员人力投入，待信托产品标准化后，更加提升了交易需求；对于投资者而言，信托产品和受益权的统一登记，可以实现独立第三方对投资者权益的公正记录和权利认定，从而保护投资者的利益；对于监管部门而言，通过信托产品的全面动态登记，可以获得统一格式的行业大数据，并可以发出风险警告；对于整个行业而言，由于数据集中开放，市场的定价和评级机制有了抓手，可以有效缓解行业内期限不匹配和刚性兑付的问题。

建立试点的临空经济区信托登记中心，是前无古人的一种尝试，也是深化金融体制改革的一项举措。推动建立临空经济区信托登记中心成为全国性统一信托登记平台，实现信托产品信息的统一登记，必然促进信托产品的高度流通，对于完善我国信托业体系建设意义重大。在我国经济体制改革进入深水区之际，在临空经济区尝试进行信托业的革新，不仅能够彰显临空经济的先进性和前瞻性，还能为现代金融业的发展提供一种崭新的思路。

第四节　临空经济发展中的保理业务创新

一、临空经济区商业保理发展的必要性

商业保理是一整套基于保理商和供应商之间签订的保理合同的金融方案。保理合同是指不论是否出于融资目的，供应商为实现应收账款分户管理、账款催收、防范坏账中的一项或多项功能，将已经或即将形成的应收

账款（以下简称“应收账款”，根据上下文也可能指部分应收账款）转让给保理商的合同①。临空经济区有必要大力发展商业保理业务，因为该业务的健康发展，能够扩大区内信用服务业对外开放程度、有效防范信用风险、合法规范经营行为。比照自由贸易区制定有关商业保理业务管理办法，确实吸引了为数较多的投资者到自由贸易区设立商业保理公司，但是融资难、融资成本高导致保理企业缺少资金、难以运作，同时由于缺乏法律、监管制度和配套金融政策的支持，以及行业的高风险和信用保险制度缺乏保障等一系列问题，严重削弱了商业保理公司开展保理业务的积极性②。

二、临空经济区发展商业保理业务的法律障碍

（一）商业保理缺乏配套的法律支持

第一，商业保理立法不足。应收账款债权的转让和受让是保理业务开展的前提，但我国应收账款转让的法律制度并不完善。法院审理商事保理纠纷时，主要依据《中华人民共和国民法总则》《中华人民共和国合同法》和《中华人民共和国物权法》的有关规定，各航空经济区目前还无可以依照的专门法规。而仅依照如上 3 部法律中的有关条款，使得许多重要问题缺乏法律依据，如未来应收账款债权是否可以转让，禁止转让应收账款的条款的有效性，以及解决多重债权产生的权利冲突等问题。与由国际统一私法协会制定的《国际保理公约》和联合国贸易法委员会制定的《国际贸易中应收款转让公约》相比，我国关于债权转让的立法还相当落后。目前，我国尚未制定出一部规范保理业务的保理法。现实是不但欠缺立法规范，而且司法实践中的保理业务判决案件数量也

① 林炎冉．上海自贸区商业保理行业的内部发展策略探究[J]．现代商业，2014(17)．

② 笔者查找资料，比照自贸区保理业发展的情况，以福建自贸区相关数据进行说明已经登记注册的商业保理公司有 700 多家，厦门自贸区约占一半。据厦门市金融工作办公室统计，截至 2018 年 6 月已登记注册的商业保理公司有 300 多家，2018 年发展较快，仅上半年就新增近 100 家。但是注册后的保理公司实际运作的大约为 20%，约 80% 的保理公司在注册后处于空壳状态。

很少。立法上的空白，使得进口商、出口商、保理商和司法机构难以解决保理业务纠纷。

第二，行业仲裁机构缺位。保理纠纷案件一般比较复杂，对于裁判人员而言，需要他们熟悉财务、税务、资产交易、法律和其他相关知识，熟悉业务流程，具有丰富的实践经验，即对其专业技术要求非常高。对于法院来说，审判这些专业的商业纠纷，由于缺乏熟悉相关领域知识的法官，审判效果往往较差。保理业仲裁机构的设立，可以弥补行政和司法机关审理上的不足，充分发挥其灵活的专业优势，有效解决专业纠纷。目前，国际保理商联合会（FCI）已经建立了一个全面的国际保理制度和规则，而中国的国内保理纠纷基本上都是依靠地方各级法院审判解决，缺乏专业的审判人才①。

（二）监督和升级后缺乏统一的监督制度

首先，商业保理和银行保理本质不同，标准语言也不太一样，还有保理公司主体、注册资本金、资本约束、高管任职资格等要求也不同，保理行业标准有待监管机构统一规范。

其次，在监管升级后，商业保理公司的合规监管也将予以加强。根据中国银行保险监督管理委员会的规定，金融机构不得为一些不合规的公司提供资金，而出口小微企业往往难以从银行获得贷款。商业保理较为灵活的方式，较低的融资门槛，有助于中小企业解决资金周转问题②。统一监管后，在合规性要求下，中小企业通过商业保理融资渠道将收紧，不利于中小企业融资。因此，监管机构不仅要考虑公司的合规业务，还要继续在贸易融资中发挥灵活作用。

再次，银行保理业务属于传统意义上的持牌金融机构业务。通过设定实缴资本金高准入门槛并加强事后监管处罚是银保监会采用的对传统金融机构的监管方式，但此方式不适用于商业保理，因此目前事后监管惩罚没

---

① 沈毅．我国商业保理资产证券化研究[D]．上海：上海交通大学，2015：76.

② 唐筱芳．福建自贸区商业保理法律制度问题研究[J]．对外经贸，2018(8).

有相关的法律依据。

最后，明确监管主体后，由于实际运作主要依靠地方金融监管机构，有必要对当地监管机构工作人员的金融业务知识储备和事件处理能力进行再培训。这需要一定的时间和资金成本来推进。总之，只有建立了适应临空经济区发展的金融监管机制，设立了统一的监管体系，出台了统一的保理法规，才能有效提高系统性金融风险抵御能力。

（三）缺乏配套的金融制度

1. 融资创新模式较保守

我国目前还没有建立境外人民币资金回流渠道，因此无法为境外保理项目进行人民币融资。允许商业保理公司进行人民币跨境贷款，是一项良好的融资创新，不仅拓宽了保理公司的融资渠道，还利用了廉价的海外贷款利率，但是由于缺乏配套金融制度的支持，因此一般它只针对银行保理业务，而不敢涉及风险较大的商业保理业务。

2. 融资难，融资成本高

当商业保理公司与国内银行合作开展“再保理”或“双重保理”业务时，由于金融机构缺乏商业保理公司的信用评级标准，授信时，商业保理公司通常需要增加抵押品或第三方保证，或者经常以不具有保理业务所需的信贷标准为由，将商业保理公司排除在银行授信和“再保理”业务之外。信托公司、证券公司、基金公司、保险公司和其他基金提供商对商业保理公司，尤其是私人商业保理公司持谨慎态度，即使愿意提供资金，资本成本也很高。缺乏支撑的金融制度，使商业保理处于融资困难和高融资成本的困难局面。从长远来看，不利于航空经济区商业保理的发展。

（四）缺乏配套的信用保险制度

目前，我国尚未通过法律、法规为个人和公司建立信用评级体系。由于出口企业尤其是中小企业缺乏信用评级，保理公司无法准确提供授信额度，这给保理业务带来了极大的不便和风险。目前，中国人民银行征信系统中的企业信用信息不对商业保理公司开放。这不利于商业保理公司及时发现风险，准确判断买卖双方之间贸易的真实法律效力。因此，为了规避风险，保理公司为此类企业提供保理服务的积极性并不高。

我国大多数商业保理公司的风险控制能力还不够成熟，为了降低保理风险，商业保理公司开发信用保险等产品，以提高商业保理公司的风险控制能力，但只有个别保险公司愿意执行“信保+保理”模式且仅适用于银行保理业务。单一承保方式、高额保费和低保险额不能有效降低保理风险。依据2017年7月召开的全国金融工作会议的精神，原中国保险监督管理委员会出台了新的金融风险防范规定——信保新规。该新规的第8条规定，保险公司不得为类资产证券化业务和债权转让提供信用保险服务。这项规定使得保理公司实施金融创新、化解保理风险变得越来越困难。

综上所述，临空经济区要尝试在商业保理领域进行改革，还面临来自法律依据不足、纠纷解决机构缺失、合规监管规则不明、配套措施不完备、信用保险制度欠缺等方面的障碍。

三、临空经济区商业保理制度改革路径

（一）加快商业保理立法和行业仲裁机构建设

我国的立法部门应该向商业保理业务比较成熟的国家和地区学习。参考《国际保理公约》《国际保理原则》和《应收款转让公约》的有关规定，在对保理业务进行彻底调查的基础上，制定保理法。但鉴于立法程序的复杂性，不宜在短期内出台保理法，而是应考虑将立法中未明确规定的内容在相关司法解释和部门规章中予以体现。对未来应收账款债权是否可以转让的问题、债权转让通知到达问题以及债权转让的禁止性规定法律效力等出台相关的司法解释，同时明确债权转让的登记机构、登记事项和登记效力。

在尚未发布立法和司法解释的情况下，地方法院在审判保理纠纷案件时做出的判决，将对地方保理业务的开展起到非常重要的指导作用。例如，为了进一步解决保理合同纠纷的审判实践中遇到的难题，天津市高级

人民法院统一了裁判标准和司法标准，出台了《关于审理保理合同纠纷案件若干问题的审判委员会纪要（二）》，明确了多项事项，包括债权转让通知的有效性和形式、债务人确认应收款的有效性、基础合同中禁止转让债权的约定、被告的辩护权和抵消权等 7 个项目。结合以上内容，建议临空经济区加快建设保理业仲裁机构，招聘具有丰富专业知识和经验的专家学者作为仲裁员，借鉴国际保理商联合会国际保理仲裁体系和规则，学习我国其他地区保理仲裁中心的成熟经验，制定符合行业和地方特色的仲裁规则，为解决临空经济区商业保理纠纷提供专业解决方案。

（二）统一监管制度，逐步规范提高行业监管水平

商业保理由银保监会统一监管后，应尽快统一监管制度，完善监管规则，制定统一的保理监管制度。建议临空经济区在实施统一监管后，缩短商业保理监管的真空期，以降低金融风险，并通过培训金融监管人员，不断提高金融监管人员的专业知识和监管水平，使商业保理业务在实践中得以实施。此外，商业保理业务与银行保理业务不同，侧重于非金融保理服务，如销售分户账管理、客户信用调查和评估、应收账款管理和催收、信用风险担保等。银行保理侧重为保理业务提供融资服务。相比较为成熟的银行保理，商业保理还较为年轻，监管机构可以尝试适当放宽对临空经济区内商业保理公司的限制，并鼓励和支持商业保理的发展。根据商业保理和银行保理的各自特点，引导片区银行保理与商业保理形成互补性竞争。

（三）完善配套金融制度

利用临空经济区的金融创新优势，引入开拓性政策，积极探索商业保理公司与商业银行、保险公司等金融机构的合作，开展再保理和双保理业务。促进融资产品和融资模式的创新，如应收账款资产证券化。通过设立保理业发展基金、银行贷款、境内外债券发行、借入短期外债和中长期外债，支持临空经济区商业保理公司拓宽融资渠道。鼓励外商投资基金投资国内保理公司，并在资本金结汇、投资和基金管理方面提供相应的政策支

持。大力支持商业保理公司“走出去”，引导临空经济区保理公司和国际保理机构的建设合作，参照国际保理业务模式，规范国际保理业务流程，培养国际保理专业人才，拓展国际保理业务。通过以上措施，不断完善临空经济区金融制度，积极鼓励和推动商业保理融资创新，拓宽融资渠道，实现临空经济区商业保理业的稳步发展，更好地服务于区域内中小外贸企业。

（四）构建企业信用保险制度

鉴于国家信用管理体系的建设无法在短时间内完成，建议临空经济区可以先利用大数据在该地区建立信用信息数据库，涵盖该地区企业和个人的信用信息。同时，建议临空经济区或当地保理专业委员会与中国人民银行信用信息中心协商，将合格的商业保理公司纳入信用信息系统的范围，不但可以查询，还可以将自己收集的信息录入企业和个人的信用信息基础数据库中。这样，保理公司就能充分掌握客户信息，及时发现风险，有效降低坏账发生率。临空经济区应加快推进出口信用保险，开展中长期信用保险和境外投资保险业务。保险公司应充分借鉴发达国家保险业商业信用保险的经验。改变传统的承保方式，扩大承保范围，调整费率标准，降低保理业务运营风险，提高它们对保理的热情。同时，在加强风险管理和控制的前提下，支持出口信保和保理公司在保单项下创新贸易融资模式，有利于推动建立风险分担机制，防范商业保理经营风险，促进商业保理公司健康发展。

综上所述，作为一种贸易融资方式，商业保理对于解决临空经济区出口企业特别是中小企业使用赊销方式后，面临的资金压力和应收账款回收周期长、难回收等方面具有积极意义。应在临空经济区内尝试进行具有可行性的商业保理制度改革，营造良好的外部经营环境，促进临空经济区保理业务的健康良性发展。

第八章
临空经济区营商环境优化研究

根据国务院《优化营商环境条例》的规定，营商环境是指企业等市场主体在市场经济活动中涉及的体制机制性因素和条件。世界银行发布的近15年来营商环境报告显示，良好的营商环境会使投资率增长0.3%，GDP（国内生产总值）增长率上升0.36%，从而带动区域竞争优势显著提升。正处在转方式、优结构、换动力攻坚期的临空经济先行区，只有深刻把握国际市场发展规律，把营商环境摆在更加重要的位置，全面对标国际标准和国内先进做法，营造一流营商环境，才能吸引高端企业和要素集聚，才能更多承接发达地区资本外溢和产业转移，才能最大限度地激发创业热情和创新动力，不断增强区域竞争优势。党的十八届三中全会指出："我国经济体制改革的核心问题是处理好政府和市场的关系，使市场在资源配置中起决定性作用和更好发挥政府作用……弥补市场失灵。"党的十九届三中全会进一步指出："政府应完善宏观调控体系，创新调控方式，构建发展规划、财政、金融等政策协调和工作协同机制、强化经济监测预测预警能力，综合运用大数据、云计算等技术手段，增强宏观调控前瞻性、针对性、协同性，加强和优化政府反垄断、反不正当竞争职能，打破行政性垄断，防止市场垄断，清理废除妨碍统一市场和公平竞争的各种规定和做法"，从而有效保证市场在资源配置中起到决定性作用。国务院《优化营商环境条例》第3条规定：国家持续深化简政放权、放管结合、优化服务改革，最大限度地减少政府对市场资源的直接配置，最大限度地减少政府对市场活动的直接干预，加强和规范事中、事后监管，着力提升政务服务能力和水平，切实降低制度性交易成本，更大激发市场活力和社会创造力，增强发展动力。这是我国现阶段深化经济体制改革、优化营商环境的重要指针。因此，在所有临空经济区营造法治化、国际化、便利化的营商环境便成为“先行先试”和深化改革的核心要义。

第一节 优化区域营商环境的逻辑框架

党的十八届三中全会通过的《中共中央关于全面深化改革若干重大问题的决定》首次提出要“建设法治化营商环境”[①]。党的十八届五中全会进一步提出：“要形成对外开放新体制，完善法治化、国际化、便利化的营商环境。[②]”国务院《优化营商环境条例》第4条规定：优化营商环境应当坚持市场化、法治化、国际化原则，以市场主体需求为导向，以深刻转变政府职能为核心，创新体制机制、强化协同联动、完善法治保障，对标国际先进水平，为各类市场主体投资兴业营造稳定、公平、透明、可预期的良好环境。在实践中，2017年以来，中央高度重视营商环境工作，习近平总书记明确要求“北京、上海、广州、深圳等特大城市要率先加大营商环境改革力度”[③]。深入研究营商环境，必须明确营商环境的内涵，并清晰界定其与其他相关概念的边界。

① 中共中央关于全面深化改革若干重大问题的决定[N]. 人民日报,2013－11－16(1).

② 中国共产党第十八届中央委员会第五次全体会议公报[EB/OL]. [2015－10－29]. http://www.xinhuanet.com//politics/2015－10/29/c_1116983078.htm.

③ 习近平. 营造稳定公平透明的营商环境加快建设开放型经济新体制[EB/OL]. [2017－07－17]. http://www.xinhuanet.com//politics/2017－07/17/c_1121333722.htm.

一、营商环境的内涵界定及辨析

（一）营商环境的内涵界定

优化营商环境的目的是为企业生产经营提供良好的外部环境，降低企业生产经营的制度性交易成本，更大激发市场活力和社会创造力，增强发展动力。这些外部环境包括一个地区的政治经济制度、法律法规、风俗习惯、国际政治经济局势、产业环境、市场环境、基础设施配套等。区域营商环境可以定义为一个区域内对企业生产经营有直接或间接影响的企业外部环境①，这些外部环境对一个区域内的企业存在普遍影响，而且一般是单个企业通过自身努力无法轻易改变的，这些外部环境的优化需要政府、社会等多方力量的介入。

（二）营商环境相关概念辨析

与企业生产运营环境相关的概念包括营商环境、投资环境、城市投资吸引力、城市竞争力等。辨析这些概念，有助于更好地把握营商环境的内涵。

1. 营商环境与投资环境的概念辨析

地方政府优化投资环境和营商环境的目的都是招商引资，从目的上看两者无本质区别，但是从概念变迁的历史背景来看，两者在招商引资理念上存在一些区别。投资环境的提出早于营商环境，2002 年之前营商环境概念还很少被提及。通过时间轴的纵向比较发现，在强调投资环境的历史时期，国内经济发展所处的阶段主要是要素驱动阶段，投资环境优化除完善各种制度外，还会通过各种优惠政策和低要素成本吸引资本流入，如牺牲环境、税收减免、土地划拨使用等②。从这个角度来看，投资环境优化的一些手段在一定程度上牺牲了政府和公众的利益，此时地方政

① 杨志勇. 优化营商环境的价值、难点与策略[J]. 改革,2018(10).

② 郑方贤,王瑾. 城市综合竞争力评价的实证研究[J]. 统计与决策,2007(13).

府间为了争夺投资容易形成恶性竞争，而且由于各地政策的差异性较大，企业对未来的预期不稳定，企业投资侧重于短平快项目，不利于区域经济长远发展。

与投资环境相比，营商环境优化则体现为地方政府在不牺牲公众利益的前提下，通过优化区域制度环境、社会环境、政府服务等方面提升对企业资本的吸引力。在经济发展进入创新驱动阶段时，商务成熟度的重要性提升，此时企业更注重政策的稳定性、公平性和透明性，各地招商引资手段更注重优化营商环境，包括政策稳定性、市场竞争的公开透明和公平竞争、政府监管执法等。

由此可见，投资环境相当于不同区域在招商引资上进行“价格战”，而营商环境则相当于不同区域在招商引资上进行“品牌战”和“服务战”。

2. 营商环境与城市投资吸引力的概念辨析

城市投资吸引力概念的范围要比营商环境的范围略大。企业的目标是实现利润最大化，因此企业在项目选址时主要考虑两方面因素：一是当地的营商环境；二是在当地投资的盈利前景。这两方面构成了一个城市对企业和资本的吸引力。从投资环境和营商环境的辨析来看，城市投资吸引力相当于投资环境和营商环境两者效果的合集。

3. 营商环境与城市竞争力的概念辨析

营商环境和城市竞争力都是以促进区域经济发展为目标，可衡量一个城市对企业和资本的吸引力。但是两者在覆盖范围上存在明显区别：营商环境从企业视角和促进经济增长出发衡量一个城市对资本的吸引力，营商环境对其他因素的考虑虽有涉及，但是重视程度不足。比如，当地的生态环境和生活宜居程度会影响营商环境，在政府招商引资过程中会影响对企业的吸引力，但是只要当地能为企业盈利和资本增值提供足够空间，生态环境、生活环境、城市宜居程度等因素都不是决定性因素。城市竞争力比营商环境的内涵更丰富，城市竞争力反映的是一个城市在生产、生活、生态等多维度的综合竞争力①。城市竞争力不仅关注对企业的吸引力，而且关注对在这个城市中生活的人的吸引力。

二、优化营商环境须处理好的关系

优化营商环境的落脚点是企业需求，目的是为企业服务，为企业生存和长远发展创造更好的外部条件，进而促进区域经济增长。因此，优化营商环境要以企业需求为导向，以协助解决企业生产经营过程中面临的困难为抓手，运用立法权力和政府行政权力制定并维护好公平、公正、透明的市场竞争规则②。故此，区域营商环境的优化属于区域经济法的研究范畴。优化营商环境，须处理好政府与市场、政府公权力与资本、中央立法权和地方立法权、国家政策和法律规范、公法责任和私法责任的关系，积极回应市场和企业的需求。

（一）必须处理好政府与市场的关系

政府和企业在资源配置中扮演着重要角色。企业通过市场竞争和价格实现对资源的优化配置，其优点是多主体分散决策，有利于资源的有效利用，问题是可能存在市场失灵。政府则可以通过宏观调控手段弥补市场失灵，问题是政府如果将财政资金用于竞争性领域，那么财政资金的使用可能是缺乏效率的。因此，政府和企业在优化资源配置时就面临分工的问题，理想的分工是企业遵循市场规则优化资源配置，政府则通过维护市场规则为企业生产经营提供良好的营商环境。由此可见，优化区域营商环境须处理好政府与市场的关系，厘清政府与市场边界，明确政府事权范围。

（二）必须处理好政府公权力与资本的关系

在市场经济中，资本是连接各种生产要素的纽带，在收入分配环节，资本相对劳动、技术等生产要素具有更高的话语权。但是，除资本外，政

---

① 江飞涛，耿强，吕大国．地区竞争、体制扭曲与产能过剩的形成机理［J］．中国工业经济，2012(6).

② 钟飞腾，凡帅帅．投资环境评估、东亚发展与新自由主义的大衰退——以世界银行营商环境报告为例［J］．当代亚太，2016(6).

府公权力也可以起到相同作用，而且如果政府公权力不能得到有效约束，其在生产经营及收入分配等环节的话语权将高于资本。此时，资本的安全感将会下降，除非有高额资本回报率弥补安全感缺失的风险，否则资本将流向更安全的区域。因此，优化营商环境须处理好政府公权力与资本的关系，即平衡两者间的话语权，既不能让政府公权力凌驾于资本之上随心所欲，又不能让资本驱使政府公权力牟利，更要防止公权力与资本的合谋。

（三）必须处理好中央立法权和地方立法权的关系

中央立法权具有总领性、权威性的特点，一切地方立法权都建立在中央授权的前提之下，在中央立法层面，要将权力进行细分，要处理好基本法之间、基本法与非基本法之间的关系，保障全国人民代表大会的立法权。

地方立法权是我国立法权体系的有机组成，其最早出现在 20 世纪 50 年代，最初在经济学领域被广泛探讨，后来被运用到政治学和法学领域。地方立法权的行使，首先，为地方因地制宜寻找解决问题方案提供渠道和合理性支撑。哈耶克认为，中央集权体制下整齐划一的公共产品供给，不如地方政府因地制宜调整公共产品供给，后者更能满足地方人民需求。其次，促进各地方之间进行相互借鉴、竞争、进步。临空经济区与国内其他地区总体上是平行关系，单独看又具有特殊性，在临空经济区建设中放宽地方立法权，有助于其与其他地区的学习和竞争，体现其制度创新的鲜明性。最后，有助于地方开展立法试验，减少中央立法授权地方立法进行试点的程序与时间。

处理好中央立法权和地方立法权之间的关系，必须坚持法制统一。中央与地方各司其职，中央不再包揽全部立法权，但必须将其分内事情处理好。在临空经济区法律制度创新进程中，要处理好中央立法权与地方立法权之间的关系，就要实现中央与地方立法权之间的平衡。目前国内地方立法权已经出现了包容性扩张、重复立法、越权立法的问题，这些弊端在临空经济区法律制度创新中都要尽量避免。

（四）必须处理好国家政策和法律规范的关系

国家政策和法律都是国家治理的有效工具。新中国成立以后至改革开放初期，国家政策在国家治理和经济社会发展中发挥了十分重要的作用。改革开放以后，随着市场经济建设的不断深入，法治化水平不断提高，国家政策在国家治理中的作用有所减弱，但仍然举足轻重。从目前临空经济区法律制度创新要求和法治发展水平现实来看，重新认识二者之间的关系并给予明确的定位仍然具有十分重要的意义。临空经济区的建设是前所未有的事业，是“先行先试”，有很多社会关系并没有相应的法律规范进行调整，只能通过国家政策加以调整。而国家政策工具如果运用得好，也会发挥不可替代的作用，服务于国家政治和经济社会的发展。

不能否认，国家政策不等同于法律，在国家和社会治理中，我们要尽量减少国家政策的社会调整空间，扩大法律规范对社会的调整空间，恰当地调整国家政策和法律规范的关系。首先，要充分发挥国家政策多面性、综合性、灵活性的特点，更好地通过国家政策带动法律制度的健全和完善。其次，发挥国家政策的引导作用，协助党的政策落地实施，最终通过法律形式确立下来。最后，要注意国家政策确立的科学性和民主性，最大限度地实现国家政策适应市场经济和社会发展要求，以增进人民福祉为根本，在法治范围内发挥积极作用。

（五）必须处理好公法责任和私法责任的关系

公法责任与私法责任都具有正义、自由、秩序三方面价值的体现，但是二者的价值取向仍存在不同之处。公法责任强调平等性，责任主体违反公法产生公法责任，不因责任主体的级别高低而存在区别，以及违反公法门类的区别而存在差异。公法具有民主性价值，公法责任作为公法有机构成的一部分，也使得民主价值得以融入吸收。民主的规范性能够为公法责任的认定和落实提供推动性基础，而公法责任的有效认定及公法落实程度的优劣则为民主性的加深提供信心支撑。私法责任更加强调违反平等主体之间的约定而产生的不利后果，体现一种契约精神。在私法中，双方意思自治是主要的划分依据，因此，私法责任更有利于在现实法律关系中处于弱势地位一方的利益，更有利于化解纠纷，维护良好的社会运行秩序。

正确认识和处理公法责任与私法责任的关系及二者在一定程度上的结

合互补，在临空经济区法律制度创新中具有现实必要性。首先，传统的公法责任立法技术已经不再适应临空经济区制度创新的需要，以行政责任为例，大量规格化行政责任下还包括了对象特定和不特定的处分，单方面规定公法责任主体的责任规制问题，在一定程度上削弱了契约的价值运用，因此有必要在公法责任的制度创造中深入引进私法责任上的契约精神。其次，公法责任领域仍然存在一些不容忽视的“形式化”程度较低的行政行为，这就需要借鉴私法责任领域认定标准中的要式化，以弥补公法责任的认定不足。最后，在临空经济区制度创新中，要激发市场及其他方面的积极性和创造性，就需要在处理公法责任与私法责任的过程中强化私法责任的地位，发挥社会力量公共执法的功能。

三、以马斯洛需求层次理论为基础系统把握企业法人需求

企业的需求具有多样性，不同阶段不同层次的企业，需求可能千差万别。本书以马斯洛需求层次理论为基础进行分析。马斯洛需求层次理论认为自然人的需求可以分为生理需求、安全需求、社交需求、尊重需求和自我实现需求。企业作为社会经济组织，大部分具有法人资格，即具有法律拟制的人格。其需求实际上也可以类比划分为同样的层次（见表8－1）①。

表8－1　企业法人需求的逻辑框架

需求层次	自然人	企业法人
自我实现需求	充分发挥自身潜能，实现个人理想和报负	企业履行一般意义上的社会责任，如慈善、公益等，以及企业推动人类社会进步等
尊重需求	成就、名声、地位和晋升机会等	权力对资本的尊重、社会对企业家的尊重、企业间的相互尊重（尤其是大企业对中小微企业的尊重）

① 陈伟伟，张琦．系统优化我国区域营商环境的逻辑框架和思路[J]．改革，2019(5)．

续表

需求层次	自然人	企业法人
社交需求	友谊、爱情以及隶属关系的需求	企业与不同利益相关方都需要保持良好的关系，包括亲清政商关系、企业与产业链上下游企业的良好合作关系、企业与竞争者之间的公平竞争关系、企业与消费者之间的信任关系等
安全需求	人身安全、生活稳定、免遭痛苦、威胁或疾病等以及对金钱的需求	企业股权归属安全、资产安全（包括有形资产、无形资产，无形资产包括知识产权、品牌、商誉等）
生理需求	食物、水、空气、健康等	企业自我生存（简单再生产）、扩大再生产、企业注册、企业注销

企业法人的“生理需求”可以理解为企业自我生存、扩大再生产两个方面。无论是小微企业还是大中型企业，其生存需求均涉及各种生产条件和生产要素的获取。对生产条件的获取，如世界银行《营商环境报告》中提及的供水、供电、土地审批等，以及为达到开工条件需要的环评、消防等，此外还涉及对小微企业的税收优惠政策、融资条件等。对生产要素的获取，如对技术、劳动、土地、资本等要素的获取，由于营商环境有待优化，可能存在不同企业在获取生产要素时存在不公平的情况。另外，在马斯洛需求层次理论基础上，借鉴生命周期理论，可以将企业的出生（企业注册）和消亡（企业注销）纳入企业法人的“生理需求”。

企业法人的“安全需求”可以理解为企业股权归属安全和企业的资产安全，其中企业资产安全包括有形资产和无形资产，无形资产包括知识产权、品牌、企业声誉等。

企业法人的“社交需求”可以理解为企业在生产经营中需要与不同利益相关方保持良好的关系，包括亲清政商关系、企业与产业链上下游企业的良好合作关系、企业与竞争者之间的公平竞争关系、企业与消费者之间的信任关系等。

企业法人的“尊重需求”一方面来自自尊，另一方面来自外部对企业的尊重。企业的自尊主要由企业文化塑造；外部对企业的尊重则主要体现在3个方面：一是权力对资本的尊重，也可以说是政府对企业的尊重；二是社会对企业家的尊重；三是企业之间的相互尊重（尤其是大企业对中小微企业的尊重）。

企业法人的“自我实现需求”可以理解为企业履行一般意义上的社会责任，如慈善、公益等，以及企业推动人类社会进步等。

四、优化临空经济区营商环境的逻辑框架构建

营商环境优化的逻辑框架构建要立足于企业需求分析的逻辑框架，在营商环境优化指标的选择上要体现系统性、科学性和完备性。如前所述，我们已经根据马斯洛需求层次理论构建了企业需求分析的逻辑框架，但是从企业需求分析的逻辑框架推导出营商环境优化的逻辑框架还需要注意区分企业的内外部条件，注意结合航空港区、临空经济区等特殊区域发展的功能定位，如郑州航空港的主要功能为国际航空物流中心，以临空经济为引领的现代产业基地，内陆地区对外开放重要门户，现代航空都市，中原经济区核心增长极。西安国家航空城实验区是全国首个以发展航空大都市为定位的航空经济区。因为企业法人不同层次需求的满足，离不开企业自身的努力（内因）和外部环境的优化或影响（外因）。因此，从营商环境优化（外因）的角度分析如何满足企业法人的需求，就需要在构建营商环境优化的逻辑框架时剔除属于衡量企业自身努力（内因）程度的指标，保留属于评价外部营商环境（外因）的指标。

（一）满足企业法人“生理需求”的外部营商环境

企业法人的“生理需求”可以参照世界银行《营商环境报告》的指标设置，包括企业注册、注销的手续个数，办理手续所需时间，办理手续所需成本，另外可以增加企业注册和注销过程中需要接触的政府部门个数。

企业生存和扩大再生产，涉及生产开工条件（基础设施和配套设施）和生产要素的获取。获取生产开工条件包括企业从注册到开工期间需要办理的手续个数（供水、供电、消防、环保、用地等）、办理手续所需时间

和资金成本，以及办理过程中需要接触的政府部门个数。企业生产要素获取包括融资渠道、融资审批手续个数、融资申请所需时间、融资额度、融资成本，土地价格、土地审批手续个数、办理所需时间和资金成本，劳动力成本、劳动力素质、劳动力招聘的时间和资金成本。

在企业生产运营中可能还需要政府审批，因而还包括政府的工作效率及企业须付出的时间和资金成本，如外贸企业报关通关，如某些产品的销售许可等；另外，还涉及企业生产运营成本的税费负担等。

总之，企业“生理需求”的满足主要涉及各个航空港区或临空经济区在商事登记、政务服务等领域实施负面清单管理等创新模式的具体成果及进度，还涉及政府对市场进行通关、质检、税收等综合监管的改革成果及具体进度。

（二）满足企业法人“安全需求”的外部营商环境

企业法人的“安全需求”涉及企业股权归属安全，企业在被收购和兼并时如果有行政权力的强制或黑恶势力介入，就会破坏企业股权的归属安全，因此可以考量股权交易的市场化程度。

对于上市公司大股东来说，企业收购兼并只要是通过证券交易所等正常渠道合法进行股权收购，就属于市场行为。对于上市公司小股东来说，公司内幕交易、利益输送、庄家坐庄等行为破坏了它们的企业股权归属安全。对于非上市的市场经营主体来说，股权转让需要以自愿为前提，收购价格与市场评估价格基本相当。因此，在指标选择上可以考虑上市公司市值占该地区所有公司市值的比例、上市公司中违背市场价格交易原则进行收购兼并的比例、非上市公司中违背自愿原则进行收购兼并的比例等。

企业财产安全涉及有形资产和无形资产的安全。对有形资产安全来说，可考虑的指标包括当地的治安和社会稳定度，以及公共安全部门的反应速度，包括消防部门和公安部门的布局及出警速度等。对于无形资产安全来说，可以考虑对企业知识产权、品牌、商誉的法律保护程度，包括知识产权诉讼案件占比、品牌假冒产品产值占当地总产值比例。

在企业受到侵害后，企业提起诉讼的便利度和成本等指标也需要纳入，即企业涉及知识产权、品牌侵权和商誉损失的诉讼成本与时间成本，对侵权行为的法律执行力度和违法成本等。

总之，企业法人“安全需求”的满足主要涉及航空港区或临空经济区的社会治理制度的创新，以及面对国际化的发展趋势进行的多元纠纷解决机制的探索。

（三）满足企业法人“社交需求”的外部营商环境

企业法人的“社交需求”涉及企业与各利益相关方互动需要付出的成本及难易程度，主要涉及两个方面：一是企业与各利益相关方沟通的渠道是否畅通，包括企业与政府、媒体的沟通渠道，企业与产业链上下游企业和竞争者互动的公共平台建设；二是企业与各利益相关方进行沟通和关系维护需要付出的时间及资金成本，包括政府及国有企业（尤其是金融机构）上下游产业链合作伙伴、竞争者和消费者等利益相关方。

另外，政府通过完善相关制度并加强监管，可以降低企业用于关系维护的各种成本，如政府提升廉洁度、维护市场公平竞争（相同的市场准入条件等）、加强对企业产品的质量监管，可以降低企业与政府、企业与合作方和竞争者、企业与消费者之间维护关系所需的成本。

总之，企业法人“社交需求”的外部营商环境优化主要包括航空港区或临空经济区的市场监管体制改革，以及各区域简政放权的阳光政府改革的具体实践。

（四）满足企业法人“尊重需求”的外部营商环境

企业法人的“尊重需求”涉及三方面：一是权力对资本的尊重；二是社会对资本的尊重；三是企业间的相互尊重，尤其是大企业对中小微企业的尊重。

权力对资本的尊重，主要体现在政府在制定各种经济政策和涉及企业发展的政策时是否充分征求了各类（大中小）企业的意见，具体指标可以考虑各类企业对政府制定政策行为的满意度。

社会对资本的尊重，主要体现在社会舆论环境是否包容，对依法致富的企业家和对社会做出贡献的企业是否尊重，社会公众对这类企业和企业家的态度是否积极等。具体指标可以考虑社会公众对依法致富的企业家和企业的满意度，以及社会舆论对企业和企业家的正面态度。

企业间的相互尊重，尤其是大企业对中小微企业的尊重，主要体现为企业之间的合作应该以企业信誉和契约为基础，而不是以企业的规模为基础。这需要全社会构建起完备的征信体系，培育契约文化，提高违约成本等。具体指标可以考虑征信体系覆盖度、合同履约完备程度、合同违约成本等。

总之，企业法人“尊重需求”的外部营商环境优化在各航空港区或者临空经济区主要体现在商事信用制度的创新方面。

（五）满足企业法人“自我实现需求”的外部营商环境

企业法人的“自我实现需求”涉及两方面：一是企业履行社会责任，包括参与慈善公益、扶贫救困等；二是企业通过自身努力推动人类社会进步，如通过科技研发、科技应用推动社会进步等。

鼓励企业履行社会责任的外部环境指标包括：企业履行社会责任的文化氛围、企业将资金投入慈善公益的途径、慈善机构对资金使用的透明度（慈善机构廉洁度）和资金使用效果、企业获取相关慈善信息的渠道和难易程度、政府对企业履行社会责任的各种政策支持（如税收减免、成本扣除等）。

企业法人的“自我实现需求”还包括鼓励企业积极投入基础科研领域、鼓励企业创新、促进人类社会进步等。相关指标包括创新文化氛围、鼓励创新的基金、保护创新的制度设计（知识产权保护、反垄断）、政府鼓励创新和企业进行科研的税收优惠等政策支持。

总之，企业法人“自我实现需求”的外部营商环境主要体现在各航空港区和临空经济区关于企业履行各层次社会责任的促进机制创新等方面。

第二节　我国临空经济区营商环境优化的重点和难点

如前所述，临空经济区营商环境的优化，应当依据国务院 2019 年 10 月 22 日公布的《优化营商环境条例》，坚持市场化、法治化、国际化原则，以市场主体需求为导向，以深刻转变政府职能为核心，创新体制机制、强化协同联动、完善法治保障，对标国际先进水平，为各类市场主体投资兴业营造稳定、公平、透明、可预期的良好环境。“法治化”是临空经济区营商环境建设的前提与保障。“法治化”建设的基本要求是“要有覆盖面广、条文详细、操作性强的完善的法律制度和严格的监管执法程序，最大限度地减少自由裁量权”①。由于临空经济区的核心功能是国际航空物流中心、临空经济产业集聚区、国际航空都市以及国际贸易自由化、便利化，因而临空经济区建设的重点必须服从核心功能建设的需要。“法治化”作为临空经济区营商环境建设的基础与保障，其建设重点自然就体现在外商投资企业准入如何管理、金融风险如何管控等问题上。

一、临空经济区外商投资准入负面清单管理

外商投资的市场准入管理是航空港区建设的一个突出重点。依据《中华人民共和国外商投资法》（以下简称《外商投资法》）的规定，外商投资是指外国的自然人、企业或者其他组织（以下称外国投资者）直接或者间接在中国境内进行的投资活动。《外商投资法》第 4 条规定：国家对外商投资实行准入前国民待遇 + 负面清单管理制度。《优化营商环境条例》第 20 条也明确规定：国家持续放宽市场准入，并实行全国统一的市场准入负面清单制度。市场准入负面清单以外的领域，各类市场主体均可以依法平等进入。

临空经济区作为“先行先试”的特殊区域，如果外商投资负面清单管

① 邱继兴. 优化营商环境要注重企业需求导向[J]. 新湘评论,2018(5).

理没有到位或管理不够明确精准，就会影响航空港的国际贸易水平与质量。为了高标准、高质量建设航空港，我们必须重点思考外商投资准入如何管理。在编制临空经济区外商投资准入负面清单时，必须摆脱我国《外商投资产业指导目录》产业政策式的思路，其基本框架可参考中美投资协定谈判负面清单的格式文本。要尽可能地克服以下问题：一是负面清单不宜过长，外商投资限制不宜过多，因为国际高标准的负面清单基本都是短清单模式。二是要避免特别管理措施中仍以股权限制为主的现象，增加措施的“对应细则”，体现操作性。三是对特别管理措施中有些条目的限制条件要多做具体说明；有些条目的限制条件要充分描述，如“进出口管制清单仅列明了物品分类，没有细化到具体物品”①；有些特别管理措施涉及的行业范围应避免较大。四是在制定各临空经济区外商投资负面清单和执行程序时要公开广泛征求意见，在公布前要召开有各方代表的听证会，要把提高政策法规透明度作为转变政府职能、依法公开行政的试金石。

二、临空经济区离岸金融风险监管

临空经济区建设中面临的风险很多，其中最突出的风险之一是离岸金融带来的风险。离岸金融是在经济全球化和金融自由化背景下对金融市场的一种创新，它是向“非居民”投资者提供境外货币借贷与投资、国际贸易转账结算、外汇贵金属买卖、再保险服务、债券交易等金融服务的一种金融市场。由于离岸金融的存贷业务是“两头在外”，金融交易具有虚拟性，监管具有多头性。因而决定了离岸金融在促进经济大发展的同时，资金在全球范围内的高速自由流动，也会给金融市场监管加大难度，并带来相应的风险。为此，在临空经济区建设的过程中，未来应把离岸金融风险防范作为一项重点工作来抓。

---

① 刘杰．自贸区负面清单制度对市场准入领域的新启示[A]．湖北省法学会经济法研究会2017年年会摘要集[C]．2017:75.

（一）防范离岸金融带来的信用风险

航空运输的发达，必然带来国际贸易量的增加和资本流动性的增强，尤其是国际流动性资本在临空经济区内会快速增长。离岸金融业务的展开，涉及外汇的兑换、结算，形成了多个金融合约。因此，在实践中要防范交易双方因信息不对称，尤其是交易对方违约、犯罪或无法履行合约义务给离岸金融业务债权人造成的经济损失风险。

（二）防范离岸金融带来的市场风险

在离岸业务“两头在外”，金融市场高度自由，离岸资金与国内资金在利率方面差异很大时，要增强对离岸资金有效控制渗透的能力，防止离岸资金出现大规模逃汇、套利转移；要防止离岸资金大量涌入国内在岸市场，导致国内市场货币供应量增加而出现的本币贬值和通货膨胀；要尽量降低离岸资金大量涌入或退出国内市场，或国内资金被离岸金融市场大量调走去追逐较高的利息时，随意调整政府货币政策执行带来的效果风险。

（三）防范离岸资金流动性风险

这是基于离岸金融市场借贷业务的“短存长贷”、一般不设存款准备金、缺乏最后贷款人作为最后融资支持者、缺乏内在的信用扩张能力而做出的判断，要防范离岸银行出现大规模的挤兑，导致流动性资金严重不足而引发银行倒闭，甚至出现国际金融危机。

（四）防范离岸金融中心的洗钱风险

由于在离岸金融中心注册公司宽松，所有信息又特别保密，故常常被不法分子用来藏匿财富、从事洗钱勾当。首先，不法分子在离岸中心设立境外空壳公司；其次，通过空壳公司与境内公司进行高买低卖或赊账购买，向境外转移资产；最后，再注册匿名离岸公司低价并购原境内企业，以规避国内监管打击①。不法分子除利用离岸金融中心设立空壳公司洗钱外，还有利用离岸金融账户及全融支付工具洗钱、通过代理机构的离岸金

---

① 高凛．自贸试验区负面清单模式下事中事后监管[J]．国际商务研究，2017(1).

融账户洗钱、通过离岸公司的虚假投资与交易洗钱、通过与离岸公司的衍生产品交易洗钱、通过离岸公司的债权债务关系洗钱等洗钱模式。

（五）防范离岸业务中的法律缺失风险

离岸业务包括离岸银行、离岸保险和离岸证券三大业务，而目前我国法律集中规范的是银行离岸业务。银行离岸业务还存在法律制度缺失风险，如税收政策保密制度等都没有明文规定。当前，离岸金融的相关法律制度不健全、不完善带来的利益风险主要有 3 种情形：第一种情形是国有财产被侵吞，一些握有管理实权的腐败分子利用企业所有权和经营权分离这种机制，往往借“资本国际流动”之名侵吞国有财产；第二种情形是股东权益受损，公司中掌控经营权的不法高层管理者常常借“资本自由转移”之名侵占股东资产，握有控股权的大股东趁相关法律制度缺失之机侵犯其他股东权益；第三种情形是巧妙掏空上市公司资产，不法分子可能通过关联交易来掏空上市公司的资产，通过隐藏公司股权收购方的身份来低成本地侵占公司股权。因此，健全临空经济区相关金融监管法制迫在眉睫。

三、妥善解决临空经济区地方立法权限问题

要提高临空经济区的国际化市场开放水平，赋予经济区更大的改革开放自主权，实现在投资、贸易、金融、行政管理等领域比自由贸易区更多、更大的创新和突破，就必须首先破解临空经济区的立法权限和法律适用问题。即从法律上明确航空港区所属地方政府与航空港区内市场主体的权力边界，使临空经济区的立法决策与改革决策同步协调。对此，《优化营商环境条例》明确规定：优化营商环境的改革措施涉及调整实施现行法律、行政法规等有关规定的，依照法定程序经有权机关授权后，可以先行先试……制定与市场主体生产经营活动密切相关的行政法规、规章、行政规范性文件，应当按照国务院的规定进行公平竞争审查。制定涉及市场主体权利义务的行政规范性文件，应当按照国务院的规定进行合法性审核。

市场主体认为地方性法规同行政法规相抵触，或者认为规章同法律、行政法规相抵触的，可以向国务院书面提出审查建议，由有关机关按照规定程序处理。制定与市场主体生产经营活动密切相关的行政法规、规章、行政规范性文件，应当结合实际，确定是否为市场主体留出必要的适应调整，政府及其有关部门应当统筹协调，合理把握规章、行政规范性文件等的出台节奏，全面评估政策效果，避免因政策叠加或者相互不协调对市场主体正常生产经营活动造成不利影响。可以说，上述规定为临空经济区的地方立法权限的行使和法律适用问题提供了方向和指针，可以助力临空经济区克服“先行先试”的法律障碍。

四、解决临空经济区政府管理部门办事效率低下的问题

临空经济区不同于其他普通区域的突出优势，就是“自由、便利、高效”。根据航空港设立的初衷，可以这样认为：航空港是设在一国（地区）境内关外、货物资金人员进出自由、绝大多数商品免征关税的特定区域，航空港和自贸区、自贸港一样，属于目前全球开放水平最高的特殊经济功能区之一。“更高水平的开放”要求要有“更高效的办事效率”，即工商登记、投资贸易、报关、税收、金融业务、人员流动等，都必须流程优化，程序精简，办理快速。《优化营商环境条例》要求政府及其有关部门办理政务服务事项，应当根据实际情况，推行当场办结、一次办结、限时办结等制度，实现集中办理、就近办理、网上办理、异地可办。法律、法规、规章以及国家有关规定对政务服务事项办理时限有规定的，应当在规定的时限内尽快办结；没有规定的，应当按照合理、高效的原则确定办理时限并按时办结。各地区可以在国家规定的政务服务事项办理时限内进一步压减时间，并应当向社会公开；超过办理时间的，办理单位应当公开说明理由。地方各级人民政府已设立政务服务大厅的，本行政区域内各类政务服务事项一般应当进驻政务服务大厅统一办理。对政务服务大厅中部门分设的服务窗口，应当创造条件整合为综合窗口，提供一站式服务。《优化营商环境条例》第 19 条明确规定：国家持续深化商事制度改革，统一企业

登记业务规范，统一数据标准和平台服务接口，采用统一社会信用代码进行登记管理。国家推进“证照分离”改革，持续精简涉企经营许可事项，依法采取直接取消审批、审批改为备案、实行告知承诺、优化审批服务等方式，对所有涉企经营许可事项进行分类管理，为企业取得营业执照后开展相关经营活动提供便利。除法律、行政法规规定的特定领域外，涉企经营许可事项不得作为企业登记的前置条件。上述规定为临空经济区地方政府治理效能的改革指明了方向。

目前，笔者在调研中发现，郑州等地的航空港区、上海虹桥等临空经济区亟待克服冗长的办事程序、分散的办事机构、复杂的审批环节、漫长的时间等待等顽疾。让办事者在工商、税务、海关、检验检疫不同职能部门之间不再反复跑路，不再出现“多次申报，多头受理，最后谁也没理”等现象。尽管推行“放管服”改革促进了行政效率较大提高，但与临空经济区营商环境追求的“公平、开放、统一、便利、高效”还有很大的距离，“一表申报，一窗受理”的工作机制还没有全面落地生根。精简行政机构，以避免部门职能交叉、多头管理，优化办事程序，以提高执行效率，仍然是航空港、临空经济区亟待解决的一个难题。

五、临空经济区运行应紧密对标国际规则和国际惯例

任何市场环境的良性运行都需要在一定的规则下进行。临空经济区营商环境的法治化、国际化、便利化目标，决定了其自由便利运行既要做到有法可依，更要致力于“规则国际化”需求。也就是说，临空经济区内的贸易、投资、金融、司法等运行规则必须对标国际规则。

以“政府采购”为例，尽管习近平主席在博鳌亚洲论坛 2018 年年会上提出，中国要“加快加入世界贸易组织《政府采购协定》（GPA）进程”“主动扩大进口”，然而从近年来我国政府采购的实践来看，以《中华人民共和国政府采购法》为基本法的政府采购法律体系不仅与《中华人民共和国招标投标法》衔接不畅，而且《中华人民共和国政府采购法》的基本原则、采购适用范围、采购程序规范、采购救济机制和监督机制与 GPA 的规

定要求相差甚远。尽管加入 GPA 有助于中国实现“以市场换市场”，为中国企业创造公平竞逐国际政府采购市场的环境，并且近年来中国不断努力，6 次与 GPA 成员国进行磋商谈判，然而我国政府采购的理念、主体、范围、程序等仍然难以符合 GPA 的规定。因此，修改《中华人民共和国政府采购法》及其实施细则仍是今后迫切需要解决的一大课题。

《优化营商环境条例》规定：国家完善调解、仲裁、行政裁决、行政复议、诉讼等有机衔接、相互协调的多元化纠纷解决机制，为市场主体提供高效、便捷的纠纷解决途径。以司法诉讼为例，尽管自 2013 年以来，伴随着各个航空港区和临空经济区的先后挂牌，各个航空港区和临空经济区先后设立人民法院和人民检察院，最高人民法院于 2015 年 7 月发布了《最高人民法院关于人民法院为“一带一路”建设提供司法服务和保障的若干意见》（法发〔2015〕9 号），但如何为航空港和临空经济区提供司法服务与保障，探索之路还刚刚开始。一是对于“涉航空港私人投资者之间的投资争端”，虽然采取组建专项合议庭处理诉讼，组建联合调解庭调解，但对于“新增紧急仲裁制度、小额诉讼程序、仲裁员名册开放制和友好仲裁制度”等新仲裁制度，要接轨国际通行规则，还缺乏具备相应素质的专门人才。二是对于“涉航空港外国投资者和东道国政府之间的投资争端”，目前只能选择行政诉讼和行政复议方式，能否上升到国家和外国投资者之间的争端这个高度还难以把握。三是机构仲裁和临时仲裁两种仲裁形态的运用。在绝大多数有仲裁法制的国家，两种仲裁形态可以并存。但是在我国国内仲裁中，只允许机构仲裁，排除临时仲裁。四是境外仲裁机构在航空港进行仲裁还存在“市场准入、仲裁地标准”等问题。五是我国还未推行临时仲裁，而国际投资仲裁本身包含了临时条款，意味着航空港必须接受作为国际投资仲裁临时仲裁的仲裁地，否则，“未来大量以中国企业或中国政府为当事方的投资仲裁将外流至别的国家和地区”。可见，涉及航空港和临空经济区的相关法律制度修订升级不仅艰巨而且相当迫切。

六、临空经济区应放松多行业行政管制

《优化营商环境条例》要求为了更好地为民营企业服务，民航业等行业应尽快放松管制、打破垄断。民航局应尽快制定相应政策解决机场拒绝接受通用飞机的问题，协调相关方开辟通航专用航线，避开军民航限制区域，有效缩短通航作业的转场时间。据了解，美国有 2 万多个通用机场，我国只有几百个，美国有数万架通用飞机，我国在这方面还是零头。《国务院关于促进民航业发展的若干意见》（国发〔2012〕24 号）明确提出：到 2020 年，通航产业要实现规模化发展，飞行总量达 200 万小时。但截至 2017 年，全国通航飞行仅有 83.75 万小时，距离目标仍有较大差距。

此外，低空空域开放等方面的限制，导致通航业发展经营成本居高不下。各地建设通用机场很容易，这本来可促进投资和消费的发展。难点在于建成以后通航机场整体的运营，通航公司出于运营成本高、盈利渠道有限、成本和回报不对等、政策不确定因素大等方面的考虑，不愿意投资。为了促进通航公司的投资热情和积极性，有关政府部门也应尽量减少对低空空域开放的限制。

临空经济区还应尽快解决加油站迁建土地问题。指定具体牵头部门制定加油站迁建时间表，组织相关职能部门召开协调会及时解决问题，缩短审批时间，尽快落实加油站用地，切实为企业服务。此前，因历史遗留原因，部分加油站未取得建设用地手续而“三证不全”。原因是，绝大多数的民营加油站建设时间为 20 世纪 70—80 年代中后期，当时管理部门以及审批流程尚不明确和完善，集体土地、租赁土地、宅基地、工业用地均可作为加油站用地。自 2004 年 7 月 1 日起，国土部门规定加油站建设用地划为商服用地，必须经过公开招拍挂程序方能取得建设用地使用权手续。民营企业根本不具备通过招拍挂用上千万资金竞争拿地的能力，无力完善其土地手续，造成部分民营加油站“三证不全”。针对此类历史遗留问题，地方政府有关部门应尽快协调解决。

第三节　优化临空经济区营商环境的现实路径

营商环境影响临空经济区的国际显示度与核心竞争力，是航空港走向世界的名片。临空经济区营商环境的改善，并不仅仅意味着政策和法律法规的制定与颁布，更重要的是如何让政策落地，服务到需要服务的企业。尤其在经济压力加大的背景下，营商环境的改善是“硬通货”，将会聚集更多的企业，产生更大的生产力。首先，要对标世界银行的营商环境评价指标体系及我国党的十八届五中全会的要求，从贯彻落实依法治国基本方略、树立“有限政府”理念、着力构建“服务型政府”3个方面对临空经济区营商环境的优化工作进行顶层设计，同时根据本章构建的营商环境优化的逻辑框架，从企业法人的现实需求入手系统推进我国临空经济区营商环境的改善和优化。

一、优化临空经济区营商环境的顶层设计思路

（一）贯彻落实依法治国基本方略，营造临空经济区的法治化营商环境

习近平总书记曾说“法治是最好的营商环境”。贯彻落实依法治国的基本方略，为企业的生产经营提供法治化的营商环境，有助于稳定企业和社会预期，促进经济和社会长远发展。制度创新是经济社会发展的巨大推动力，临空经济区营造法治化的营商环境的根本，在于精准分析企业需求，进行制度创新。但是制度创新必须在法治的框架下展开。新中国成立以来在法治道路上的挫折要求我们必须坚持“法治定力”①。在法律制度创新过程中，法治权威的树立是根本，法治化的实现，既要落实在立法完善上，进行理论创新，又要发挥法律实施的实践作用。临空经济区制度创新

① 张文显．新时代全面依法治国的思想、方略和实践[J]．中国法学，2017(6)．

在立法层面也要有所突破。首先，要依法立法，依据《中华人民共和国立法法》和国务院《优化营商环境条例》的具体要求，坚持立法原则和立法程序的合法与权威，从源头上实现所立之法为良法。其次，法律要具有稳定性，这就要求不仅宪法和法律不能朝令夕改，还要求注重立法性决定在立法完善中的作用①。最后，要科学立法，注重立法的现实性和立法技术的先进性。

徒法不足以自行，良好的立法还需要强有力的法律实施手段的配合。法律实施包括不同主体对于法律的践行和遵守，实现从形式法治的“法律之治”到形式法治与实质法治融合的“良法善治”②。首先，法律实施要与经济发展及社会转型相适应。在临空经济区社会治理过程中，如果法律实施不与经济环境相适应，而与地方经济发展阶段相违背，则很多关于经济建设、环境保护等的条文得不到具体落实，因此在法律实施的过程中要注重地方协调性。依据《优化营商环境条例》的具体要求，制定与市场主体生产经营活动密切相关的行政法规、规章、行政规范性文件，应当按照国务院的规定进行公平竞争审查。制定涉及市场主体权利义务的行政规范性文件，应当按照国务院的规定进行合法性审核。市场主体认为地方性法规同行政法规相抵触，或者认为规章同法律、行政法规相抵触的，可以向国务院书面提出审查建议，由有关机关按照规定程序处理。其次，在法的实施主体上做到明确与细化，在机关、政府、公民之间协调好利益关系，明确执法及监督权的行使主体。最后，要依据《优化营商环境条例》的具体要求，加强法治宣传教育，加强港区广大民众法治意识的培养。落实国家机关普法责任制，提高国家工作人员依法履职能力，引导市场主体合法经营、依法维护自身合法权益，不断增强全社会的法治意识，为营造法治化营商环境提供基础性支撑。

临空经济区法治化营商环境的培育，可从以下 4 个方面着手：一是将

---

① 金梦．立法性决定的界定与要求[J]．中国法学,2018(3)．

② 张文显．新时代全面依法治国的思想、方略和实践[J]．中国法学,2017(6)．

政府公权力约束在法律允许的范围内，提升资本的安全感①；二是完善法律法规，包括填补法律空白和漏洞，废除不合理以及相互冲突的法律法规，对企业和企业家的合法所得给予充分保护；三是在各项制度落实过程中，尽量减少基层公务人员的自由裁量权，杜绝微腐败②；四是健全社会监督制度和反馈制度，将政府公权力置于公众监督之下。

（二）树立“有限政府”理念，营造国际化营商环境

树立“有限政府”理念，收缩政府直接参与市场竞争的领域，有利于厘清政府与市场边界，减少政府既当裁判又当运动员的现象③，为企业生产经营提供更广阔的市场空间。同时将政府的公权力用于建立并维护好公平公正、公开透明的市场规则④，有助于与国际接轨，为企业生产运营提供更加公平的国际化竞争环境。临空经济区的有限政府建设应以企业为中心、以市场为导向、以服务为抓手，聚焦市场准入、政务效率、要素配置、市场监管和权益保护等 5 个重点领域。

践行“有限政府”理念需要从 4 个方面着手：一是对政府事权按照重要性排序，尤其是对政府与市场交叉的领域要进行排序；二是制定明确的政府事权兜底标准，然后按照财政收入依重要顺序为事权履行提供资金保障，优先保障只能由政府履行的事权；三是在保障国家安全的情况下，尽量放开各竞争领域的市场准入，允许民营资本和外资进入；四是按照政府的责任清单和权利清单行使公权力。

（三）着力构建“服务型政府”，营造便利化营商环境

转变政府职能，着力构建“服务型政府”，有助于为企业的生产经营提供便利化的营商环境，降低企业生产经营的制度性交易成本。建设“服务型政府”可以从以下 4 个方面着手：一是明确政府事权范围，强化政府

---

① 盛世豪. 提振民间资本信心增强发展后劲[J]. 浙江经济，2016(23).

② 任中平，马忠鹏. 从严整治“微腐败”净化基层政治生态——以四川省基层党风廉政建设为例[J]. 理论与改革，2018(2).

③ 伍俊斌. 有限政府理念建构的哲学之维[J]. 重庆社会科学，2005(8).

④ 刘熙瑞，段龙飞. 服务型政府：本质及其理论基础[J]. 国家行政学院学报，2004(5).

的公共服务职能[①]，制定清晰的责任清单和权力清单；二是优化政府工作流程，将涉及政府审批、备案等事项的工作流程标准化、制度化、公开化；三是加强落实各项制度的监督力度，尤其是加强对执行环节的监督，防止政策执行出现偏差；四是对政府工作建立科学的评价体系和奖惩机制，将社会评价和公众满意度纳入评价体系[②]，将评价结果与奖惩机制紧密联系起来。

二、系统推进临空经济区营商环境优化的路径

优化营商环境，要着眼于临空经济区企业的多样性需求，系统完备地把握营商环境优化的逻辑框架，做到不遗漏，不留空白领域；从营商环境优化重点领域及企业实际生产经营中面临的“痛点”“堵点”“难点”着手，系统协调地推进营商环境优化。

（一）着眼企业的“生理需求”，推进临空经济区营商环境优化

从企业的“生理需求”入手优化临空经济区营商环境，需要关注两个领域：一是提升企业注册与注销的便利程度；二是为企业简单再生产和扩大再生产提供便利、降低成本。

1. 应深化政府“放管服”改革

在第一个领域，政府要继续深化“放管服”改革，简化、统一、标准化企业注册和注销的流程[③]；精简并明确公示企业需要提供的各类材料，减少基层公务人员的自由裁量权；利用信息化手段将政府各部门的信息联网共享，消灭数据孤岛，加强各部门间证明材料的互认，让数据跑路，少折腾企业；推广浙江自由贸易区等经济先行区域的“最多跑一次”改革经

① 任博，孙涛．整体性治理视阈下我国城市政府公共服务职责划分问题研究［J］．东岳论丛，2018(3)．

② 宋煜萍．权重结构：公众参与政府绩效评估的核心问题——基于学理与实践的双重演绎逻辑［J］．理论与改革，2018(2)．

③ 蓝志勇．深化“放管服”改革加快政府职能转变——评《加快政府职能转变的实现路径：四张清单一张网》［J］．中国行政管理，2017(8)．

验，对企业的注册和注销实行一个窗口受理，限期办结①。对于通过改革实践证明行之有效的措施，要通过法律等形式制度化。

例如，郑州航空港按照打造法治化、国际化、便利化营商环境的要求，持续深化“放管服”改革，完善“两级三层”的政府部门架构，自2013年起便开始推行航空港区管委会和河南省政府之间的政务请示“直通车”制度，下硬功夫打造好发展的软环境，最大限度地利企便民，让各类市场主体更加活跃。河南省和郑州市政府专门制定文件，要求其境内的自由贸易实验区、航空港区等经济先行区政府部门把不该管的事项交给市场，最大限度地减少对资源的直接配置，审批事项应减尽减，确需审批的要简化流程和环节，让企业多用时间跑市场、少费工夫跑审批。河南还对标先进省市，加快推进工程建设项目审批制度改革，大幅缩短全流程审批时间，提出了“100＋不多不长”的目标，即投资项目审批周期要压缩到100个工作日以内，审批事项不能比最少的省份多，审批时限不能比最短的省份长。2018年以来，北京临空经济核心区管委会聚焦打造优质营商环境，针对双创企业，从“招商在谈”、落户，到开展咨询、工商注册、纳税提供全链条服务，极大地提高企业的手续办理速度，让企业少跑腿。目前，园区注册在双创基地企业达290余家，2019年已实现属地税收1.8亿元，实地入驻企业51家。这些都是可供所有航空港区和航空经济区借鉴的行之有效的先进做法。

总之，各航空港区和临空经济区相关政府部门必须深刻意识到：市场经济是契约经济、诚信经济，打造诚信社会，各级政府必须带头讲诚信守契约，带头打造诚信政府，“新官必须理旧账”，做出的承诺必须兑现。

2. 应为企业生产经营提供基本的便利

在第二个领域，政府要对基础配套设施和要素市场制定针对性的措施。对于供水、供电这类带有公共产品属性的环节，政府对提供服务的企业要明确要求制定相应的标准化的申请流程和材料。对于企业的融资需

① 郁建兴，高翔．浙江省“最多跑一次”改革的基本经验与未来[J]．浙江社会科学，2018(4)．

求，政府要针对小微企业以及民营企业融资难的问题深化改革①，同时兼顾市场化金融机构的盈利需求，如成立小微企业融资担保基金或者在该领域引入保险等手段，放宽金融机构对民营企业贷款的利率浮动范围以弥补金融机构承担的风险。对于企业的土地需求，应该推进土地的多主体供应，减少政府对土地供应的垄断。北京临空经济核心区管委会主要领导采用“点对点”模式主动深入园区企业，先后到深圳航空、航天星图、宝洁、泰雷兹、地平线等 20 余家企业走访，实实在在地解决企业面临的难题。为帮助企业解决人才居住难的问题，与顺义区住保办沟通协调，为符合政策的园区重点企业人才申请公租房 3250 套，不失为“服务型”政府的典型做法。

（二）着眼企业的“安全需求”，推进临空经济区营商环境优化

从企业的“安全需求”入手优化临空经济区营商环境，要做好以下 5 个方面的工作：一是强化对企业家合法人身和财产权益的保护，使临空经济区的企业主有明显的“安全感”；依据《优化营商环境条例》的要求，依法保护市场主体的财产权和其他合法权益，保护企业经营者人身和财产安全。严禁违反法定权限、条件、程序对市场主体的财产和企业经营者个人财产实施查封、冻结和扣押等行政强制措施；依法确需实施前述行政强制措施的，应当限定在所必需的范围内。禁止在法律、法规规定之外要求市场主体提供财力、物力或者人力的摊派行为。市场主体有权拒绝任何形式的摊派。二是完善企业收购和兼并的法律、法规，对企业收购和兼并的合法性依法进行严格审查，杜绝企业收购和兼并过程中的巧取豪夺，杜绝不法经营者对合法经营者财产的蚕食鲸吞，对违法行为加大惩处力度。三是完善知识产权、品牌、企业声誉等相关法律、法规，对知识产权侵权、品牌假冒、侵害企业声誉等恶意竞争行为要加强市场监管和执法，并加大惩处力度，使违法成本远高于违法收益。四是简化中小微企业和个人的法律纠纷解决的难度，包括降低诉讼成本、建立完善多元化纠纷解决机制、

---

① 刘现伟．新时代民营经济高质量发展的难点与策略[J]．改革，2018(9)．

完善法律援助服务等。五是畅通社会公众和基层向上反映问题及意见的通道，对于反映的问题给予及时反馈和相应处理。

1. 防止用刑事手段干预经济纠纷

最高人民法院2018年1月公布的《关于充分发挥审判职能作用为企业家创新创业营造良好法治环境的通知》（以下简称《通知》），释放出人民法院为企业家创新创业营造良好法治环境的强烈信号。

只要不违反刑事法律的规定，不得以犯罪论处。当前，利用刑事手段插手经济纠纷的现象仍然时有发生，这是企业家们反映的突出问题。如2018年发生在上海虹桥临空经济示范区的两家企业之间正常的借贷纠纷，却被法院定为合同诈骗罪。《通知》指出，对企业家在生产、经营、融资活动中的创新行为，只要不违反刑事法律的规定，不得以犯罪论处。对于在合同签订、履行过程中产生的民事争议，如无确实充分的证据证明符合犯罪构成要件的，不得作为刑事案件处理。上述《通知》为我们廓清了企业的民事违法和刑事违法行为的界限，在航空港区，要营造良好的营商环境，就需要时刻关注企业家的合法利益诉求，注意防止用刑事手段干预经济纠纷。

2. 严格区分企业家个人财产与企业法人财产

处理企业犯罪，不得牵连企业家个人合法财产。严格区分企业家违法所得和合法财产，没有充分证据证明为违法所得的，不得判决追缴或者责令退赔。严格区分企业家个人财产和企业法人财产，在处理企业犯罪时不得牵连企业家个人合法财产和家庭成员财产。

3. 政府应强化临空经济区企业家的权益保障

政府因换届等违约，依法支持企业合理诉求。《通知》明确提出了进一步加大审判力度，强化企业家合法权益保障的具体措施。这些措施包括：（1）针对企业家反映的某些地方政府违约的问题，最高人民法院要求妥善认定政府与企业签订的合同效力，对有关政府违反承诺，特别是仅因政府换届、领导人员更替等原因违约、毁约的，依法支持企业的合理诉求；（2）对于确因政府规划调整、政策变化导致当事人签订的民商事合同不能履行的，依法支持当事人解除合同的请求；（3）对于当事人请求返还国有土地使用权出让金、投资款、租金或者承担赔偿损失责任的，依法予以支持；（4）对企业财产被征收征用的，要综合运用多种方式公平合理补偿。

4. 切实纠正涉临空经济区企业家产权冤错案件

《通知》要求，要努力实现企业家的胜诉权益，切实纠正涉企业家产权冤错案件。要强化对失信被执行人的信用惩戒力度，同时，对已经履行生效裁判文书义务或者申请人滥用失信被执行人名单的，要及时恢复企业家信用，要进一步加大涉企业家产权冤错案件的甄别纠正工作力度，依法及时再审，尽快纠正，并及时启动国家赔偿程序，依法保障企业家的合法权益。

5. 推进临空经济区商事审判制度的创新

近年来，最高人民法院认真贯彻落实中央部署，先后出台了《最高人民法院关于充分发挥审判职能作用切实加强产权司法保护的意见》（法发〔2016〕273 号）《最高人民法院关于为营商环境提供司法保障的若干意见》（法发〔2017〕23 号）等规范性文件，指导各级各地法院充分发挥司法职能作用，为营造稳定公平透明、可预期的营商环境，加快建设开放型经济新体制提供了有力司法服务和保障。完善临空经济区的商事审判制度，应针对临空经济区的创新举措及时完善立法，加强临空经济区法庭或法院的立、审、执协调机制，并为构建与国际接轨的系统化多元纠纷解决机制提供司法保障。

（1）针对临空经济区的创新举措及时完善立法。

临空经济区设立以来，各类新业态蓬勃发展，临空经济区在探索和积累了一批改革创新经验的同时，也反映出需要立法配合的问题。比如，在跨境电商领域，对于跨境商品的包装与标识、跨境商品的质量标准、商品种类的界定标准、税收及消费者权益保障等方面尚缺乏专门的规范和标准，在处理消费者权益纠纷时主要适用国内现行一般法律规定，相关法律规定亟待完善。

又如，在临空经济区内发展迅速的保理业务，目前在法律层面欠缺对保理统一规定，对于有瑕疵的应收账款是否可以纳入保理的范畴，是否影响保理合同的效力，亟待法律予以明确。在审判领域，临空经济区普遍采取的电子化通关对货运代理企业影响较大，将使其在货主违约或预期违约时，无法通过扣押报关单等单证来保护自身权益。上述几类案件如按照传统贸易规则处理，必然与临空经济区鼓励和扶持新型企业发展、促进贸易方式转型等目标相悖。因此，必须探寻适合临空经济区改革创新的处理规则，及时完善立法，确保这些创新措施在法治的轨道上有序推进。

（2）临空经济区立、审、执协调机制的构建与完善。

鉴于临空经济区法庭或法院仅受理和审理特定类型的案件，为协调整合临空经济区法庭或与其他审判庭的案件受理、审理工作，形成和体现合力，临空经济区法庭或法院的上级法院应建立涉临空经济区案件集中协调研究机制，促进涉临空经济区案件的立、审、执跨部门衔接，协调涉航空港区案件立、审、执工作实务中的疑难问题，全面提升航空港区司法保障整体效应。同时，还须进一步缩短审理期限，提高纠纷解决效率，满足临空经济区纠纷灵活迅速解决的需要。临空经济区法庭或法院尤应加强平台建设，切实落实司法公开。借力互联网新媒体平台，促进司法公开全面化。开设法庭中英文双语网站，涵盖司法公开、诉讼服务、法治传播等功能，公开审判流程、裁判文书、执行信息，满足中外当事人和市场主体的司法需求。

随着临空经济区争议解决机制的进一步建立、完善，法院、商事仲裁、调解机构所做出的裁决、调解结果，以及境外判决的执行问题亟待解决。应加强执行威慑联动机制，与公安、检察、工商、税务、土管、银行、房管等部门建立联席会议制度，各有关部门应将有关信息及时告知法院，配合法院执行。

（3）为多元纠纷解决机制提供司法保障。

为回应临空经济区市场主体对解决纠纷渠道的多元化需求，临空经济区法庭或法院应积极构建与国际接轨的系统的多元化纠纷解决机制（Alternative Dispute Resolution，ADR），努力打造商事争端解决中心。在法院构建 ADR 过程中，法院介入的时间经常在案件处理过程中的“首尾”两端。所谓“首端”，是指当事人应当在法院立案，由法院处理诉讼案件；所谓“尾端”，是指纠纷解决后应当由法院通过相应方式（或者直接通过法律规定）赋予解决结果以执行力。在案件的处理过程中，可以由法院之外的其他力量介入甚至成为主导，以期达成解决方案，进入正式的庭审并由法官做出判决，但这只是在上述方法失败的情况下采取的最后手段。这种诉讼与非诉讼无缝对接的 ADR 模式，可使临空经济区纠纷案件以更加高效、便捷、经济的方式得到解决。

6. 推进临空经济区司法创新

建立良好的纠纷解决制度体系与多元化争议解决机制是实现临空经济区经济社会发展目标的重要保障。纠纷解决法律制度创新也要以法治实现为目标，临空经济区纠纷解决法律制度创新要以法治化、国际化、便利化为导向，要将建立和完善临空经济区纠纷解决机制作为成功建设临空经济区的有机构成部分。争取以此作为突破口之一，建立良好的营商环境。临空经济区所属的省市可以借鉴区际司法协助制度的立法精神与实践经验，为临空经济区纠纷解决的执行程序提供必要的协助与便利。从临空经济区的长远发展来看，还要做好司法程序与国际主权国家和地区司法程序的衔接。临空经济区是国际航空物流中心，是沟通我国与世界其他各国的窗口，在纠纷解决过程中，必将涉及与其他国家之间的国际司法承认与协助，因此在航空港司法程序的创新中，要全面考虑与其他国家之间的涉外司法程序协助制度构建的合理性。并借鉴国际经验，落实纠纷解决便利化要求。

纠纷解决便利化，就是让当事人寻求解决纠纷的程序畅通、便利，是司法便利化的延伸。司法便利化就是让当事人更容易接近司法程序，让大众利用司法程序机制、参与司法活动时不再感觉“门难进、脸难看、事难办”。临空经济区的建设中，也要提供社会矛盾解决的通畅机制，包括在大规模团体诉讼、公共利益诉讼方面提供适当的法律程序；适应现代社会信息化的要求，提供有效的互联网诉讼程序和机制；建立多元化的纠纷解决机制；提供有效可实施的纠纷解决程序规则等。总之，在临空经济区司法制度创新中，要使司法更容易接近，民众能够平等地利用司法程序解决纠纷。

7. 构建临空经济区多元化纠纷解决机制

我国目前正处于法治强国建设进程中，司法体制和诉讼程序还不够完备，临空经济区由于涉外性较强，在后续司法实践中可能具有纠纷多发、利益冲突复杂的特点。因此，单纯依靠诉讼来解决纠纷，不利于处理好公平与效率的关系，也不利于当事人纠纷的解决。作为“法治化”中不可或缺的角色，争议解决机制的创新程度直接影响对航空港区建设的评价、指引和导向。临空经济区内纠纷具有商事性、专业性、涉外性甚至法律文化冲突特征，因而，建立健全专业化、便利化、公正权威的商事仲裁机制和调解机制是临空经济区法治化营商环境建设不可或缺的环节。

（1）临空经济区的商事仲裁机制建设。

外资企业之间商事纠纷往往倾向于选择仲裁解决。仲裁是贸易和投资领域被普遍采用的争端解决方式，具有专业、高效、周期短、技术性强的特点，体现了自愿、协调和自我约束的原则，因此仲裁应当成为航空港区争端解决的首选方式。仲裁的具体操作模式以及程序规则需要明确，并在实践中不断地总结和完善。在重视硬件建设的同时，对仲裁还需要去行政化，更加尊重意思自治权利。可借鉴广东汕头华侨实验区引进国际知名仲裁机构成立华侨国际仲裁中心的做法，考虑引入国际性的仲裁机构，以提升航空港区专业化、国际化的仲裁水平。

在具体操作上，可以先由临空经济区所属的省、市人大常委会运用地方立法权，制定统一适用于临空经济区所有法定机构的地方性商事仲裁法规。在仲裁机构的运作模式上，可借鉴香港国际仲裁中心的成功经验，实行理事会领导的法定机构治理方式，在行政机关、事业单位之外，单设法定机构，探索具有中国特色的法定机构治理方式。

①推动临空经济区仲裁机构治理法治化。

在仲裁规则创新方面，可按照联合国国际贸易法委员会（UNCITRAL）制定的《国际商事仲裁示范法》的基本要求制定先进的《仲裁规则》，充分吸收和借鉴知名国际仲裁机构的经验做法，既体现国际商事仲裁发展趋势和潮流，又符合我国临空经济区的实际发展需要。

在发挥仲裁庭独立、自主、公正裁决纠纷的功能上，应始终贯穿“意思自治”原则，充分体现在中国现行法律框架下与国际主流仲裁规则全面接轨、与中国港澳商事仲裁制度有效衔接。在仲裁员聘任方面，可建立独立的仲裁员名册，组建国际化、专业化的仲裁员队伍。在仲裁员名册中，境外仲裁员应占到总数的50%以上，仲裁员中绝大多数应能用英语办案，并且有一定数量的仲裁员可以使用葡语、法语、德语、日语、韩语、俄语等语种办案。

②建立在线仲裁。

2009年4月，我国首部《网上仲裁规则》，即《中国国际经济贸易仲裁委员会网上仲裁规则》诞生。该网上仲裁规则原则上适用于所有的契约性或者非契约性的经济贸易等争议。《中国国际经济贸易仲裁委员会网上仲裁规则》主要适用于解决电子商务争议，它与我国已经颁布实施的与电子商务有关的法律、法规密切衔接，充分保证了网上仲裁与我国法律体系的兼容性。目前，北京仲裁委员会、广州仲裁委员会、深圳国际仲裁院、重庆仲裁委员会等国内仲裁机构均已开设实行网上仲裁，随着杭州互联网法院的挂牌成立，相信国内越来越多的仲裁机构将会采用网上仲裁，即“在线仲裁”的方式。

鉴于此，临空经济区仲裁机构应推动技术创新，在硬件设施的建设上，按照国际仲裁惯例高起点规划设计，以打造符合国际商事仲裁惯例要求的仲裁机构为目标。建议临空经济区所属省市积极为临空经济区仲裁机构的筹建创造有利条件，高标准规划设计建造一个独立的办公场所及能够满足现代仲裁审理需要的仲裁室，安装配备先进的科技设备，以便在条件成熟的情况下尝试开展网上仲裁活动。比如，通过网上受理、网上立案、网上传递法律文书与证据资料，在网上开庭，网上举证与质证，方便港区内当事人进行商事仲裁活动，等等。

（2）临空经济区的商事调解机制建设。

“商事调解”具有快捷、廉价、私密性强等特点，使其在与司法审判、仲裁相比较中具有一定的优势[①]。“商事调解”的广泛运用，将对临空经济区正常运转以及市场秩序的稳定发挥积极的作用。

①建立商事调解中心。

临空经济区应建立商事调解中心，在充分尊重和维护当事人意思自治的基础上，采用“调解 + 司法确认”“调解 + 法院速裁”、仲裁等多种纠纷解决方式，为当事人解决问题。调解中心应精心挑选具有投资、金融、知识产权等领域专业背景和实践经验的专家学者、律师担任调解员。

调解中心可根据自定的调解规则独立进行调解，法院或仲裁机构对调解过程不进行干预。法院、仲裁机构不干预并不意味着放任自流。法院、仲裁机构应加强诉前引导调解、诉前委派调解及诉中委托调解。临空经济区可学习浦东新区法院《关于自贸试验区诉讼与非诉讼相衔接的商事纠纷解决机制的工作规则》，制定各临空经济区的《商事纠纷解决机制的工作手册》，从法律实体和程序上规范和监督调解机构和人员的调解工作；同时，建立调解反馈机制，对调解未成功的案件，定期将生效裁判文书反馈给调解机构，并给予业务指导，提升调解水平，增强法院与调解组织的信息互通共享。

②培养国际化的调解员。

调解员在多元化纠纷解决机制中起着至关重要的作用，在世界多元化纠纷解决机制蓬勃发展的背景下，应注重调解员的专业技能和国际视野的培养，不断提升其职业水平。

建设由法院主导、社会参与、多元并举、法治保障的国际化、专业化、社会化的调解平台，应培养国际化、专业化的调解员。可以借鉴广东

① 路晓霞. 法治化营商环境建设研究[M]. 上海:上海人民出版社,2018:322－327.

自由贸易区经验，吸纳中国港澳组织和个人担任特邀调解组织、调解员。同时，还应加强对特邀调解组织和特邀调解员的培训，为临空经济区调解力量打好专业基础。另外，还需要推动职业化调解员统一资质认证制度，不断完善调解员职业水平评价体系，促进专业化、职业化、国际化的调解员队伍的形成。

③加大司法对调解的保障。

临空经济区法院或法庭应鼓励、支持和引导商事主体更多、更好地运用调解来化解纠纷。商事主体一旦涉诉，法院引导其进入调解程序，从而更好地发挥调解在尊重自愿、软化矛盾、消除纠纷和自主履行等各环节的突出优势，有效降低商事主体的纠纷解决成本，也进一步优化了有限的司法资源。

加大司法保障，具体措施包括：一是编写中英文双语的“商事争端解决指南”，为中外主体选择纠纷多元解决方案提供便利；二是在临空经济区内启用“调解优先”承诺机制，允许企业或行业组织自愿与商事调解机构签订《优先调解承诺书》；三是退还当事人一定比例的诉讼费作为支付调解机构的调解费用，鼓励更多社会力量参与其中①。

④建立在线调解。

2015 年 12 月，最高人民法院在全国六省开展了在线调解的试点，商事调解工作必须依托互联网建设，需要以法院的诉调对接中心为基础，将调解规则导引、纠纷案例学习、调解资源整合、远程调解、诉调对接等多项在线解决纠纷功能融为一体，建设独有的纵向贯通、横向集成、共享共用的在线调解模式。

如何设立一个安全、有效的在线调解机制和平台，是当下临空经济区“在线调解”建设无法避免的问题。首先，在线调解平台需要一个稳定、安全、保密的网络硬件设施，便于保障隐私和保存数据；其次，在线调解需要调解员能够熟悉平台操作，灵活地运用视频会议、单独交谈等方式，

---

① 倪戈．商事纠纷，调解优先更高效[N]．人民日报，2017－11－15(18)．

最大限度地发挥在线调解优势；最后，需要为在线调解设计一套规范有效的运行机制，保证在线调解的公正与效率。

（三）着眼企业的“社交需求”，推进临空经济区营商环境优化

与利益相关方进行沟通进而保持良好的关系主要是企业的工作，但是为了促进企业与利益相关方的沟通，政府也可以做一些优化工作。一是搭建便利的政府与企业进行日常联系的渠道和定期交流机制，政府可以和企业进行分类分批沟通（如根据企业规模或者企业所属行业进行分类），但是不应区别对待。二是政府或者行业自律组织为企业“建群”，企业自愿入群。可以通过定期组织行业展览会、企业家座谈会等为企业间的交流搭建线下平台，也可以利用互联网和信息化手段为企业搭建公共的线上信息展示和交流平台①。三是加强市场监管，强化对企业产品和服务质量的监督，尤其是对产品安全性的监管，防止消费者与企业的矛盾激化。鉴于市场监管和社会共治在临空经济区发展中的特殊重要性，以下着重对临空经济区的市场监管和社会共治的优化进行分析。

1. 市场监管的法治含义

监管并非监督和管理的简单相加。日本学者植草益认为：监管是指“依据一定的规则对构成特定社会的个人和构成特定经济主体的活动进行限制的行为”。市场监管是指法定的国家机关对市场准入与退出以及市场主体在其存续期间的运营进行的监督和管理。其正当性源自市场调节的天然缺陷及其暴露风险亟须外力矫正。当前我国所有经济先行区监管的核心和重点应为市场监管，核心目标乃是理顺政府与市场的关系。临空经济区的市场监管虽使命特殊、史无前例，然亦应遵循市场监管的普遍原理，并借鉴境内外航空港监管法治的有益经验，立足我国临空经济区当前的监管形势及困境，结合临空经济区的功能定位和发展方向进行科学的前瞻设计。

① 易信．转变经济增长方式的实践探索：深圳例证[J]．改革，2018(8)．

（1）市场监管的内容和目标。

党的十六大提出了政府机构改革的任务，首次明确了市场监管是四项重要职能之一。迄今，市场监管的内涵与外延随着我国市场经济的成熟和法治理念的提升而不断充实凝聚。市场监管属于政府的微观执法行为，实践中，市场监管主要体现在民众反映强烈且严重影响市场运行和透明度的行为和领域，如政府、经营者与消费者之间的信息偏在，经营者基于“经济人”本性实施的引发较大负外部性的市场行为，经营者的市场准入和退出，假冒仿冒、虚假宣传、串通招投标、价格卡特尔、商业贿赂、滥用市场支配地位、企业并购等有违公平竞争以及排除和限制竞争的行为，等等。常用的监管措施一般为事前审查、事中及事后监督、检查、罚没等，核心任务和目标是为各类市场主体营造公平的市场准入平台和公平竞争的发展环境。

（2）市场监管的基本原则。

自从19世纪末20世纪初政府干预市场的职能形成以来，各国政府的治理手段日益现代化，形成了政府监管的若干基本原则。市场监管作为政府监管系统工程的重要组成部分，势必首先应遵循现代政府监管的基本原则：依法、依规监管原则、科学监管原则、监管透明原则以及公众参与原则①。

市场监管制度的革新是我国当前全面深化改革的重要举措，其内涵隽永、言近旨远，不仅肩负着政府与市场关系的深刻命题，而且在改革已涉深水区的时代背景下，它还是实现国家治理现代化、转变政府职能的重要的内涵要素。必须改革市场监管体系，清理和废除妨碍市场公平竞争的各种规定和做法，这是当前及今后相当长时期内我国市场监管工作的核心与重点以及改革的方向。

2. 境内外航空港法律监管模式梳理

（1）强化立法保障。

迄今，国外较成功的航空港区均首先依法设立并制定有专门的立法保

---

① 叶必丰.行政法的人文精神[M].北京:北京大学出版社,2005:65.

障其制度创新的实现。阿联酋本属于伊斯兰法系，但为了创设迪拜自由港，首先修改了宪法，在宪法中赋予迪拜自由港若干事项的自主立法权和决策权。韩国的经济先行区种类繁多，包括关税自由区、自由贸易区、经济特区、国际自由城市等多种形态，各类先行区虽在设立宗旨、发展路径上存在当然的共性，但其个性差异也不容忽视，因而，韩国先后针对各类经济先行区分别制定了有针对性的法律，如《关税自由区设立运营管理条例》《济州国际自由城市特别法》等立法，旨在促进各类经济先行区设立目的及宗旨的实现。上海自贸区设立后不到一年的2014年7月，作为其基本法的自贸区条例即新鲜出台，体现了新的上海速度①。此外，天津、福建自由贸易区均已出台条例作为其基本法。立法先行是境内外经济先行区的共同特征，是发达国家各类经济先行区顺利运行的关键因素。

（2）设立地位超然的监管机构。

依据现代行政法理论，设立独立、权威的监管机关是实现有效市场监管的必要前提。考察域外经验，美国、荷兰的自由贸易区以及德国汉堡和阿联酋迪拜港的自由港区都设立了港区合一的专门机构，负责管理和协调区内整体事务。上海自贸区也充分借鉴国外经验，设立管委会作为监管机关，并通过《上海自贸区条例》对其明确授权，集中行使行政审批权和行政处罚权。境内外经济先行区的发展经验证明：经过法律授权的独立、权威的监管机关可以在其职权范围内实施纵向、横向的监管协调，从而实现高效的依法监管。

（3）实施货物分类监管。

美国自由贸易区的管理运作模式和海关监管模式经过80多年探索已日趋成熟，上海自由贸易区也仿效建立了货物状态分类监管制度，境外货物可凭进口舱单先行入区，分步进行入境申报。口岸出口货物实行先报关、后入港。对区内和境内区外之间进出的货物，实行进出境备案清单比对、企业账册管理、电子信息联网等监管制度，区内保税仓库的存储无期限限

① 刘水林．中国（上海）自由贸易试验区的监管法律制度设计［J］．法学，2013（11）．

制，通过货物分类监管，可明显提升经济先行区的进口服务功能。

（4）海关监管宽严相济。

海关监管体制尤其能够体现一个特殊的经济先行区域“境内关外”的特性。欧美各国的保税仓库、自由港、自贸区等经济先行区的海关监管体制值得借鉴，管理者既要严格海关监管，又要提高工作效率。海关的监管严格和繁简程度取决于货物的敏感性、货物的流向以及经营者守法情况、资信等级、承付税能力等。通过电子化促进海关监管的现代化是欧洲海关监管的重要特征之一，方便货物到达前1~2天提前办理各种通关手续。上海自贸区3年来的海关监管也一直贯彻“外松内紧、违规重罚”的指导思想，同时，致力于简化自贸区货物流转，探索一体化大通关体制，以实现上海自贸区与其他海关特殊监管区域之间货物的高效便捷流转。在自贸区全国性扩容的今天，这种探索和经验尤其值得借鉴。

3. 我国临空经济区的监管形势及当前面临的监管困境

（1）立法的缺失影响临空经济区市场监管制度创新。

航空港的国内外、区域间经济合作，既涉及国内外市场监管制度之间的磨合与对接，又涉及众多行政壁垒的破除，单凭政府的激情，而没有完备的法治保障，其经济合作的深度、广度和力度都会受到严重的限制与影响。例如，自国务院2013年3月批复《郑州航空港经济综合实验区发展规划（2013—2025年）》以来，其间虽然建立了“两级三层”的行政管理架构以及实验区与若干省直部门的直通车制度，已明确近300项具体直通事项，然而笔者在调研中发现，缺乏立法保障的“先行先试”仅是一张行政授权创新的“特许证”，在实践中易遭遇政出多头、效率低下等问题。

（2）监管机构及其与上级部门的分工协调机制不明晰制约着临空经济区的市场监管创新。

临空经济区大多是政府派出机构，并非一级政府，却要行使“省辖市级经济和社会管理权限”或承担一级政府同等的经济社会事务管理职责。监管机构及其职权大多缺乏法律授权。从法理上分析，临空经济区管委会（如首都临空经济核心区管委会）作为政府的派出机构，以自己的名义行使行政执法权只有政策依据，缺乏法律授权，而在省、市政府出台的有关政策性文件中，对航空港区管委会的若干监管职权也只是原则性授权，缺乏具体的规范的程序性、技术性规定，透明度不足。在管委会的监管实践中，新情况、新问题层出不穷，所以，管委会不仅监管负担繁重，而且遇到具体的监管问题（通常在政策性文件中并无具体解决方案）需要层层向上级报批，影响监管实效。此种近乎“一事一议”的监管节奏势必受到外商的诟病。从长远来看，航空港区监管机构及其监管职权未获法律授权及法律表达的现状不利于“建设大枢纽、发展大物流、培育大产业、塑造大都市”蓝图的实现。

（3）适应临空经济区功能定位的市场监管理念尚未培育成熟。

目前，由于临空经济区各项制度均在摸索构建中，外商直接投资对经济发展的带动能力较弱，由于对外贸、外商直接投资的监管是临空经济区政府监管的核心和关键环节，营造国际化的营商环境是临空经济区政府各项工作的重心，所以上述因素直接影响政府的依规及合理监管和透明度等监管理念的培育进程。

（4）市场监管措施不到位影响实验区监管实效。

伴随着经济进入新常态发展阶段，政治改革、简政放权、体制机制创新绝不应仅是停留在理念层面的政治口号。对于国家层面而言，政治改革的重点是要建立一种适应中国国情的分权和制衡机制，通过建立权力清单、责任清单和负面清单继续完善市场体系，发挥政府与市场共生互补的协调作用。当前及今后的临空经济区的改革创新与我国改革开放初期的普惠制模式不同，不是浇筑政策倾斜的“洼地”，而是打造新的可复制可推广的“制度创新示范区”。而目前临空经济区的监管措施却多是着眼于国家既有优惠政策的实施，没有形成贯穿投资、贸易等航空港市场活动各环节的体现简政放权理念的一整套监管措施体系，难以支撑航空港区的制度创新实践。

4. 航空港区市场监管的创新路径

（1）谋求立法突破，使市场监管获得法律支撑。

前已述及制定完善的区域性法律是推进经济先行区发展的重要国际经

验。党的十八届四中全会指出："法律是治国之重器，良法是善治之前提。建设中国特色社会主义法治体系，必须坚持立法先行，发挥立法的引领和推动作用。"确保市场监管的公平性和实效性必须坚持立法先行，以避免管理失调。

临空经济区监管法治建设是国家法治建设的组成部分，其立法活动必须严格遵循《中华人民共和国宪法》与《中华人民共和国立法法》的要求，维护国家立法权的尊严与统一。依据《中华人民共和国宪法》规定，我国采用单一制的国家结构形式，中央与地方的政府权限分工不同，依据《中华人民共和国立法法》规定，我国实行统一而分层次的立法体制，中央与地方立法机关的权限不同。临空经济区先行先试的事项领域涉及民用航空、航空物流、税收、海关、外资、外贸等国家立法权范畴，而市场监管也应着眼于上述关键和核心领域，立法必须贯彻统一性与差异性相结合的原则，并争取必要的立法自由与立法突破。

制定临空经济、航空物流相关立法及航空港区条例是依法监管的首要环节。临空经济区条例（航空港区的基本法）理应包含市场监管体制的专章规定。在上述立法过程中，应注意贯彻监管立法（规制）的基本程序制度——规制影响分析制度和灵活的应变制度，充分借鉴国际通行规则和国际惯例，汲取境内外航空港管理的成功经验，使政府监管的合规性、合法性、合理性得以实现，以法治化的顶层设计来保障临空经济区的长远发展。

（2）加快监管部门协调机制建设。

国内外监管实践证明，监管的成功与否，与监管机构的权威性呈正相关。设立并培育具有准立法权、准行政权的独立行使监管职权的监管机关是监管成功的关键。依法执政，是法治真正得以实现的根本和前提。综上所述，必须在临空经济区基本法的总则部分明确监管机构的法律地位和性质、地位、职权等内容。临空经济区应以政府职能的转变作为法治政府、阳光政府及"巧政府"建设的重点工作，强化监管机构的组织领导职能，积极推进各部门间分工协调配合机制建设。这既是深化行政管理体制改革的一项重要任务，也是理顺部门关系，实现政府职能协调运转，提高行政效能的重要举措。

（3）培育科学的监管理念，明确监管的指导思想。

临空经济区的功能定位一般为航空物流中心、现代产业集聚地、对外开放重要门户，因而其所属省级和市级政府部门应当率先垂范，着眼于临空经济区功能定位的实现和内涵发展，处理好市场监管中“看得见的手”与“看不见的手”之间的关系。临空经济区政府应强化宽松监管、简政放权、行政审批便利化和简易化监管理念；推进政府形成由注重事先审批转为注重事中、事后监管的指导思想；服务于临空经济区内临空主导产业的自由连通机制的形成；加强临空经济区与区外的联动机制，服务智慧都市、航空都市建设。

（4）创设优惠宽松的监管措施和手段。

实践表明，欧美临空经济先行区“放松管制”“外松内紧”的监管思维，极大地促进了这些国家和地区的临空经济发展。临空经济区在完善监管措施方面的当务之急应当是逐步落实公众参与原则、推行信用监管和信用修复制度、负面清单管理模式，并重视反垄断执法工作。

5. 创新信用监管机制

监管部门应充分利用互联网，建立智库，记录并长期动态保存企业及其有关责任人员的信用信息，这样便于在市场准入、货物通关、政府采购以及招投标等工作中，随时查询当事人的信用记录，对信用良好的市场主体提供便利，对失信者进行适当约束和惩戒。真正通过完善的信用监管鼓励或引导市场的优胜劣汰。

值得一提的是，2019 年 1 月 1 日开始施行的《中国（海南）自由贸易试验区商事登记管理条例》（以下简称《条例》），在全国率先以自贸区立法的形式规定了商事主体信用修复制度①，比国家规定的期限提前了两年。

① 商事主体信用修复制度是指被列入经营异常名录满 3 年，未按照规定履行相关义务被列入严重违法失信企业名单的商事主体，自被列入严重违法失信企业名单之日起满 3 年未再发生列入情形，可以通过公示系统向社会公告其履行公示义务和拟申请移出严重违法失信企业名单等信息，信用修复公告期为 30 日。

鼓励商事主体通过履行法定义务、主动纠正失信行为等方式修复信用，登记机关将信用修复情况作为商事主体从“严重违法失信企业名单”移出的重要条件。上述《条例》第54条明确指出：“因本条例第五十二条第二款规定的情形被列入严重违法失信企业名单的商事主体，自被列入严重违法失信企业名单之日起满三年未再发生该款规定的情形的，可以通过企业信用信息公示系统向社会公告其履行公示义务和拟申请移出严重违法失信企业名单等信息，公告期为三十日。商事主体可在公告期届满次日起三十日内，向住所（经营场所）所在地人民政府市场监督管理部门申请移出严重违法失信企业名单，市场监督管理部门应当自查实之日起三个工作日内作出移出决定。”实施信用修复制度有利于激发已有失信记录的商事主体自我纠错的动力，促进守信激励和失信惩戒机制全面发挥作用，临空经济区的信用监管制度创新可以借鉴海南自贸区、自贸港的信用修复制度，以使航空港区政府的信用监管真正做到宽严相济，而不至于矫枉过正。

6. 创新负面清单监管模式

目前，国家已经出台《中华人民共和国外商投资法》，在全国外商投资市场准入监管中推广上海自贸区的“准入前国民待遇加负面清单”监管模式。从航空港区长远发展来看，应积极加快探索政府权力清单、责任清单和负面清单相结合的市场监管模式，具体而言，可由其所在的省、市人大积极协调和全国人大、中央有关部门的关系，制定上述“三个清单”。在法治精神指引下，“公民权利法无禁止即自由，公共权力法无明文即禁止”，因此，负面清单之外，法无禁止即可为。建议航空港区内国家规定对外商投资准入有特别规定的，由省或市人民政府发布负面清单予以列明，并根据实际适时动态调整。负面清单之外的领域，外商投资项目实行备案制，负面清单之内的领域，外商投资项目实行核准制。并可推广实施至金融、贸易等领域的市场监管实践，形成有别于上海自贸区的“可复制可推广”的制度创新成果。

此外，反垄断工作也应受到临空经济区市场监管部门的足够重视，从长远来看，随着入驻企业的增多及企业规模的扩大，反垄断必然成为市场监管的工作重点之一，临空经济区市场监管局应协助做好经营者集中的申报，针对垄断协议、行政性垄断、滥用市场支配地位等行为健全相关工作机制。

7. 实施社会共治机制

法律实施机制方面的创新是临空经济制度创新的一项重要内容。在现代西方国家法治化推动过程中，在制度层面不断加强私人执法机制的相关立法建设，推动私人在社会公共领域治理中发挥作用。我国临空经济法律制度创新建设中，也要重点研究这一问题，落实社会共治，增强私人力量在公共利益保护方面的作用。

公共执法在社会治理中具有举足轻重的意义，对于社会稳定和经济快速发展都十分重要。然而，由于公共执法自身固有的缺陷，基于公共监控下的公共执法系统并不能建立一个福柯式的“全景畅视”主义的执法信息系统，私人执法的介入促使信息流动，增加了公权力信息主体的信息汲取能力，营造出一种有效的私人社会管理参与机制①。同时，公共机构执法效率性差，“如果公共机构既不能从降低执法成本中受益，也不会从减少执法收益中受损，那么公共机构就会对提高执法效率漠不关心”②，私人执法机制有助于私人利益最大化，从而使执法效率最大化。由此建立私人执法机制以弥补公共执法机制的执法缺陷亦属必要。

一直以来，我国的执法模式都以公共权力机关的行政管理式执法为主，而私人执法参与社会公共管理力量匮乏。“试图通过公共制裁实现法律的目标，较少考虑是否必要、可行、能否真正执行，或者未考虑调动私人与国家共同执法的可能性。③”所以，应该积极借鉴发达国家的经验，通过制度方式激励社会公众参与社会事务的管理。但从公共执法机制的缺陷来看，在临空经济区需要完善促进经贸发展的执法体制，提升私人执法的

---

① 吴元元．公共执法中的私人力量——悬赏举报制度的法律经济学重述[J]．法学,2013(9).

② 桑本谦．私人之间的监控与惩罚——一个经济学的进路[M]．济南：山东人民出版社，2005：167.

③ 徐昕．法律的私人执行[J]．法学研究,2004(1).

作用，让私人执法制度与公共执法制度并行，建立二者之间的互补机制，将产生更好的法律效果，且符合法律本身对于执法效果的要求。

（四）着眼企业的“尊重需求”，推进临空经济区营商环境优化

从企业的“尊重需求”入手优化临空经济区营商环境，要从以下方面着手：一是政府在制定各种涉及经济发展、企业运行等方面的制度和重大决策时要充分与辖区内大大小小的企业进行沟通，而且这种沟通应该是制度化的（此部分内容已在上文“实施社会共治机制”中予以阐述，此处不再赘述）。二是从正面的角度传播企业家精神，让那些合法经营并为经济社会发展做出贡献的企业家得到全社会的尊重。三是建立航空港区内企业的征信体系，传播契约精神，在临空经济区形成尊重契约和诚信的氛围，对于违背契约和不诚信的行为要加大惩罚力度（此部分内容已在上文中“创新信用监管机制”中予以阐述，此处不再赘述）。

（五）着眼企业的“自我实现需求”，推进临空经济区营商环境优化

企业的自我实现和自我超越需求表现为履行一般意义上的社会责任，以及更高层次上的经济社会进步。为营造这样的环境，一是要鼓励并支持企业通过多样化的方式回馈社会，如支持教育、医疗、扶贫救困、救灾应急、生态环保等，只要确认这些回馈社会的行为确实是公益的和非营利性的，这部分支出可以作为企业成本进行税前扣除。二是要从国家层面或地方政府层面设立企业履行社会责任奖项和慈善企业家榜样，通过媒体大力宣传，在精神上给予奖励。三是要通过税收减免、税前扣除等方式支持企业投入基础科学领域的研究，推动社会进步。

1. 适时出台企业社会责任促进法

2005 年《中华人民共和国公司法》首次实现了企业社会责任的法律表达，意味着我国立法对传统企业角色定位的修正。之后，《中华人民共和国合伙企业法》《中华人民共和国食品安全法》《中华人民共和国环境保护法》等立法中相继加入企业社会责任条款，还有各种规章、行业指导意见对企业社会责任加以规范，为企业履责提供了初步法律或制度保障，但也折射出其中“软法”偏多、操作性不足等弊端。

“法律是治国之重器，良法是善治之前提。”当前企业社会责任制度的发展已呈现出标准化、法治化等刚性约束的趋势，2014 年印度《公司法》规定了企业承担社会责任的强制性条款，要求特定的公司需要将每年利润的 2% 用于企业社会责任开支①。这种逐渐立法化使企业社会责任具有强制性的倾向，因此我国应当适时对已有的企业社会责任规范进行汇编整合、修正更新，谋求企业社会责任的行之有效的顶层设计。在企业社会责任强制化的问题上，需要考虑优化我国营商环境的需要，结合“市场自治”和“商业自由”的现代市场体制和全球性的“放松管制”背景，采取适合我国本土的适当的制度安排。当前，出台统一的企业社会责任促进法的土壤已经具备，该法应秉持可持续发展、维护利益相关者合法权益、公平、诚实信用等基本原则，全部内容应包括总则、职工权益保护、债权人权益保护、消费者权益保护、环境保护与可持续发展、社区与公共利益发展、附则七章。

2. 优化临空经济区企业履行社会责任的法律环境

“徒法不足以自行”。企业社会责任促进法出台后，还须明确企业社会责任事务主管及牵头部门，国务院、各省级部门、各航空港区还应通过综合配套的地方性法规、政府规章，在成熟领域先行试点，由下至上，确保法律的实施。主管部门应完善企业社会责任标准（如 SA800），且各临空经济区应因地制宜地制定本区域企业社会责任标准并明确法律责任和激励机制，成立专门监管部门或明确由市场监管局负责监管。要求一定规模以上企业必须设立实施社会责任的部门且应与政府保持稳定的联系。建议借鉴西方企业做法，在企业中推行财务、环境、社会责任三者结合的信息披露制度，强化企业透明度建设。总之，企业社会责任的落实绝非“企业办社会”的回潮，而是改革开放新时期企业性质的历史修正的必然结果。

以上企业履行社会责任的法律环境的优化可以为企业履行社会责任设

---

① 沈敏荣，姚继东．企业社会责任及其法律化[J]．社会科学战线，2018(2).

定刚性约束而使企业明确履责边界，助力理顺政府与市场的关系，推动企业社会责任法治建设的进程。有利于建立良性的道德秩序和公平的法治秩序，真正实现全社会的良法善治。将有效提升企业的“社会公民”意识，改善企业形象，纾解因“仇富”而引发的社会矛盾，缔造企业与政府、社会和自然环境之间的良性互动关系，增进社会和谐程度，最终实现企业社会责任的普遍履行。临空经济区是我国以开放倒逼改革的重要窗口地区，在临空经济区提升企业履行社会责任管理水平是优化营商环境的重要指标，将有助于提升临空经济区企业的国际竞争力。

3. 强化对模范履行社会责任企业的奖励和支持力度

近年来，国家和社会各界日益重视对模范履行社会责任的企业的奖励和支持，例如，影响较大的“人民企业社会责任奖”活动创始于2006年，是互联网最早、最具影响力的关于企业社会责任奖的评选，同时也被视为衡量中国企业履行社会责任的重要标尺，于2018年升级为“人民企业社会责任高峰论坛”。2016年以来，每年的颁奖典礼将现场发布当年的中国企业社会责任报告，评选出“年度企业”“年度人物”“年度案例”“年度扶贫”“年度海外贡献”五大奖项。该奖项（高峰论坛）已成为我国企业履行社会责任的重要促进力量和正向引导力量。

然而，面对近年来日益复杂的国际竞争环境和“百年未有之大变局”，国家相关部门和临空经济先行区应进一步加大对投入基础科学领域的研究的企业的支持力度，在合法的前提下适当保护民族企业，以更快地推动我国社会经济的发展。

第九章

临空经济立法论
——以郑州航空港经济综合实验区条例制定为例

经济发展的区域性特征是由经济发展的内在规律决定的。在经历了均衡发展战略、非均衡发展战略的发展阶段后，在经济新常态的背景下，我国现阶段经济发展的区域性特征越发明显。但是，在经济快速发展的进程中，我国并未形成具有法制权威性的区域划分框架，未形成各类特殊经济性区域的法律制度，也缺乏深入的对区域性立法的研究。从立法实践来看，包括上海自贸区等各大自贸区、深圳前海合作区、珠海横琴新区、重庆两江新区、广西北部湾经济区等特殊经济区域已经制定了带有指导本区域性经济发展的地方性条例，为促进特殊经济区域的发展做了法律规范的指引，做了区域立法的有益尝试。将临空经济示范区已经成熟的政策内容上升到立法层面，一方面可对临空经济发展的政策进行整理和固定，另一方面也能发挥法律稳定性和权威性的功能，引领临空经济示范区的协调发展。本章内容以郑州航空港经济综合实验区条例的制定为线索，尝试对临空经济区域的立法进行探索和思考。

郑州航空港经济综合实验区（以下简称实验区）是国务院批复的第一个临空经济发展先行区，2013 年国务院批复的《郑州航空港经济综合实验区发展规划》（2013—2025 年）中提出了郑州航空港“国际航空物流中心、以临空经济为引领的现代产业基地、内陆地区对外开放的重要门户、现代航空都市、中原经济区核心增长极”的 5 个战略定位，为郑州航空港经济综合实验区的发展提出了指导性要求。临空经济从本质上是法治经济，根据临空经济特殊区域“先行先试”的要求，从法治研究的深层次角度来说，临空经济的发展过程同时也是体制机制创新、法制规范的过程。郑州航空港综合实验区在3年多的发展过程中，显示出因缺乏统一法律规范指引而引发的一系列问题。制定一个符合实验区发展规律的实验区条例，已经成为实验区发展中亟待解决的问题。

目前，《郑州航空港经济综合实验区条例》已经被河南省人大纳入了立法规划，并于2019年6月开始公开征求条例草案意见。相信实验区条例的颁布和实施，会成为郑州临空经济综合实验区发展的一个里程碑式的事件，将进一步促进郑州航空经济的飞跃式发展。

第一节　郑州航空港经济综合实验区法治发展综述

一、行政管理体制的“两级三层”

2013年5月，河南省委、省政府根据国务院批复批准设立实验区党工委、管委会，与原管理机制进行套合。行政管理架构为“两级三层”“市管为主，省级扶助”。在充分利用省级权限范围内赋予郑州航空港经济综合实验区全面深化改革试验权，进行体制机制创新，努力打造河南省深化改革、体制创新示范区。2013年11月，河南省政府发布了《河南省人民政府办公厅关于郑州航空港经济综合实验区与省直部门建立直通车制度的实施意见》（豫政办〔2013〕92号），对“两级三层”的行政管理体制进行进一步的规范。

然而，由于中国航空法立法框架还在研讨之中，全国人大并没有给予郑州航空港经济综合实验区授权立法。现实中，从实验区本身适用法律条文的情况来看，统一立法规范缺失、部门性规范性文件效力较低、多头管理等约束普遍存在。从调研中与实验区各个行政部门的接触情况来看，普遍反映的问题在于：由于没有一级政府的执法权，在行政执法过程中，无法有效行使管理权限，导致行政效率低下。航空港实验区的市级以下行政执法权目前均已通过行政委托方式予以获得。但是，通过行政委托方式获得的行政执法权，由于行政权力并未发生实质性转移，航空港实验区管委会及其下属机构均未取得行政主体资格。这一问题的存在致使航空港实验区管委会及其下属机构在实践中无法有效地行使行政管理权限，严重影响了行政管理效能的发挥。对航空港实验区管委会进行法律上明确的行政授权已成为当务之急。

二、多层面政策性创新

实践中，围绕郑州航空港经济综合实验区，制定了一系列多层次的政策性规范，来促进和协调实验区的特色发展。2014 年 1 月河南省人民政府发布《河南省人民政府关于加快电子商务发展的若干意见》（豫政〔2014〕11 号），大力促进跨境电子商务的发展。2014 年 7 月 9 日，国家民航局与河南省政府签署了《共同推进郑州航空港经济综合实验区建设的合作备忘录》，民航局在航权、航线、航班和时刻等方面优先安排，在支持实验区建设和在民航管理领域开展先行先试，并在金融政策、土地管理政策服务外包政策领域等给予支持。2014 年 10 月，河南省首部《河南省民用运输机场管理条例》施行，促进民航事业发展。在明确了实验区建设责任划分后，2017 年 4 月，河南省委省政府发布了《关于加快推进郑州航空港经济综合实验区建设的若干意见》，从 9 个方面提出了 45 项具体要求，鼓励政策创新。2019 年 8 月，郑州航空港经济综合实验区管理委员会发布《郑州航空港经济综合实验区支持创新创业高质量发展的若干政策》，以“双创”推进实验区高质量发展。

郑州航空港经济综合实验区建设不仅是中原经济发展的战略举措，更是国家经济发展战略的重要组成部分。单纯依靠吸引一定数量的经济主体到实验区从事航空、物流、贸易、制造等业务无法简单地实现国际航空物流中心这个宏伟的目标。从长远来看，郑州航空港经济综合实验区的建设还要依赖于法治的实现路径。法治的实现路径建设包括规则制定权和司法裁判权。而规则制定权和司法裁判权的获得需要以国家相关法律、法规以及其他层级规范的建立为基础。现阶段，由于在航空运输、金融创新等领域，国家法律或有关规范的缺乏或有缺陷、立法层级低、多头管理等问题，航空港经济先行先试立法空间模糊，郑州航空港经济实验区还缺乏有自己特色和有竞争力的相关法律、法规和制度体系，缺乏临空经济领域的地方立法和实验区航空特色制度的创新。虽然航空港实验区在民用航空、物流中心建设、交通枢纽建设、电子商务等核心领域已经有明确的规范性文件作为指引，但在一些促进贸易便利化、投融资便利化等核心的体制机制创新领域依然没有具体化的规定出台。比如，通关规范、航空产业促进规范、城市管理规范等还严重欠缺，这已经制约了航空港实验区向更高层次的发展。航空港实验区正迈过“三年打基础”的关键期，规范性发展必然在未来成为主导航空港实验区建设的主基调。对核心领域的体制机制创新进行规范化设计，已经刻不容缓。

三、航空物流制度性规范的制定与完善

为支持航空物流业快速发展，推动实验区建设，河南省在航线航班补助、市场开拓奖励、机场使用费减免补助、用地保障、融资担保、通关检验、高端人才引进等方面出台了20条政策支持航空物流发展，郑州市也出台了《郑州市人民政府关于郑州市加快推进国际物流中心建设的意见》（郑政〔2011〕45号）。

由于郑州国际航空中心建设涉及诸多机构，面面牵涉，纷繁复杂（既有中央机构也有地方政府。国家层面主要有国家发展改革委员会、交通运输部、民航局、口岸办、海关、边检等。地方政府管理机构也包括行政管理机构、综合协调管理机构、事业单位和行业协会，以及相关航空物流企业和各类投资公司等），管理机构繁多，理念多元，领导协调力度薄弱；加之中部各大机场距离较近，航空货运货源腹地重叠、各空港、陆港对货源竞争激烈，415平方千米的实验区，需要协调国际航空物流中心、陆港中心的关系，需要协调中部城市机场群的关系，更需要协调实验区与郑州

市区的关系，各大空港的“同质竞争”将影响实验区的可持续发展。从目前的实施机制来看，欠缺统一的协调性机构和工作制度来保证和突出物流政策性规范的统一性。

四、司法、行政工作的体制机制创新

2014 年 1 月，郑州市管理委员会设立了政策研究室（法制办公室），负责实验区依法行政工作，归口党政办公室管理。2014 年 7 月，郑州市政府通过了《郑州市人民政府关于委托郑州航空港经济综合实验区行使行政执法权的若干规定》（郑州市人民政府令第 210 号），市、县两级人民政府及其部门的行政执法权，委托航空港实验区管委会及其依法设立的符合条件的组织行使。8 月 6 日郑州市政府办公厅出台《郑州航空港经济综合实验区委托行使行政执法权的实施方案》。2014 年 1 月 15 日，郑州市第十三届人民代表大会通过了《关于设立郑州航空港经济综合实验区人民法院的决定》和《关于设立郑州航空港经济综合实验区人民检察院的决定》。实验区法院和检察院先后于 2014 年年底和 2015 年 1 月挂牌成立。实验区法院和检察院在机构设置上，采纳司法改革的先进理念，推行法官和检察官责任制。实验区法院还设立了专门的审判团队，来保障实验区审判工作的高效率实施。2019 年实验区法院取得“发生在郑州市二七区、高新区、航空港区、中牟县、新郑市、新密市、登封市辖区内，诉讼标的额为 50 万元以下的有关著作权、商标权纠纷的第一审知识产权民事案件”的管辖权。

逐步建立和完善一套符合临空经济社会发展规律的高效运行的司法管理体制，逐步消除审判权、检察权运行机制的行政化，逐步推动审判权与执行权分离，司法行政事务管理权与审判权、检察权分离是航空港实验区司法改革的方向。但是，如何在尊重国际贸易规则和国际贸易惯例的基础上，根据实验区实际依法审理涉外、涉中国港澳台贸易案件？面对日益增多的涉外案件纠纷，如何探索建立起一套国际跨区域的司法协助制度？目前还都欠缺方向性的指引。在城镇化的进程中，航空港实验区还没有建立起一套多元化的纠纷解决机制，知识产权保护、商事仲裁、人民调解、劳动监察和仲裁等纠纷的解决机制仍普遍性缺乏。可以预见，在实验区发展的过程中，遇到的相关新型案件数量会不断增加，需要树立国际司法视野，学习掌握国际条约、国际贸易规则，以此来优化郑州航空港区的国际化营商环境。而在行政执法层面，要完善“门类最齐全、授权最彻底、权责最一致、机制最优化”的行政执法机制，还需要在工作方法、部门协同、双重监督和经费人员方面加快航空港实验区授权进程，提高行政服务的效能和透明度，解决法治环境配套建设中的部门协同、区域协调等问题。

综上所述，在实践中，航空港实验区现行先试的政策以何种形式落地，并没有统一的规划。对于“先行先试”的理解，欠缺一种规范化的法律表达。要用好实验区的“先行先试”行政授权创新的“特许证”，让改革行为寻求法律的支持，在实践中迫切需要解决实验区政府权力的合法性问题。既存的法律问题从制度上已经严重制约了航空港实验区的进一步发展。从内生需求来看，实验区发展中的诸多法律性问题，迫切需要制定一部实验区的基本法来加以根本解决。

第二节　特殊经济区域立法的境内外经验

一、特殊经济区域立法的境外经验

（一）美国区域立法的经验

从1975年美国制定了第一部土地法令开始，国会陆续通过了《土地法》《太平洋铁路法》《荒芜土地法令》等法律，为区域性立法奠定了基础。20世纪末21世纪初，美国颁布了《地区再开发法》《公共工程与经济发展法》《田纳西河流域开发法》《阿巴拉契亚区域开发法》等多部法律，促进了区域性开发。其中《阿巴拉契亚区域开发法》从体例上设置了目标陈述、阿巴拉契亚区域委员会、特别阿巴拉契亚计划、管理、拨款和其他条款①；《田纳西河流域开发法》则明确了田纳西河流域管理局的职责与任务，从航运、防洪、发电、生态、旅游以及土地利用6个方面统一进行开发和管理，有效地实现了对该地区综合性开发的目标。

（二）日本区域性立法的经验

日本区域性政策体系是以地区发展的法律体系为核心的。从较早的《国土综合开发法》确定了土地和地区开发的议会制度，到后来的《北海道建设法》《孤岛振兴法》《新产业城带建设促进法》《新产业城市建设促进法》等，形成的是一个较为系统的区域性立法体系。其较有特色的是划定过密区、整治区、开发区3种类型的区域，通过对企业、资金和人口的控制性措施来限制和促进特定区域的发展。日本还颁布了对产业的空间布局进行引导的法律，包括《控制首都圈市区内工厂等新建法》等来规制大城市圈工业布局②。

（三）印度的区域性立法经验

整个印度的区域性法律体系都是建立在土地空间规划的指导方向的基础之上的，通过土地空间配置来实施区域发展计划。2005年，印度制定了《经济特区法》，规定了印度发展经济特区的优惠性措施。2009年则实施了《特别投资区域法》，对类似于中国的经济特区、开发区、产业园区等特殊性区域的发展做了具体规定。

二、特殊经济区域立法的境内经验

（一）上海自贸区立法经验

作为我国第一个自由贸易区，上海自贸区以《中国（上海）自由贸易试验区条例》为基础，《中国（上海）自由贸易试验区管理办法》为细

① 马丽，金凤君. 国外区域经济法律述评及对我国区域经济立法的启示[J]. 世界地理研究，2010，19(4).

② 万瑞. 论我国经济法视野下的区域经济立法[J]. 成都理工大学学报：社会科学版，2014，22(6).

则，形成了一套从上至下体系严密、逻辑严谨的立法体系，可以说是目前国内区域性立法的集大成者。从上海自贸区条例的内容来看，其突出了上海国际金融中心、国际贸易中心、国际航运中心、国际经济中心的定位，按照先行先试、风险可控、分步推进的方式，重点建立了与国际投资、贸易通行规则相衔接的基本制度体系和监管模式。从体例上看，条例采用了总则与分则分立的模式，包括管理体制、投资开放、贸易便利、金融服务、税收管理、综合监管、法治环境七大部分。

（二）珠海横琴新区立法经验

2012 年 1 月 1 日实施的《珠海经济特区横琴新区条例》是我国引人关注的一部地方性区域性法规，曾普遍获得法律界人士的认可。该条例是因要把珠海横琴特区建设成为“一国两制”背景下的“粤港澳”合作的新模式的示范区而制定的。从体例上看，其也采用了总则与分则分立的模式，重点突出的是横琴新区毗邻港澳的区位优势，推进与港澳紧密合作、融合发展。在条例内容上，除管理体制、产业促进、法制保障外，其突出的特点在于针对横琴新区的特殊定位，专章设定了“区域合作”的内容，强调以交通基础设施建设为重点，加强与邻近区域交通基础设施的对接，推进珠港澳交通协调发展。

（三）广西北部湾经济区条例

2010 年 3 月 1 日实施的《广西北部湾经济区条例》是我国较早的一部地方区域性法规。该条例的立法定位在于打造我国西部重要国际区域经济合作区和中国沿海重要经济增长区，建设中国—东盟开放合作的物流基地、商贸基地、加工制造基地和信息交流中心。在此背景下，该条例突出了其作为我国第一个国际区域经济合作区的特点，着力于经济增长的目标。从内容上看，条例没有采用总则与分则分立的模式，而是采用了混编的模式。其比较典型的特点是通过对北部湾经济开发区进行了省政府“开发建设的管理权”的赋权，这在我国早期行政授权立法的实践中较为罕见。

（四）重庆两江新区管理办法

重庆两江新区是国务院批准设立的统筹城乡综合配套改革试验先行区，着力发展内陆开放型经济，集聚全球高端要素资源，建设成为我国内陆重要的先进制造业和现代服务业基地，长江上游地区的金融中心和创新中心，内陆地区对外开放的重要门户，科学发展的示范窗口。《重庆两江新区管理办法》于2016年5月26日颁布实施，是重庆市政府制定的地方性行政法规。该办法规定，两江新区管委会及其职能机构根据职责，负责直管区相关的行政管理工作，行使相应的行政许可、行政处罚等行政管理权。这无疑是一种法律上对行政授权的规定，在立法法框架下给予了特设区域行政执法权，具有相当大的创新性。

第三节　郑州航空港经济综合实验区条例制定的可行性分析

一、经济社会的快速发展是条例制定的现实基础

在郑州航空港经济综合实验区获得国务院批复后两年多的时间内，其经济和社会发展都突飞猛进。其中，主要经济指标稳定增长，2018年，实验区GDP突破800亿元，达到800.2亿元；电子信息业产值突破3000亿元，达到3084.2亿元，增长7.6%；外贸进出口总额突破500亿美元，达到527亿美元，在全省和郑州市占比持续保持在60%、80%以上；跨境电商业务单量突破2000万单，达到2114.4万单，郑州市全市占比由2016年的3.28%提升至2019年的21.8%，比重3年提高了5.6倍；综保区外贸进出口总额完成3415.4亿元，实现“七连增”，稳居全国综保区第一方阵；郑州机场客货运规模持续保持中部地区“双第一”。多式联运体系建设快速推进，“郑州—卢森堡”双枢纽形成了覆盖全球的航空货运网络架构，实现了郑州与欧、美、亚三大经济区域的互联互通。产业集聚效应开始显现，全球智能终端手机生产基地已经形成、生物医药产业园、精密机

械产业园已见雏形，全球重要智能终端生产基地初步形成，合晶单晶硅项目投产，华锐液晶面板项目开工，光力科技半导体封装划片机、DW 电子先进集成电路芯片靶材、富士康中州研发中心等项目入驻，都填补了全省空白。改革开放不断深化，体制机制创新示范区建设顺利推进，强力推进了“省区直通车”制度，市级以下行政执法权得到全面委托。上海自贸区 8 项检验检疫、9 项海关监管创新制度得到复制推广。城市建设快速推进，“四大片区”建设全面启动，城乡基本公共服务均等化水平进一步提高。

实验区 5 年多的发展证明，在“十三五”规划时期，实验区已经步入经济社会发展的快车道。要保障实验区发展的有序性和规范性，必然需要对既有法制资源进行充分整合，需要充分利用实验区先行先试的政策优势，规范政府行为，建设法治政府和服务型政府，为试验区建设营造良好的营商环境。在国际航空物流中心和全球智能终端生产基地建设的两大任务面前，实验区不可能继续复制粗放型增长的模式，需要进一步深化实验区的管理体制和机制改革，在明确法律规范的指引下将发展引入制度化的轨道。而实验区条例的制定，正是在这种发展背景下对实验区未来发展的法治化引领，其是对实验区经济社会发展法治层面的回应，也是实验区发展的内生化需求的制度化因应。在河南自贸区建设的大背景下，实验区条例的制定，必将深度融入“一带一路”建设和新十年中部崛起规划，为郑州和河南的崛起提供法制化保障。

二、中央与省委、省政府的政策性支持是条例制定的先决条件

郑州航空港经济综合实验区建设是河南的三大国家战略规划体系之一，2012 年中国民航总局与河南省政府签署了《关于加快河南省民航发展的战略合作协议》，推动郑州国内大型航空枢纽建设，推动郑州临空经济示范区建设。2012 年国务院出台《国务院关于促进民航业发展的若干意见》（国发〔2012〕24 号），明确了郑州作为全国八大区域性枢纽机场的地位。2012 年工业和信息化部发布《产业转移指导目录（2012 年本）》，明确中原经济区为承接产业转移的重点区域之一。2013 年 3 月国务院批复

的《郑州航空港经济综合实验区发展规划（2013—2025年）》。中国民航总局在2014年与河南省人民政府签署了《共同推进郑州航空港综合实验区建设的合作备忘录》，建立了局省共建工作机制。2014年2月，河南省政府批复了《郑州航空港综合实验区概念性总体规划（总体规划深度2013—2040年）》，对郑州航空港综合实验区的发展提出了前瞻性的规划。2013年11月，河南省政府发布《河南省人民政府办公厅关于郑州航空港经济综合实验区与省直部门建立直通车制度的实施意见》（豫政办〔2013〕92号），提出了对实验区工作机制的简化和规范。2017年4月，《郑州航空港经济综合实验区"十三五"发展规划》发布，同月，河南省委省政府发布了《关于加快推进郑州航空港经济综合实验区建设的若干意见》，从9个方面提出了发展郑州航空港经济综合实验区的45项具体要求。2019年9月，郑州进入国家发展改革委员会和交通运输部联合发布的2019年国家物流枢纽建设名单，成为空港型国家物流枢纽。在实验区建设过程中，河南省政府与郑州市政府还针对交通枢纽建设、物流、产业园区、电子商务等重点领域出台了一系列的规范性文件。

从国家到省级的政策上看，郑州航空港综合实验区获得了一系列先行先试的优惠性措施。包括：航空管理的先行先试，优先开放郑州的第五航权，适当开放第七航权；创新海关监管制度，促进航空物流和加工贸易的发展；金融政策方面，在实验区具备条件的金融机构中开展综合经营试点；土地政策上，明确建设用地指标向实验区倾斜；财税政策上，明确由财政部门牵头专题研究支持实验区的财税措施；入境方面，正在积极研究外国人在郑州新郑国际机场口岸入境的便利措施。

从先行先试权的内容来看，实验区获得的政策性优惠虽然很多，但缺乏明确性的内容，也缺乏统一的规制。因此，将众多政策性内容法定化，是将先行先试措施落到实处的一个规范化的路径，也是法治化政府的要求。诚如哈耶克所言："法治含有限制立法范围的意思，但它的意思不是指每件事都要由法律规定，而是指政府的权力只能够在事先有法律限定的情况下，并按照可以预先知道的方式被行使。"特定经济区域的立法，本质上主要是调整地方政府与特定经济区域市场的关系。“法制化了的区域政策正是国家运用公权力对市场失灵和政府失灵进行干预的有效法律手段。①”实验区条例的制定，会有效地将既有的政策性措施提升到法律层面并加以固定，一方面为航空港经济社会的发展提供了行为准则和行为依据，另一方面也将对政府权力的限定做出明确约束。无论从国外还是国内其他先行特殊经济区发展的经验来看，从政策到法律，是一条区域经济发展的规范化和确定化的路径。从政策层面上看，郑州航空港实验区条例的制定条件已经成熟。

三、既有制度性难题的破解是条例制定的必由路径

从实际调研的情况来看，实验区发展进程中出现的诸多问题，其症结之一正在于缺乏法律制度层面的明确内容。其一，行政执法权的缺失，已经成为实验区各执法部门面临的一大制度性障碍，委托性授权的不明确严重制约了政府效能的发挥。其二，欠缺能够协调处理实验区事务的协调性机构，使诸多发展性问题搁置，有待解决，协调环节众多，期限冗长。其三，司法协助机制的缺乏将进一步掣肘实验区的发展，司法区域协作执行制度是在区域性司法机构的统一管理、协调、指挥下，各级法院间密切配合、共同完成执行任务的工作方式，主要涵盖了协助取证、委托执行、提级执行、指定执行、交叉执行等协作方式。实验区进出口额度的增加必然带来与国际贸易、国际结算、国际合同履行等方面的纠纷，若没有妥善解决的机制，必然产生对实验区对外投融资的不利影响。其四，现行实验区规章制度混乱，各自条块化分割管理，无法形成监管的合力。其五，通关、商检等贸易便利化的内容中还没有完善的措施性政策和指标体系，长此以往会形成政策的盲点。

从以上内容可以看出，实验区发展过程中目前出现的一些制度性问题，完全是可以通过法律制度的完备来加以解决的。而实验区条例的制

① 殷洁. 区域经济法论纲[M]. 北京:北京大学出版社,2009:19.

定，正是要直面这些制度性问题，从法律层面提出解决的对策。法律条文的制定，一方面是对现有政策措施的确权，另一方面则是针对实验区制度中的既存问题进行修正和调整，并对可能发生的问题进行预测和处理。"只有既遵循航空经济区发展规律，又因地制宜地进行法律政策创新，才能探索出以航空港经济促进发展方式转变的新模式。[①]" 作为一个区域性法规，实验区条例承担着实验区基本法的重任，应立足于解决自身发展中已经凸显的制度性难题，对实验区的法律框架做出整体性的安排。可以说，克服航空港实验区目前法律疑难性问题与《郑州航空港经济综合实验区条例》的制定之间是一种相辅相成的关系。一方面，对于这些疑难问题的破解需要制定航空港实验区的基本法；另一方面，《郑州航空港经济综合实验区条例》的制定，也应该沿着克服既有法律疑难问题的思路来进行。

四、境内外立法经验的吸取是条例制定的技术保障

通过以上对域内外特定经济区域立法经验的分析，可以看出：制定特定经济区域的单行法来规范区域经济的发展，已经是域外与域内多地区的通例。从法律外生性的角度而言，域内外相关立法的经验已经为《郑州航空港经济综合实验区条例》的制定提供了进行法律移植的可能。可以说，《郑州航空港经济综合实验区条例》的制定不存在制度上或者技术上无法克服的难题。因此，应当积极研究既有国内外区域经济立法的先进性经验，提炼其中的共生性因素，为《郑州航空港经济综合实验区条例》中的"一般性条款"的制定提供丰富的立法资源；同时，应立足实验区的实际，克服既有区域性立法中"区域特色"不鲜明的问题，为实验区的发展量身定做符合自己发展脉络的一部基本法。

---

① 丁同民."十三五"时期航空经济区法律政策创新研究[J].中州学刊,2015(12).

第四节　郑州航空港经济综合实验区条例制定的整体思路与框架

一、条例制定的整体思路

（一）立法宗旨

从立法目的来看，航空港实验区条例的制定，应以推进和保障郑州航空港经济综合实验区的建设和发展为出发点，以推行“先行先试”为抓手。从法律依据来看，应基于国务院批复的《中原经济区规划（2012—2020年）》《郑州航空港经济综合实验区发展规划（2013—2025年）》和国家相关法律、行政法规来进行制定《郑州航空港经济综合实验区条例》。

从立法位阶上看，作为地方性法规，《郑州航空港经济综合实验区条例》应当由河南省人大常委会发布实施，从而保障其所具有的权威性和执行力。虽然，《郑州航空港经济综合实验区条例》还存在由郑州市人大常委会来颁布实施的这个选项，但从现行航空港实验区的管理体制来看，其已经具备市级管理权限，不适宜由郑州市人大常委会来颁布。从中原经济区这个国家战略出发，河南省人民代表大会应成为该法的制定主体。

（二）立法定位

实验区条例的立法定位应立足于国务院《郑州航空港经济综合实验区发展规划（2013—2025年）》中提出的“全国航空港经济发展先行区”的建设，从“国际航空物流中心、以临空经济为引领的现代产业基地、内陆地区对外开放的重要门户、现代航空都市、中原经济区核心增长极”5个方面来进行阐释。

在立法定位的表述上，应包括，把郑州航空港经济综合实验区建设成为：(1)“一带一路”互联互通的重要枢纽和内陆地区融入“一带一路”倡议的核心支点；(2) 全国航空港经济发展先行区和河南省深化改革、体制创新的示范区：建设投资贸易便利、金融创新突出、服务体系健全、监管高效便捷、法治环境规范的改革开放示范区；（3）国际航空物流中心：陆空高效衔接中西部地区对外开放的航空货运门户和连接亚太与欧美的航空物流枢纽；（4）以临空经济为引领的现代产业基地：航空物流产业园、商贸物流中心全球智能终端生产基地、精密制造生产基地、电子商务产业园；（5）航空都市：和谐宜居的航空都市。

（三）立法性质

从立法性质上看，《郑州航空港经济综合实验区条例》是一部区域性立法。从该法涉及的内容来看，包括行政法、经济法、国际法、民商法等多个法律部门内容在区域立法上的投射。然而，从该法的研究视阈来看，还是应当秉承经济法学的基本思路来主导该法的制定。究其原因，主要在于：其一，区域经济的立法，从归属上应划入"区域经济法"的范畴，着重调整地方政府与区域经济发展之间的社会关系，而"区域经济法"原本就是经济法学研究中的一个中观领域，是经济法学的一个重要的子部门。其二，区域立法的研究，应当坚持科学的发展观，考虑经济社会的协调发展。而经济法所一直坚持的整体主义和协调主义的思路，正是对科学发展观的区域立法的解读。"我国区域协调发展是基于把社会作为有机整体及认为构成社会的诸要素是功能互补的、和谐的思考的结果，即其基本社会哲学观是整体和谐主义。①"

（四）立法原则

1. 一般性与特殊性结合的原则

作为郑州航空港经济综合实验区的基本法，实验区条例应从法的一般性规范与特殊性规范的结合入手，一方面在内容中体现地方性法规的基本内容，另一方面则要立足郑州航空港自身的特点，突出航空港法治的鲜明特点。郑州航空港经济综合实验区条例的制定必须立足郑州航空港经济综

① 刘水林，雷兴虎. 区域协调发展立法的观念转换与制度创新[J]. 法商研究，2005(4).

合实验区的自然、社会、经济、文化等实际，既要有共性，也要有特性，才能使制定的法律、法规有生存的活力与动力，法治的作用才能得到发挥。在保持地方性法规的应有法律框架的前提下，应在内容中突出临空经济的基本特征，重点对航空产业、航空物流、开放合作等带有本地区区域性特点的内容进行规制。

2. 法治统一原则

在所有法律渊源中，下位法的制定必须有宪法或上位法作为依据，下位法不得同上位法抵触；要求调整同类社会关系的法律的立法协调吻合；要求实体法和程序法配套；要求法律内容和社会关系基本一致。郑州航空港经济综合实验区条例是地方性法规，也是我国法律体系的一个组成部分。区域内的立法活动都必须维护国家法制的统一，以宪法和国家的法律为依据来实施，否则，即是无效的法律行为。因此，应认真研究国务院《郑州航空港经济综合实验区发展规划（2013—2025 年）》以及实验区条例制定过程中可能涉及的国家相关法律、法规，包括土地管理法规、交通枢纽建设法规、民航法规、物流法规、产业规划法规、电子商务法规、金融财政政策法规等，保证立法不与国家的基本法律法规相抵触。

3. 协调发展原则

实验区条例，从部门法的本质上看，属于经济立法的范畴，属于区域经济法的内容。区域经济法在立法环节中，要充分考虑各方利益的协调与平衡。郑州航空港经济综合实验区建设，是在建设中原经济区内陆开放高地过程中的深层谋划和推进，对带动中原经济区新型城镇化、工业化和农业现代化协调发展，对于优化我国航空货运布局，推动航空港经济发展，促进中西部地区全方位扩大开放具有重要意义。因此，在条例的制定中，应平衡各方利益，减少利益冲突带来的矛盾，营造公平竞争的环境，建立统一大市场，互利互惠，中原经济区区域内各方实现共赢。

（五）制定程序

立法不同于普通的政策制定，有其规范性要求，也要受到《中华人民共和国立法法》的约束。在程序上，需要进行立法前的调研，起草法律文本，征求相关部门意见，征求公众意见，必要时还要召开立法听证会，或者征求立法相对人的意见，以扩大立法的透明度和公众参与度。

实验区条例立法的过程中，应由省政府法制办牵头，设立起草小组，由法律专家学者、实验区管委会领导与相关工作人员、法律实务部门专家、省政府相关职能部门人员等共同参加，初步拟定草稿后征求省发改委、交通厅、工信厅、商务厅、财政厅、土地管理局、人社厅、公安厅、省高级人民法院、省人民检察院、实验区管委会等的意见并进行汇总整理，同时向社会公开征求修改意见。在结合多方意见的基础上进行反复修改。在合适时机提交省人大常委会进行讨论通过。

二、条例基本框架设计

从体例上，实验区条例应当充分借鉴《中国（上海）自由贸易试验区条例》《中国（上海）自由贸易试验区管理办法》《广西北部湾经济区条例》《珠海经济特区横琴新区条例》《深圳经济特区前海深港现代服务业合作区条例》等国内既有的地方性法规的立法体例进行立法设计。从近几年国内特定经济区域立法的模式来看，多采用“总论 + 分论”的立法形式，建议实验区条例的制定也采用这种方式。这种方式的优点在于能够将条例的一般性问题与专题性问题进行充分结合，重点突出。

结合实验区实际，从立法论的角度，实验区条例可以分为 8 个组成部分，见图 9 - 1。实验区条例基本框架主要包括：总则和附则、管理体制、贸易便利化、航空主导产业促进、开放与合作、服务创新、城市公共管理和法治保障。其中，总论和附则的内容主要体现于本研究中的“实验区条例制定的整体思路”，分论部分则由后半部分分节来进行阐述。在分论中，研究主要从两个角度来对实验区的专题立法进行分析，一个是实验区专题改革的目标和特征，另一个则是该目标与特征融入实验区条例的做法，即“立法建议”。从简化的角度出发，该“立法建议”采用了法律条款化的表述方式，不再另行进行解释和说明。

实验区条例的附则主要包括：（1）实验区条例未尽事宜的说明；（2）实验区条例的实施时间；（3）相关法律术语的解释。另外，对于实验区条例的具体实施细则，可以授权实验区管委会制定专门文件加以规定。

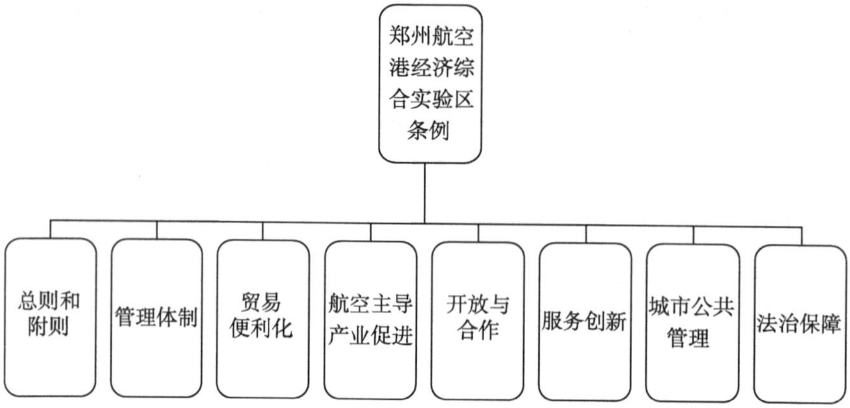

图 9－1　实验区条例基本框架

第五节　郑州航空港经济综合实验区条例分则设计

一、管理体制

（一）实验区的管理体制改革

根据国务院批复的《郑州航空港经济综合实验区发展规划（2013—2025 年）》中有关管理体制先行先试的要求，省委、省政府设立实验区党工委、管委会，形成了现行实验区的行政管理架构，即“两级三层”“市管为主，省级扶助”。2013 年 11 月，河南省政府发布《河南省人民政府办公厅关于郑州航空港经济综合实验区与省直部门建立直通车制度的实施意见》（豫政办〔2013〕92 号），实行 266 项事项的省区直通，进一步优化了“两级三层”的行政管理体制。2015 年 2 月，中共河南省委办公厅河南省人民政府办公厅联合发布《关于郑州航空港经济综合实验区建设体制机制创新示范区总体方案》，在省级权限范围内进一步赋予了郑州航空港经济综合实验区全面深化改革试验权，进行体制机制创新，努力打造河南省深化改革、体制创新示范区。2013 年以来，郑州市委市政府通过了《关于加快推进郑州航空港经济综合实验区建设的若干意见》《郑州市人民政府关于委托郑州航空港经济综合实验区行使行政执法权的若干规定》（郑州市人民政府令第 210 号）、《郑州航空港经济综合实验区委托行使行政执法权的实施方案》等规范性文件。由此可见，省市两级政府为郑州航空港综合实验区的管理体制都做了有益的改革尝试。

作为一个特殊经济区域，促进经济社会发展的核心在于解决本地区的政府与市场的关系。在这个关系的处理过程中，其核心就是要解决政府的行政管理体制问题。因此，从行政体制上看，根据发展需要应进一步扩大实验区经济社会管理权限，优化行政组织架构和运行机制，进一步理顺条块关系，形成权责一致、分工合理、执行顺畅、监督有力的行政管理体制，实现空间管理全覆盖、机构设置全职能。从内容上看，管理体制的发力点应集中在：（1）对实验区管委会进行行政授权。全面落实省辖市级经济社会管理权限，优化调整实验区管委会内设机构及职能，落实、深化省直部门与实验区直通车制度，扩大直通事项范围，优化直通流程，实行事后备案。（2）创新管理模式，优化服务。大力推行“小政府、大社会、强基层”管理模式。完善管委会与所辖办事处的管理体制和工作机制，推进管理重心下移。深化推行“五单一网”制度改革，逐步形成权力清单、责任清单、负面清单管理新模式，以实施负面清单管理带动政府职能转变，推动行政权力结构调整优化。（3）完善跨区域跨部门管理体制。建立实验区联席会议制度，明确港区管委会、省机场集团公司、军队等各方参与的联动工作机制，建立郑州市实验区建设领导小组牵头的工作协调例会制度，强化信息沟通与协同推进。（4）建立健全行政执法体制。健全委托执法机制，扩大相对集中执法权的实施领域，科学合理地设置综合执法管理职能和管理内容。建立健全规划、建设、环境监测、文化市场等专业执法机构，强化专业技能队伍建设，加强食品药品、产品质量、安全生产、交通运输、环境卫生、国土资源、劳动保障、医疗卫生、农产品检测等重点领域基层执法力量。

（二）立法建议

第一，按照深化行政体制改革的要求，坚持简政放权、放管结合，在实验区建立事权划分科学、管理高效统一、运行公开透明的行政管理体制。

第二，实验区管委会作为实验区的管理机构，行使省辖市级人民政府部分行政管理权限和省人民政府赋予的特殊管理权限，统筹管理本条例规定的行政事务，承担相应的法律责任。

第三，实验区管委会依照本条例履行下列职责：

（1）负责组织实施实验区发展规划和政策措施，制定有关行政管理制度。

（2）负责实验区内有关投资、贸易、金融服务、规划国土、建设、交通、绿化市容、环境保护、人力资源、知识产权、统计、房屋、民防、水务、市政等有关行政管理工作。

（3）领导工商、质监、税务、公安等部门在区内的行政管理工作；协调金融、海关、检验检疫、海事、边检等部门在区内的行政管理工作。

（4）组织实施试验区信用管理和监管信息共享工作。

（5）统筹指导区内产业布局和开发建设活动，协调推进重大投资项目建设。

（6）发布公共信息，为企业和相关机构提供指导、咨询和服务。

（7）履行河南省人民政府赋予的其他职责。

第四，实验区管委会下设管委会综合执法机构，依法履行以下职责：

（1）集中行使城市管理领域、文化领域的行政处罚权，以及与行政处罚权有关的行政强制措施权和行政检查权。

（2）集中行使原由郑州市规划国土、建设、住房保障房屋管理、环境保护、民防、人力资源社会保障、知识产权、食品药品监管、统计部门依据法律、法规和规章行使的行政处罚权，以及与行政处罚权有关的行政强制措施权和行政检查权。

（3）省政府决定由管委会综合执法机构行使的其他行政处罚权。

第五，实验区设立海关、检验检疫、边检、工商、质监、税务、公安等驻区机构，依法履行有关行政管理职责。

第六，实验区下设联席会议，由港区管委会、省机场集团、驻实验区军队等各方参与。联席会议采取联动工作制度，协调处理实验区的日常和突发事务。

二、贸易便利化

（一）实验区促进贸易便利化改革

2014 年 12 月，河南省发布了《郑州现代综合交通枢纽发展规划（2014—2020 年）》，提出初步建成郑州国际航空货运枢纽的目标，形成以公路运输为纽带、高效连接铁路和航空运输的多式联运体系，确立全国重要的多式联运中心和集散分拨中心地位，建成转口贸易和多边贸易集散分拨中心。通过强化口岸功能，依托郑欧国际铁路货运班列、国际货运航班等物流载体，提升郑州丝绸之路经济带重要节点地位。2014 年 1 月，河南省人民政府发布了《河南省人民政府关于加快电子商务发展的若干意见》（豫政〔2014〕11 号），提出巩固发展综合性电子商务服务平台。加快建设河南省商务公共服务系统，面向全省企业提供商贸流通网络综合服务，规划建设中国河南电子商务港。鼓励建设具有交易、物流、支付、信息、信用等全方位服务功能的骨干电子商务平台，支持专业批发市场和大型经营企业开展大宗商品网上现货交易。2017 年 4 月发布的《中共河南省委河南省人民政府关于加快推进郑州航空港经济综合实验区建设的若干意见》明确提出了在实验区实施 72 小时过境免签、境外旅客购物离境退税及设立口岸进境免税店；完善河南电子口岸功能，提升信息化服务水平；推动综合保税区开展贸易多元化试点，争取区内货物按状态分类监管的优惠政策；完善综合保税区口岸作业区功能；创新通关体制机制，将口岸通关现场非必要的执法作业前推后移，实施口岸通关作业无纸化和许可证件联网核查核销，完善国际贸易“单一窗口”，优化关检合作“三个一”，推进口岸管理相关部门信息共享、监管互认、执法互助；加快通关一体化，逐步实现跨关境、跨区域口岸执法部门互联互通。

可以看出，郑州航空港经济综合实验区在省市政府贸易便利化的政策下，应创新贸易发展方式，完善贸易服务机制，推进商贸物流综合配套创新和电子商务创新，构建“买全球、卖全球”的贸易发展新模式。其主要改革目标在于：第一，完善对外贸易服务平台。建设国际贸易机构集聚平台，引导一流贸易组织和促进机构集聚，形成贸易中心枢纽功能。探索在实验区内设立大宗商品交易和资源配置平台，推动大宗商品期货交割库建设，开展能源产品、基本工业原料和大宗农产品的国际贸易。第二，培育新型贸易业态。建立健全资源优化配置机制，推动贸易专业细分，发展市场采购贸易、跨境贸易电子商务、保税贸易、服务贸易等新型贸易方式。推动跨境贸易电子商务服务试点“多区域、多元化、多模式”运营，打造有影响力的大型跨境贸易电子商务平台，形成国际网购物品集散分拨中心。提升郑州国际陆港综合服务功能，推动郑欧班列“多出境口岸、多线路运行、多货源组织、多式联运”发展。第三，建立电子商务服务、云计算和大数据、智能物流服务、网络信用体系等多领域、多形式融合机制，推动新型贸易业态集聚发展。第四，建立跨境金融结算支撑体系。开展离岸金融业务，探索离岸金融业务新模式。探索银行业金融机构与支付机构合作开展跨境电子商务人民币支付业务等。第五，推行“先入区、后报关”“进境检疫，适当放宽进出口检验”等创新，探索简化进出境备案清单，简化国际中转、集拼和分拨等业务进出境手续；深化关检合作“一次申报、一次查验、一次放行”通关模式改革，促进口岸管理部门信息互换、监管互认、执法互助。

（二）立法建议

（1）实验区推动国际贸易、仓储物流、加工制造等基础业务转型升级，发展离岸贸易、国际贸易结算、国际大宗商品交易、融资租赁、期货保税交割、跨境电子商务等新型贸易业务。

（2）实验区推进航空港、铁路港、公路港以及货运场站的联动，形成“四港一体”，建立以航空为主的综合交通枢纽。

（3）实验区海关推进货物状态分类管理，建立与服务贸易、离岸贸易和新型贸易业务发展需求相适应的监管模式，推行通关无纸化、低风险快速放行，推行“一次申报、一次查验、一次放行”模式。

（4）检验检疫部门在实验区内运用信息化手段，建立出入境质量安全和疫病疫情风险管理机制，实施无纸化申报、签证、放行，实现风险信息的收集、分析、通报和运用，提供出入境货物检验检疫信息查询服务。

（5）促进综合保税区、航空物流区与机场货区之间协同作业，在实验区建立国际贸易单一窗口，形成区内跨部门的贸易、运输、加工、仓储等业务的综合管理服务平台，实现部门之间信息互换、监管互认、执法互助。

（6）允许不同层级、不同功能、不同类型的金融机构进入实验区，建立面向国际的交易平台，提供多层次、全方位的金融服务。

三、航空主导产业促进

（一）实验区航空产业促进改革

2010年河南省政府印发《河南省人民政府办公厅关于促进河南省现代物流业加快发展若干政策措施的通知》（豫政办〔2010〕127号），提出加快现代物流业发展的33项举措。2014年11月，河南省政府印发《河南省人民政府关于印发先进制造业大省建设行动计划的通知》（豫政〔2014〕87号），提出以承接转移、创新驱动、产业融合、集群发展、改革重组为主要途径，大力实施高成长性制造业发展、战略性新兴产业培育和传统支柱产业转型三大工程。

在此背景下，郑州航空港经济综合实验区在促进航空产业发展这个最具有区域特色的领域中，改革的目标定位在：第一，加快推进大型航空枢纽建设，强化陆空交通衔接，加大运力投入，构建设施先进、网络完善、支撑有力、运行高效的航空货运技术系统，进一步提升郑州国际航空货运中心和国际陆港的市场竞争力，打造适应经济结构调整和产业转型升级需求的现代物流服务平台；第二，坚持商贸启动、市场产业互动，以电子商务等新业态、新模式促进商贸业加快发展，以商贸物流集聚产业；第三，有针对性地引进国内外大型物流集成商在郑州机场设立营运基地或分拨中心，强化与其相对应的国际集疏基地连接，吸引货运代理企业集聚发展，加快构建航空货运战略联盟，做大做强现有基地物流公司；第四，产业为基，以贸兴市、产流互动，重点围绕三大主导产业中的高端制造业和商贸物流服务业，包括航空设备制造及维修、电子信息、生物医药、精密机械产品生产、汽车电子、冷鲜食品、鲜切花等产业和电子商务、商贸业、服务业，让实验区成为国内重要的航空航材制造维修基地、国际电子信息产业基地、全国重要的生物医药产业基地，国际商贸流通中心和展销中心，构建以航空物流为基础、航空关联产业为支撑的航空港经济产业体系；第五，通过财政税收优惠措施，对与临空经济相关的航空物流、高端制造业、现代服务业等实施税收减免以及产业扶持政策；第六，推进商事登记制度改革，推行注册资本认缴登记制、“先照后证”改革，实施工商营业执照、组织机构代码证、税务登记证“三证合一”，建立完善商事主体信用信息公示系统，实现准入与监管联动、跨部门信息共享。

（二）立法建议

（1）实验区开发坚持以保护优先、预防为主、防治结合的原则，科学划定环境功能分区。不得批准能耗高、环境污染严重、资源消耗大、不符合实验区产业政策的建设项目。

（2）实施内资准入负面清单制度。入驻实验区的企业应当符合一定的条件，具体条件由实验区管委会制定并予以公布。实验区管委会应当根据《实验区总体发展规划》，结合开发建设的实际需要，对负面清单目录进行调整。

（3）实验区大力发展现代物流业，建设“四港一体”的国际物流中心。实验区重点支持综合保税区、出口加工区、保税物流中心、国际航空物流园等的建设。

（4）实验区积极引进培育以郑州机场为基地的大型货运承运商和物流集成商。

（5）实验区重点发展航空设备制造及维修、电子信息、生物医药、精密机械产品生产、汽车电子、冷鲜食品、鲜切花等高端制造业和与物流相关的电子商务、商贸业、服务业。

（6）实验区应当加强企业信用制度建设，建立起市场主体信息公示制度，对市场主体基本登记信息、备案信息、许可审批和监管信息、银行信用信息进行公示，并构建市场主体信用评级系统。

（7）实验区应当坚持节约集约利用土地。各级国家机关用地统一规划，集中安排，不单独供地。

（8）对于符合实验区产业准入以及优惠目录的实验区企业和货物，实施减税、免税、退税、保税等政策，具体规定由实验区管委会另行制定。

四、服务创新

（一）实验区服务创新改革

2014 年 7 月，河南省政府发布《河南省人民政府关于促进健康服务业发展的实施意见》（豫政〔2014〕57 号），提出强化政策引导，创新体制机制，引进优质资源，促进融合发展，增强科技支撑，培育新型业态。在实验区经济社会高速发展的当下，滞后的服务业已经成为实验区发展的一个严重障碍。从实验区长远的发展来看，优化政府服务、金融服务创新、服务业对外开放、投融资平台建设、服务业万众创新等都是实验区未来面对的挑战。

在既有经验总结的基础上，实验区服务创新的改革主要应集中在：第一，改善政府服务，进一步转变政府职能，创新和优化政府服务模式，推行一口受理、并联审批、多证联办的审批服务模式。加快推进“互联网 + 公共服务”，全面推广统一的政务服务网，强化部门间信息共享和业务协同，推行一站式和网上政务服务。创新执法方式，提高行政执法效率，建立健全实验区公共资源交易市场服务体系。第二，健全金融组织体系，有效配置金融资源，提升金融创新能力，摸索与临空经济相适应的金融服务新模式，开展离岸金融、金融租赁等服务，优化国际营商环境。第三，加快投融资服务的改革，利用好中原航空港产业投资基金、河南建港新型城镇化股权投资基金等新型筹资模式，完善航空港实验区投融资平台。第四，打造空港实验区创新创业集聚区、为“大众创业、万众创新”提供机会与平台。进一步完善拆迁农民和大中专毕业生等特殊群体的创业服务政策。完善和落实小额担保贷款、财政贴息、创业费用补贴、一次性开业补贴、场地安排等鼓励自主创业政策，健全创业服务体系。第五，鼓励和引导科技服务业发展，重点引进和培育研究开发、技术转移、检验检测认证、知识产权、科技咨询、科技金融、众创空间、企业孵化等科技服务机构（企业），鼓励和引导科技服务机构（企业）在实验区积极开展科技服务，满足区内科技企业特别是中小微科技企业的服务需求；进一步建立健全中小微科技企业创新服务体系，逐步形成全面、专业的科技服务产业链。

（二）立法建议

（1）实验区应加快服务型政府建设，全面推广统一的政务服务网，强化部门间信息共享和业务协同，推行一站式和网上政务服务。

（2）实验区建立统一的公共资源交易平台建设运行，建立法治化的公共服务监管体制。实验区全面推行政府购买公共服务，实现公共服务公开化、公正化和效益最大化。

（3）实验区应逐步完善金融要素市场。实验区金融机构根据国家规定，进行实验区金融产品、业务、服务和风险管理等方面的创新。

（4）实验区鼓励支持“大众创业、万众创新”，改进特殊群体的创业服务政策，完善创业服务体系。

（5）实验区鼓励和引导科技服务业发展，鼓励和引导科技服务机构（企业）在实验区积极开展科技服务。

（6）实验区采取购买服务等方式，鼓励和吸引民间资本或者其他社会力量提供公共服务。培育发展社团、行业组织、社会中介组织、志愿团体等各类社会服务机构和组织。

五、合作与开放

（一）实验区合作与开放的实践

依据2012年国务院批复的《中原经济区规划（2012—2020年）》，中原经济区上升为国家战略。中原经济区是以郑州大都市区为核心、中原城市群为支撑、涵盖河南全省延及周边地区的经济区域。2016年国务院批复的《中原城市群发展规划》指出："建设现代化郑州大都市区，推进郑州大都市区国际化发展。"2018年11月，中共中央、国务院发布的《中共中央 国务院关于建立更加有效的区域协调发展新机制的意见》明确指出，以郑州为中心，引领中原城市群发展。2016年4月，国务院批复《关于支持郑洛新国家级高新区建设国家自主创新示范区的请示》，全面建设郑洛新国家自主创新示范区。2016年12月，国家发展改革委员会印发《促进中部地区崛起"十三五"规划》，批复郑州建设国家中心城市。2017年3月31日，国务院发布《国务院关于印发中国（河南）自由贸易试验区总体方案的通知》（国发〔2017〕17号）和《中国（河南）自由贸易试验区总体方案》，设立中国（河南）自由贸易试验区。

郑州航空港经济综合实验区作为内地开放门户，位于"一带一路"建设重要节点城市和中原城市群核心城市郑州市的开放前沿，需要积极融入国家的"一带一路"倡议，统筹协调实验区的发展与郑州市的城市发展以及周边区域的城市发展，与其他经济群之间形成良性互动的发展格局。实验区应充分利用空港形成交通优势，建设内陆的自由贸易港，通过临空经济区的辐射效应促进地区之间经济与社会的协调发展，通过不断创新对外开放的体制机制，畅通国际间的交流与合作。实验区条例应明确支持实验区在协调区域发展、对外开放体制机制创新中发挥积极作用。

（二）立法建议

（1）实验区应当积极融入“一带一路”倡议，以综合交通枢纽建设为重点，推进开放门户建设，搭建国际化发展平台，推进国际交流与合作，建设自由贸易港，在引领区域发展、服务全国大局和融入世界经济体系中发挥辐射带动作用。

（2）支持实验区与“一带一路”建设沿线国家和地区的深度合作，建设“空中丝绸之路”交流平台，畅通空中经济廊道。支持郑州机场扩大航权，并与国际枢纽机场建立货运联盟。支持实验区与其他国家和地区的科技园区、跨国公司组建产业技术创新战略联盟，实施开放式协同创新，推进科技交流与合作。

（3）支持实验区开展多层次国内合作，与郑州大都市区、中原城市群联动发展，与长江经济带、京津冀地区、粤港澳大湾区合作，建设内陆开放型航空都市。

（4）支持实验区航空网、铁路网和公路网融合发展，航空港、铁路港、公路港和海港联动发展，建设航空、高铁、城铁、地铁、公路一体的综合交通运输体系。

（5）支持实验区创建开放公平的营商环境。优先建设领事馆区、国际社区、国际医院、国际学校与国际商贸、文化、技术、信息、人才交流交易中心等国际化要素保障平台。

六、城市公共管理

（一）实验区城市公共管理改革

在由“乡村”变“城市”的过程中，实验区面临着巨大的城市公共管理压力。2015 年以来，实验区持续发挥网格化管理的保障和载体作用，深入推进“三非”治理、非法集资处置、城市精细化管理、大气污染防治等中心工作的落实，取得了比较理想的成效。但从长期来看，实验区仍面临着城市公共管理水平与“国际商都”的公共管理标准差异较大的问题。

在汲取既有经验的基础上，实验区城市公共管理的重心应该体现在：第一，充分发挥信息平台的统筹协调作用，加强平台应用以及业务办理指导工作，提升信息平台的应用效能，不断提升实验区网格化管理工作水平。第二，应当遵循统一领导、分级负责、部门联动、公众参与、社会监督的原则深入推进城市公共管理的精细化。第三，进一步明确实验区规划、建设、国土、园林、公用事业、环保、公安、交通、房产、林业、卫生、文化、工商、民政、水利、教育、民宗、宣传等行政主管部门的公共管理职责。第四，加强城市管理法律、法规、规章的宣传，增强公民的卫生文明意识，提高公民的公共道德水平。第五，依据相关法律、法规，实施相对集中的行政处罚权制度。

（二）立法建议

（1）实验区行政管理机关在实验区的公共场所、公共道路、公共空间或特定时段为满足广大市民生活和工作需要，保障城市基础设施正常运转、维护城市良好公共秩序，依法对市容市貌、园林绿化、市政公用、环境卫生、公共秩序等公共事务进行管理活动。

（2）城市管理应当遵循统一领导、分级负责、部门联动、公众参与、社会监督的原则，充分发挥基层组织和社会公共的作用，建立管理重心下移、权责明确、务实高效的管理体制，不断提高城市管理水平。

（3）城市管理和行政执法机关以及规划、建设、国土、园林、公用事业、环保、公安、交通、房产、林业、卫生、文化、工商、民政、水利、教育、民宗、宣传等行政主管部门应当按照各自职责，共同做好城市管理工作。

（4）实验区公民有享受良好城市环境的权利，有维护城市形象和参与城市管理的义务。实验区应当加强城市管理法律、法规、规章的宣传，增强公民的卫生文明意识，提高公民的公共道德水平。

（5）实验区各有关部门按照下列职责分工，履行城市管理职责：

· 市容环境卫生行政主管部门负责辖区环境卫生工作，保障垃圾及时清运、有效处理；

·园林绿化行政主管部门负责城市园林绿化工作的管理，保障公园和旅游景点有序运行；

·公安机关负责城市道路交通安全的监管，合理设置城市、交通信号设施，及时维护保障道路畅通；

·环境保护行政主管部门负责监管油烟排放、噪声污染，确保不超标、不扰民；

·民政行政主管部门负责辖区丧葬监管工作，倡导文明办丧。负责辖区地址名录和指路牌管理，方便居民生活；

·交通运输和海事行政主管部门负责城市公共客运交通以及机场、公路、铁路、客运站的安全运营监督管理；

·市政道路行政主管部门负责城市道路、公路、桥梁及其附属设施监督管理；

·水利行政主管部门负责城市河道的监督管理；

·建设和公用事业行政主管部门负责建设工程文明施工及城市公共排水设施的监督管理；

·国土和规划行政主管部门负责城市用地的监督管理；

·教育主管部门负责校园内的环境卫生管理以及对在校学生文明卫生意识教育管理。

（6）实验区的城市管理行政执法工作按照《中华人民共和国行政处罚法》的规定和国务院、河南省人民政府有关决定，实行相对集中的行政处罚权制度，由城市管理行政执法机关相对集中行使有关行政主管部门的全部或部分行政处罚权。

（7）街道办事处根据法律、法规、规章规定或接受委托，对辖区内城市管理违法违章行为实施处罚。

七、法治保障

（一）实验区法治环境优化策略

2014 年 12 月，获得最高人民法院批复的郑州航空港经济综合实验区人民法院挂牌成立；2015 年 1 月，获得最高人民检察院批复的郑州航空港经济综合实验区人民检察院挂牌成立。这标志着郑州航空港区的司法体系已经初步建立。在国家司法改革的大背景下，实验区的司法改革尤为引人关注。近期来看，实验区司法改革的目标是：第一，建立并逐步完善形成一套符合临空经济社会发展规律的高效运行的司法管理体制，逐步消除审判权、检察权运行机制的行政化，逐步推动实行审判权与执行权分离，司法行政事务管理权与审判权、检察权分离。第二，实验区要不断推进司法责任制，实行司法专业人员的分类管理改革。实验区法院推行和完善主审法官负责制、法官员额制和职业化，组建专业化审批团队，突出案件审判的专业化。实验区检察院突出检察官办案主体地位，推行主任检察官办案责任制，强化职业性和专业性特征。第三，实验区法院在获得授权的前提下，应尊重国际贸易规则和国际贸易惯例，依法审理涉外、涉中国港澳台贸易案件，平等保护各贸易主体的合法权益。第四，面对日益增多的涉外案件纠纷，实验区应积极探索国际跨区域司法协调机制的建立。第五，实验区要逐步建立起多元纠纷解决机制，逐步完善知识产权、商事仲裁、劳动监察仲裁等纠纷的解决路径。

（二）立法建议

（1）坚持运用法治思维、法治方式在实验区开展各项改革创新，营造实验区良好的法治环境。

（2）国家规定的实验区投资、贸易、金融、税收等改革试点措施发生调整，与实验区不一致的，按照调整的相关规定执行。

（3）实验区各类市场主体的平等地位和发展权利，受法律保护。区内各类市场主体在监管、税收和政府采购等方面享有公平待遇。

（4）推进实验区法院与检察院的司法改革，实行司法专业人员的分类管理。

（5）实验区建立劳动保障监察和劳动争议处理机制，保护劳动者和用人单位双方的合法权益。实验区设立劳动仲裁院，依法审理劳动纠纷案件。

（6）加强实验区知识产权保护工作，完善行政保护与司法保护衔接机制。

（7）实验区设立商事仲裁院，依法审理商事案件。

（8）实验区应逐步探索建立国际跨区域的司法协助制度。

（9）实验区法院依据授权，依法审理管辖的各类涉外案件，平等保护当事人利益。